西北师范大学简牍研究院
中国历史研究院田澍工作室
甘肃简牍博物馆
西北师范大学历史文化学院
联合资助出版

本书系国家社科基金重大项目"出土文献与上古文学关系研究"（项目批准号：20&ZD264）、国家社科基金一般项目"出土遣册辑校与名物词分类汇考"（项目批准号：10BYY043）、西北师范大学国家一流学科建设点简牍学阶段性成果。

简牍学与丝路文明研究丛书

西北师范大学

出土丧葬简牍考论

田河 著

中国社会科学出版社

图书在版编目（CIP）数据

出土丧葬简牍考论/田河著.—北京：中国社会科学出版社，2023.5
（西北师范大学简牍学与丝路文明研究丛书）
ISBN 978-7-5227-1899-6

Ⅰ.①出… Ⅱ.①田… Ⅲ.①简（考古）—研究—中国—古代
②葬俗—文化—研究—中国—古代 Ⅳ.①K877.54②K892.22

中国国家版本馆 CIP 数据核字（2023）第 085539 号

出 版 人	赵剑英
责任编辑	宋燕鹏　史丽清
责任校对	李　硕
责任印制	李寡寡

出　　版	中国社会科学出版社
社　　址	北京鼓楼西大街甲 158 号
邮　　编	100720
网　　址	http://www.csspw.cn
发 行 部	010-84083685
门 市 部	010-84029450
经　　销	新华书店及其他书店

印　　刷	北京明恒达印务有限公司
装　　订	廊坊市广阳区广增装订厂
版　　次	2023 年 5 月第 1 版
印　　次	2023 年 5 月第 1 次印刷

开　　本	710×1000　1/16
印　　张	15
字　　数	231 千字
定　　价	79.00 元

凡购买中国社会科学出版社图书，如有质量问题请与本社营销中心联系调换
电话：010-84083683
版权所有　侵权必究

序

　　丧葬简牍指古人用来记载丧葬活动相关事项的简牍，是简牍文书中一个重要的类别，主要包括遣策、赗书、告地策、买地券、镇墓文等。这几类丧葬文书出现的时间有先后，内容上彼此有交叉。一般来讲，遣策主要记录随葬物品，赗书记录丧事中的赗赠物品。衣物疏是遣策的一种简化形式，侧重记录随葬衣物。告地策与遣策互为表里，是古人模拟官府文书格式向冥世官吏通告亡人户籍及其所携带财产的文书，也是亡人由阳世通往冥世的通行证，类似过所。买地券则是模仿阳世土地买卖契约而为亡人在冥世买地作宅的一种虚拟契约，也是其冥世地产的凭证。镇墓文是指东汉中后期出现的用朱砂写在镇墓陶瓶、陶罐上的解殃文辞，偶尔也墨写在木牍上，主要是为世上生人除殃祈福，为地下死者解谪祛过，免再受罚作之苦，同时也是为了隔绝死者与其在世亲人的联系，使之不得侵扰牵连生人。考古发现的丧葬简牍有100多份（批），上自战国，下及南北朝时期，使用时间长，分布地域广。丧葬简牍是古人"事死如事生，事亡如事存"的实录材料，对研究古代宗教信仰、丧葬礼制、社会习俗、思想观念、经济生活、名物制度有重要的价值。

　　20世纪初，我有幸到吉林大学古籍所学习古文字，硕士论文选择信阳长台关楚墓所出遣策为研究对象，博士论文研究楚简遣策所记名物。2008年，进西北师范大学博士后流动站，出站报告起初选择研究汉晋遣策（衣物疏），已将汉晋衣物疏和吐鲁番出土衣物疏做了比较系统的整理，后因工作需要改做武威汉晋简牍集释工作。期间陆续发表一些研究楚地遣册和汉晋衣物疏的小文。2012年，我被派往苏丹从事国际中文教育及管理工作，因为精力和能力所限，一心未敢二用，简牍研究暂时搁置。2017年回国后，重操旧业，又陆续发表几篇研究遣策的小文。甘肃是简牍大省，汉晋简牍材料颇为丰富，简牍研究也是西北师范大学人文学科研究的特色和传统。2021年，简牍学被列为省属高校国家一流学科突破工程，学校整合历史、中文、法律、艺术专业简牍研究的师资力量，锚定目标，凝聚特色，整理旧古，拟先编纂出版一套简牍研究丛书。我翻检旧文，整理出二十篇研究丧葬简牍的文章，主要集中在战国、汉晋遣策的文字释读、文本编联、名物考证等基础性研究，不揣简陋，胜录成册。其中《出土遣册与古代名物研究》一文主要研究遣册的命名、性质、演变、出土概况以及遣册名物研究的价值意义，属于综论性。莫高窟北区所出河西大凉国安乐三年郭方衣物疏是敦煌迄今发现的唯一一份衣物疏，年代较晚，书写在麻纸上，其材质虽不属于简牍，但其内容却与端方旧藏山东北齐王江妃衣物疏以及吐鲁番晚期衣物疏内容极为相似，这对研究衣物疏的传承、流变，颇有裨益，所以也酌情收入。《武威仪礼简甲本〈服传〉"赞楄柱楣"解——兼考"倚庐"》一文是研究简本《仪礼》的一条简文，属于简牍典籍类，但其内容涉及一项重要的丧葬礼仪，也忝列其中。

论文集收入的这些文章，发表的时间跨度长，各家刊物体例要求不一致，格式未做统一校改。近年来，学界对文章所涉及的简文也有新的释读意见，由于时间仓促，未能一一出补记，还望方家批评指正。

田　河
2022年8月26日

目　　录

出土遣策与古代名物研究 …………………………………………（1）
楚简遣册文字释读五则 ……………………………………………（25）
战国遣册文字补释四则 ……………………………………………（34）
战国遣册文字释读二则 ……………………………………………（42）
楚墓遣册所记"大房"再议 ………………………………………（47）
谈谈楚简中两个从"只"的字 ……………………………………（56）
汉简遣册文字丛考 …………………………………………………（63）
张家山二四七号汉墓遣册补正 ……………………………………（74）
张家山二四七号汉墓遣册所记"版图"考 ………………………（86）
湖北江陵凤凰山一六八号汉墓遣册校释 …………………………（91）
连云港市陶湾西汉西郭宝墓衣物疏补释 …………………………（107）
武威南郊东汉墓所出张德宗衣物疏集释 …………………………（114）
武威五霸山三号汉墓出土木牍集释 ………………………………（120）
武威市新华乡出土青龙四年左长衣物疏集释 ……………………（124）
安徽南陵县麻桥东吴墓遣册释文考释 ……………………………（130）
武威旱滩坡十九号前凉墓衣物疏考释 ……………………………（145）
武威新华乡前凉墓出土木牍综考 …………………………………（159）
甘肃高台骆驼城前凉胡运于墓随葬衣物疏考释 …………………（176）
中国国家博物馆所藏王江妃木牍考释 ……………………………（183）

莫高窟北区所出《河西大凉国安乐三年郭方衣物疏》校释 ……… （200）
武威仪礼简甲本《服传》"赞楄柱麋"解
　　——兼考"倚庐" ……………………………………… （210）
参考文献 …………………………………………………… （218）

出土遣策与古代名物研究

遣策是墓葬当中记录随葬物品的清单，是丧葬文书中最为重要的一类，汉晋出土的衣物疏为遣策的一种变体。遣策是古人"事死如事生，事亡如事存"的实录，对研究古代丧葬礼制、名物制度、社会习俗、思想观念、经济生活有重要的价值。20世纪以来，考古发现的遣策类文书约160多份，主要分布在湖北（40份）、甘肃（25份）、江苏（13份）、湖南（6份）、山东（5份）、江西（3份）、河南（2份）、安徽（2份）、云南（1份）、广西（1份）、新疆（69份）。学者就遣策的性质、文字释读、名物考证以及遣策所反映的社会风俗、宗教思想，遣策与其他丧葬文书之间的关系展开了全面研究。本文在前贤研究的基础上主要探讨遣策的性质、形制演变及其在古名物研究中的作用。

一 遣策的命名及其性质

北宋聂崇义根据世传六种三礼旧图，参互考订，撰成《三礼图集注》一书。该书绘制礼书名物图380幅，并在每幅图下抄撮诸家旧说，对图像略加诠释。其中第十八卷《丧器》章分别绘有题名"赗方""遣策"的二图。

"赗方"图下注：

> 《士丧礼》（引按：《既夕礼》）下篇曰"书赗于方，若九、若七、若五。"注云："方，板也。书赗、奠、赙、赠之人名与其物于

板。每板若九行、若七行、若五行。"贾释云："以宾客所致，有赗、有赙、有赠、有奠，直言书赗于方者，举首而言也。但所送有多少，故行数不同。"

"遣策"图下注：

《士丧礼》（引按：《既夕礼》）下篇云："书遣于策。"注云："策，简也。遣，犹送也。"贾释云："'策，简也'者，编连为策，不编为简。上云'书赗于方'，此云'书遣于策'者，《聘礼》记云：'百名以上书于策，不及百名书于方'。上以宾客赗赠物，名字少，故书于方则尽也。今主人自遣送亡者，于苞、筲以下明器、用器之等，并死者好玩之物，名字数多，故书于策。"①

聂氏图像题名与所征引解说文字已经明确提出"赗方""遣策"两概念，认为"赗方"主要记录赗赠人员及其所赠物品。"遣策"记录遣送亡者之明器、用器。聂氏也许没有见过出土遣策实物，但书中所绘"赗方""遣策"二图与近年来考古发现的赗方、遣策形制大体相仿。不过现在学界普遍认为"遣策"这一概念是20世纪50年代叶恭绰先生为史树青《长沙仰天湖出土楚简研究》一书作序时才提出的，叶氏说长沙仰天湖竹简"所书各物，大抵皆金属、丝属，其为赗赠遣送之物，无可疑者，因断此项竹简，当即仪礼中之遣策"②。并以"遣策"指称出土文献中记录随葬物品的简牍。"遣策"这一命名很快被学界所接受，以后出土的此类简牍多沿用这一名称。随着遣策类文书的大量出土，学者们对遣策的认识日渐加深，就"遣策"的命名及其性质进行了深入探讨，提出一些不同的观点，争论的焦点集中在以下几个方面：

---

① （宋）聂崇义纂辑，丁鼎点校：《新定三礼图》，清华大学出版社2006年版，第586—588页。
② 史树青：《长沙仰天湖出土楚简研究》，群联出版社1955年版，第2页。

(一)"遣策"与"赗方"有别

陈直先生认为"遣策"不仅仅是随葬品的清单,还要合乎《仪礼》的规定。"遣策"和"赗方"有别,"遣策"是记载死者生前用具的竹简,而"赗方"则是记载亲友所赠礼品的木板。二者无论在质地上还是在形状上都有明显区别,不应统称之为"遣策",并认为"遣策"之名系周制,不适合指称后世的随葬物清单。① 陈伟先生认为"遣策"是对遣送死人所用物品的记录,文字较多,书于简策之上,由公史面对灵柩宣读;"赗书"是对助丧赗赠人员及其所赠物品的记录,文字少用方牍书写,赗书由主人之史面对主人宣读。陈先生认为包山277号简和包山1号牍都是记录馈赠者和馈赠物品,属于赗方的范畴。主张"对于墓葬中出土的赗赠记录,也许最好采用《仪礼·既夕礼》提到的'书'的叫法,统称'赗书'。"② 杨华先生研究楚地助丧礼制的文章也主张将"遣策"和"赗书"分开对待。③

(二)"遣策"与"赗方"无别

高大伦先生在《"遣策"与"赗方"》一文中说:"凡在墓中发现随葬物清单,不管它是在'方'上,还是写在'策'上,其性质、用途都是一样的,这些记录的随葬品,既有死者生前用的、死者家中的,也有亲朋好友助葬送的,从容字的多少或是物品的来源上划分是遣策还是赗方,实际上是行不通的,应按随葬品种类(名称)的多少来划分,百种(概数、指其多)名称以上的物品写在遣策上,物品较少,写在木方上。"④ 米如田⑤、郭若愚、彭浩、郑曙斌等先生也都认为"遣策"中含有"赗书"内容。郭若愚说:"(仰天湖)竹简是一部遣策……所书内容

---

① 陈直:《长沙马王堆一号汉墓的若干问题考述》,《文物》1972年第9期。
② 陈伟:《包山楚简初探》,武汉大学出版社1996年版,第190—192页。
③ 杨华:《禭·赗·遣》,《学术月刊》2003年第9期。
④ 高大伦:《"遣策"与"赗方"》,《江汉考古》1988年第2期。
⑤ 米如田:《"遣策"考辨》,载《华夏考古》1991年第3期。

正是包括赗赠者姓名和赗赠物品两类。"① 彭浩先生认为"遣策应是他人赠送物品助丧的登记册。而实际发现的这类遣策却大部分是他人赠物和自备物品的登记册,或者完全是自备物品的登记册。"② 郑曙斌先生说:"广义上的遣策,它既记录了随葬明器,还或多或少地记录了赗奠赙赠之物。"③ 也就是说就遣策本身所记内容来划分遣策和赗书是很困难的,尤其像仰天湖遣策、曾侯乙墓遣策、包山遣策、马王堆汉墓遣策都有赗赠记录,所以上述学者的这些看法有一定道理。

(三)"遣策"改称"器疏""物疏简牍"

陈直先生以居延汉简有"器疏"之称和《汉书·原涉传》"涉乃侧席而坐,削牍为疏,具记衣被棺木,下至饭含之物"的记载,主张汉墓中记载随葬品的简牍应称"器疏"。洪石先生则据江苏尹湾 M6、武威旱滩坡 M19 记录随葬品的木方有"物疏"一语,广西贵县罗泊湾 M1 记录随葬品的两枚木方有自名为"从器志""田器志"的记载,认为"可以将记录墓中随葬品的简和牍分别称为物疏简和物疏牍,而编联成策的则为物疏策,从而以物疏简牍这一称谓代替传统的'遣策'称谓"。④ 我们认为"器疏""物疏简牍"不能概括遣策的性质,也与一般簿籍类简牍难以区分,仍以称"遣策"为是。

(四)遣策与衣物疏的关系

出土汉晋随葬物品清单有自名"物疏""衣物疏"的情况,所以学界一般把西汉晚期至唐代书写在木牍或纸张上用来记录随葬物品的清单称为"衣物疏"。刘国胜认为西汉中后期出现的衣物疏,所记物品集中为死者随身衣、物及葬具,实际是一种内容更为简化的遣策。⑤ 田天说

---

① 郭若愚:《战国楚简文字编》,上海书画出版社 1994 年版,第 112 页。
② 刘国胜:《楚遣册制度述略》,载楚文化研究会编《楚文化研究论集》第 6 集,2005 年,第 236 页。
③ 郑曙斌:《遣策的考古发现与文献诠释》,《南方文物》2005 年第 2 期。
④ 洪石:《东周至晋代墓所出物疏简牍及其相关问题研究》,《考古》2001 年第 9 期。
⑤ 刘国胜:《读西汉丧葬文书札记》,《江汉考古》2011 年第 3 期。

战国及西汉初年的遣策与西汉中晚期至中古所谓"衣物疏"是前后相承的关系,二者之间存有替代关系,应当将它们看作同一类文献在不同时期的形态,而非"丧葬文书"中的不同文献类目。换言之,所谓"衣物疏"即西汉中后期的"遣策"。①

20世纪50年代以来,新疆吐鲁番地区陆续出土60多份衣物疏,因吐鲁番历史、地理、文化的特殊性,吐鲁番所出衣物疏既有对汉晋遣策(衣物疏)的继承,也有其独特的地域特色,内容和格式也有较大变化,与传统的衣物疏有一定的差别。所以学界对吐鲁番衣物疏的性质持不同的观点。马雍先生说吐鲁番所出白雀元年衣物疏只记随葬衣物非物品清单,不同于遣策。②黄烈先生认为十六国高昌时期的随葬衣物疏已经发展成为让死者上天入地的过所。③郑学檬先生认为吐鲁番衣物疏的性质和汉以来的买地券相同,具有冥世财产凭证的性质。④侯灿先生认为高昌郡至高昌王国时期的衣物疏由写实性质的随葬物品清单,初步发展为带有为死者祈求冥福的墓葬文书。麴氏王国(502—640)时期的衣物疏为死者祈求冥福成为主要用途。唐设西州前期的衣物疏已衰落而被墓表墓志所取代。⑤孟宪实先生认为早期的吐鲁番衣物疏保持了遣策的形式;第二期的衣物疏以财物证明为主要性质,并明显受到道教影响;第三期的衣物疏则变成了佛教轮回的通行证;唐西州时期的衣物疏则由"轮回通行证"的性质转为"邮件"的性质。⑥钟国发先生认为吐鲁番衣物疏通常兼具随葬物品清单与解殃祈福凭单的两重属性,前者导源于遣策,后者溯源于告墓牍、墓莂、镇墓文。⑦党燕妮、翁洪涛先生认为晚期的

---

① 田天:《西汉中晚期遣策的变迁及其意义》,载王煜主编《文物、文献与文化——历史考古青年论集(第一辑)》,上海古籍出版社2017年版。
② 马雍:《吐鲁番的"白雀元年衣物券"》,《文物》1973年第10期。
③ 黄烈:《略论吐鲁番出土的"道教符箓"》,《文物》1981年第1期。
④ 郑学檬:《吐鲁番出土文书〈随葬衣物疏〉初探》,载韩国磐主编《敦煌吐鲁番出土经济文书研究》,厦门大学出版社1986年版。
⑤ 侯灿:《吐鲁番晋——唐古墓出土随葬衣物疏综考》,《新疆文物》1988年第4期。
⑥ 孟宪实:《吐鲁番古墓出土随葬衣物疏的性质与发展》,《新疆地方志》1993年第1期。
⑦ 钟国发:《也谈吐鲁番晋——唐古墓出土随葬衣物疏》,《新疆师范大学学报》1995年第3期。

吐鲁番衣物疏在衰落中向功德疏转变。① 刘志安先生认为古代死人随葬品清单的发展演变，经历了"赗方"与"遣策""告地策"与"衣物疏""死人移书（或移文）"几个阶段。不同的时代，与死者一同埋入地下的随葬品清单也有不同的名称。严格说来，吐鲁番所出公元543年以后的衣物疏，其准确名称应为"移书"或"移文"。② 黄景春先生认为吐鲁番出土随葬衣物疏是镇墓文的一种。③

以上学者探讨吐鲁番衣物疏属性时，将其定性为"过所""财产凭证""墓葬文书""邮件""移文"等。其实这些属性正是"告地策"的属性，告地策是一种模拟现世官府文书向冥世官吏通告亡人名籍及其所携带财产的文书，汪桂海将告地策分为：移送随葬物品的文书、通行证明文书、户籍登记凭证的文书、祈祷求福的文书四大类。④ 田天认为告地策并非一种完全独立的类别特殊的文书，应与遣策是一个整体，与遣策合观，或可理解为遣策不断发展而产生的衍生物，是遣策中的核心文件。⑤ 吐鲁番衣物疏源自于甘肃河西走廊一带的晋代衣物疏。一般情况下，告地策和衣物疏分写在不同的木牍上，但河西走廊出土的前凉时期的告地策与衣物疏从分牍书写，发展到书于同一木牍正背面，最后变成衣物疏与告地策连篇书写。吐鲁番衣物疏正是继承了河西汉晋衣物疏这种将告地策与衣物疏连篇书写的方式，将告地策内容和衣物疏内容糅合书写在一起，所以导致学者对吐鲁番衣物疏属性的判定产生不同的结论。

出土文物的命名一直是考古学界的一个难题，使命名既要全面概括出土文物的性质特征，又能与文献记载相符，还要与出土文物的自名不相抵触，并不是一件容易的事。"遣策"这一命名虽存在不足之处，但

---

① 党燕妮、翁洪涛：《从吐鲁番出土随葬衣物疏看民间宗教观念的变化》，《敦煌学辑刊》2001年第1期。
② 刘安志：《吐鲁番所出衣物疏研究二题》，《魏晋南北朝隋唐史资料》第22辑，武汉大学出版社2005年版。
③ 黄景春：《谈所谓"白雀元年衣物疏"》，《考古与文物》2006年第4期。
④ 汪桂海：《汉代简牍中的告地策资料》，卜宪群、杨振红主编：《简帛研究2006》，广西师范大学出版社2008年版，第242—248页。
⑤ 田天：《江苏邗江胡场五号汉墓木牍的再认识》，载李学勤主编《出土文献》第3辑，中西书局2012年版，第302页。

其既有文献依据，亦能表明简牍性质，还与简牍自名相吻合。2008年荆州纪南镇松柏村1号汉墓出土的遣策木牍其标题简自称"遣书"，①"遣书"即"遣策（册）"。也就是说汉代遣策就已经有自名为"遣书"的现象，所以用"遣策"指称墓葬中用来记录随葬物品的文书，非常恰当。"衣物疏"是遣策的简化形式，其性质与遣册相同。"告地策"源于战国遣策的题记，后独立成文，最终又与遣策（衣物疏）融为一体。至于"赗方"本来记录助丧的赗赠物品，可以随葬入圹，应归广义的遣策，不必严格区分。

二 遣策形制、内容及其流变

遣策类文书是一个动态发展过程，受礼仪制度、思想观念、地域风俗、书写材质、经济生活等多方面因素的影响，遣策的形制、书写格式、所记内容也在不断变化中，呈现出不同时代的风格。

（一）战国遣册竹简墨书，分类记录，品类丰富

战国遣策书写材质为竹简，长度没有统一标准，长者达70多厘米，短的20多厘米，甚至同墓所出遣策也长短不一，战国遣策所记内容主要是随葬乐器、礼器、酒器、水器、食器、车马器、兵器、武具、旗帜、服饰、食物、日常生活杂器的名称和数量，②品类丰富，应该是随葬器物的实录。记录格式：第一，简文开头有题记。如曾侯乙墓遣策1号简记："大莫敖阳为适豭之春，八月庚申，□趄执事人书入车。"包山遣策267号简记"大司马悼滑救郙之岁，享月丁亥之日，左尹葬，用车。"望山遣策1号简记"……□周之岁，八月辛□之日，车与器之典。"湖北老河口安岗1号

---

① 2004年，湖北荆州纪南镇松柏村M1汉墓出土63枚木牍和10枚木简，木牍内容为遣册、簿册、牒书、诏令、历谱等，10枚木简作为各类木牍文书的标题分置在各类木牍后面，分类捆绑在一起。其中一枚木简书写"右方遣书"，这无疑是遣册牍的题名。参见荆州博物馆《湖北荆州纪南松柏汉墓发掘简报》，《文物》2008年第4期。

② 田河：《出土战国遣册所记名物分类汇释》，博士学位论文，吉林大学，2007年。

楚墓遣策记"周客南公痈跄楚之岁，夏枀之月，癸酉之日，君葬贤子，列尹命执事人为之藏……"① 这些题记一般说明死者及其下葬的时间，记录的内容"书入车""用车""车与器之典""为之藏"等，这种题记可以看做是汉代"告地策"的源头。第二，遣策按照分类布局，同类相从的原则记录，一般将同类和相关器物记录在一起。如包山遣策255号简"食室之食：脩一籔、脯一籔、雀醢一缶、蜜一缶、葱菹二缶、□菹一缶。茜苃之菹一缶、蜜梅一缶。"265号简"大卯之金器：一牛鑐、一亥（豕）鑐、二乔鼎、二□鹿之鼎、二贵（馈）鼎、二升鼎、二监（鉴）、二卵缶……"信阳遣策12号简记录"集厨之器"、18号简记录"乐人之器"等。第三，战国遣策注重器物形制特征描述并记录其相关附件。如信阳遣策10、15号简"一青凥□之璧，径四寸□寸，博一寸［少］寸，厚锱寸……"望山遣策49号简"九亡童：其四亡童皆缇衣，其三亡童皆丹緅之衣，其二亡童皆紫衣，皆赤□□。"包山遣策、曾侯乙墓遣策尤其注重记录车器、马器、武具附件的特征。第四、战国遣策长简连简书写，同类器物有小计，分类提行，短简一般一简一物。②

（二）西汉早期开始用木牍书写遣策并出现告地策

西汉早期遣策形制变化主要体现在两个方面：一是西汉早期出现了用木牍书写的遣策，这是因为战国晚期、秦时木牍逐渐成为重要的书写载体。如湖北云梦大坟头西汉墓M1遣策③、江陵凤凰山汉墓M10遣策④、广西贵县罗泊湾汉墓M1遣策⑤、湖北江陵高台汉墓M18遣策⑥都是书写在木牍上。二是出现了与遣策有密切关系的告地策。如：荆州高

---

① 刘国胜、胡雅丽：《湖北老河口安岗楚墓竹简概述》，《文物》2017年第7期。
② 刘国胜：《楚丧葬简牍集释》，科学出版社2011年版，第7—8页。
③ 湖北省博物馆、孝感地区文教局、云梦县文化馆：《湖北云梦西汉墓发掘简报》，《文物》1973年第9期。
④ 湖北省考古研究所：《江陵凤凰山西汉简牍》，中华书局2012年版。
⑤ 广西壮族自治区博物馆编：《广西贵县罗泊湾汉墓》，文物出版社1988年版，第78—85页。
⑥ 湖北省荆州地区博物馆：《江陵高台18号墓发掘简报》，《文物》1993年第8期。

台 M18 牍乙"告地策"①、长沙马王堆 M3 所出"告地策"② 江陵毛家园 M1 所出"告地策"③ 上引告地策所言"名数""藏物一编""牒书"等当指是指同墓出土的"遣策"。这些告地策多与遣策伴出，如高台 M168 "告地策"与"遣策"捆绑在一起，类似当时的书函。凤凰山 M10 "告地策"与"遣策"书于同一木牍。可见告地策与遣策是配套使用的丧葬文书，有学者认为告地策相当于遣策文书的封面，不无道理。刘国胜认为遣策是告地策的附件，即移徙文书上所写明的移徙人、物的清单。④ 如果告地策是向冥世官吏通告亡人名籍及财物，求得地下鬼神的接纳和保佑，⑤ 从"具奏主葬君"看遣策应是向冥世官吏证明亡人所挟具体财产的文字材料。

（三）西汉中晚期是遣策形制、内容变化较大的一个阶段

田天先生对此做了很好的研究⑥，现归纳补充如下：（1）西汉中期以后木牍成了遣策的主要载体，竹简书写的遣策基本绝迹。（2）西汉中晚期遣策记载的内容趋于简明，主要记录随葬衣物和极少量的生活杂器。所记物品种类变得单一，数量也相对减少，并强调对随身衣物的所有权。（3）西汉晚期遣策出现"衣物疏"的自名情况。如江苏连云港尹湾 6 号汉墓出土的《君兄衣物疏》首句即作"君兄衣物疏"。⑦ 按照窦磊先生统

---

① 湖北省荆州博物馆编：《荆州高台秦汉墓——宜黄公路荆州段田野考古报告之一》，科学出版社 2000 年版，第 222—229 页。
② 湖南省博物馆、湖南省文物考古研究所：《长沙马王堆二、三号墓》（第 1 卷），文物出版社 2004 年版，第 238 页。
③ 杨定爱：《江陵县毛家园 1 号西汉墓》，载《中国考古学年鉴（1987 年）》，文物出版社 1988 年版，第 204 页；刘国胜：《读西汉丧葬文书札记》，《江汉考古》2011 年第 3 期。
④ 刘国胜：《楚丧葬简牍集释》，科学出版社 2011 年版，第 7—8 页。
⑤ 黄盛璋《江陵高台汉墓新出"告地策"、"遣册"与相关问题发覆》，《江汉考古》1994 年第 2 期；刘国胜：《高台汉牍"安都"别解》，载《古文字研究》第 24 辑，中华书局，第 444—448 页；鲁西奇：《汉代买地券的实质、渊流与意义》，《中国史研究》2006 年第 1 期。
⑥ 田天：《西汉中晚期遣策的变迁及其意义》，载王煜主编《文物、文献与文化——历史考古青年论集（第一辑）》，上海古籍出版社 2017 年版。
⑦ 连云港博物馆等编：《尹湾汉墓简牍》，中华书局 1997 年版，第 23 页。

计，西汉晚期至东晋时期遣策自名为"衣物疏"的共9份。① （4）西汉中晚期遣策木牍开始置于墓主棺内，与战国、西汉早期的遣策多置于木椁边厢或头箱中不同。西汉中期以来遣策发展出的形制与内涵，直接决定了三国两晋直至唐代的衣物疏的形态。可以将西汉武帝至西汉末年，看作是遣策发展过程中关键的转折点。

（四）东汉至两晋衣物疏用木牍分栏书写，内容侧重衣物，部分尾题具有告地策性质

东汉至两晋衣物疏主要材质是木牍，目前仅发现一枚石质衣物疏。② 汉晋衣物疏所记随葬物品以衣物为主。随葬物品多分栏书写，标题和尾题一般竖行直书。汉晋衣物疏标题多为衣物疏自名，如："高里朱君衣"、"张德宗衣被疏"。尾题情况比较复杂。汉代衣物疏尾题内容一般是所记随葬物品的总计，如西汉元始五年《朱交衣物疏》尾题作"凡衣单复廿五领"、③ 江西南昌东吴时期《高荣衣物疏》尾题作"大凡百一十枚皆高荣许"等④。两晋时期衣物疏的尾题却有了明显的变化，除说明所记衣物概况外，还说明墓主死亡时间、地望、强调对随葬衣物的所有权。有的尾题还说明衣物疏撰写时的见证者，申明赴冥世途经之地不得阻碍通行等。其内容与汉代告地策的内容几乎一致。这些尾题或与随葬物品名数同牍连篇书写，或分别书写在同一木牍的正背面。汉晋衣物疏尾题出现了"坐醉死""醉酒死"等道教色彩的内容。这类尾题对认识告地策的渊源、性质及其流变；告地策与遣策、衣物疏的关系；对衣物疏性质的判定等诸多问题都有重要的参考价值。

（五）吐鲁番所出衣物疏与河西走廊所出衣物疏一脉相承

吐鲁番所出衣物疏书写材质主要是纸质，仅《北凉承平十六年

---

① 窦磊：《汉晋衣物疏集校及相关问题考察》，博士学位论文，武汉大学，2016年，第2页。
② 李正光：《长沙北门桂花园发现晋墓（晋升平五年）》，《文物参考资料》1955年11期。
③ 扬州博物馆：《江苏仪征县胥浦101号汉墓》，《文物》1987年第1期。
④ 江西省历史博物馆：《江西南昌市高荣墓的发掘》，《考古》1980年第3期。

(458）武宣王沮渠蒙逊夫人彭氏随葬衣物疏》质地为素绢。① 书写格式一般竖行直书，先记随葬衣物名数，后接尾题。其尾题部分与河西晋代木牍类衣物疏尾题一脉相承。晚期衣物疏尾题增加了佛教因素，出现"佛弟子""持佛五戒""专修十善""大德比丘果"等，如《高昌章和十三年（543）孝姿随葬衣物疏》尾题作"章和十三年水亥岁正月任（壬）戌朔，十三日甲戌，比丘果愿敬移五道大神。佛弟子孝姿持佛五戒，专修十善，以此月六日物故。径（经）涉五道，任意所适。右上所条，悉是平生所用之物。时人张坚固，李定度。若欲求海东头，若欲觅海东辟（壁），不得奄遏停留，急急如律令。"② 吐鲁番衣物疏所记内容主要是随葬衣物、服饰、布帛、妆奁用品和日常生活杂器名称数量，也有一些地域色彩或宗教色彩比较浓的物品，如"攀天丝""脚靡""手爪囊""鸡鸣枕""泥安（鞍）""靴""锡人""石灰"等。个别物品数量有夸张成分，如"金银钱各二万文""樊（攀）天丝万万九千""驴、牛、驼、马各万匹"。这也可能是代替实物的明器，仅具象征意义。

从上面分析我们可以看出遣策与后世的衣物疏发展演变轨迹，遣策并没有严格的固定格式，衣物疏无论形式内容都是遣策的一种延续，可以说是早期遣策的一种简化形式，在流变中介入了时代特色和地域特征。

三　遣策类文书出土概况

按常理推之，20 世纪 50 年代以前也应有遣策发现，大概当时人们对其缺乏认识，故有张冠李戴的情况。如《南齐书·文惠太子传》记载："时襄阳有盗发古冢者，相传云是楚王冢，大获宝物，玉屐、玉屏风、竹简书青丝编。简广数分，长二尺，皮节如新。盗以把火自照，后人有得十余简，以示抚军王僧虔，僧虔云是蝌蚪书《考工记》《周官》所阙文也。"李零先生认为"这批竹简是从'楚王冢'出，不一定可靠，

---

① 柳洪亮：《新出吐鲁番文书及其研究》，新疆人民出版社 1997 年版，第 19 页。
② 中国文物研究所等：《吐鲁番出土文书（图文对照本）》第 1 册，文物出版社 1992 年版，第 143 页。

但襄樊多楚墓却是事实。楚墓所出遣策多用长简……简文也有可能是遣策，因为所记内容多器物名，而被误认为是《考工记》。"① 李零先生的这一推论很可能是正确的。端方在《陶斋藏石记》卷十三曾著录一件北齐武平四年衣物疏，其后附有一段按语"今湘俗焚寄冥物，必具物目及护照，令沿途勿得留难，观此则北齐时已然矣。"② 2008 年，江苏江阴叶家宕明墓 M3 出土过一件明代衣物疏③。黄景春先生在博士论文中提到明朝时在江西玉山县夏浚墓也出土一件纸质墨书衣物疏。湖南一直到 20 世纪中期，给亡人焚化纸品，仍有书写衣物、器具名目于其上的风俗。④ 这应是遣策的孑遗或变相的延续，可见遣策使用时间比较长，分布地域也很广。

（一）战国遣策出土概况

20 世纪 50 年代迄今，考古发现的战国遣策有 18 批，正式公布 7 批。主要出土于湖北江陵、荆州、随州、武汉，湖南长沙，河南信阳等地。具体如下：

1951 年湖南长沙五里牌 406 号楚墓出遣策 38 支⑤、1953 年湖南长沙仰天湖 25 号楚墓出遣策 43 支⑥、1957 年河南信阳长台关 1 号楚墓出遣策 29 支⑦、1965 年湖北江陵望山 2 号楚墓出遣策 66 支⑧、1973 年湖北江

---

① 李零：《简帛古书与学术源流》，生活·读书·新知三联书店 2004 年版，第 86 页。
② 端方：《陶斋藏石记》卷 13，清宣统元年印本，第 6—8 页。
③ 江阴博物馆：《江苏江阴叶家宕明墓发掘简报》，《文物》2009 年第 8 期。
④ 黄景春：《早期买地券、镇墓文整理与研究》，博士学位论文，华东师范大学，2004 年，第 8 页。
⑤ 中国科学院考古研究所：《长沙发掘报告》，科学出版社 1957 年版，第 54—57 页；商承祚：《战国楚竹简汇编》，齐鲁书社 1995 年版。
⑥ 湖南省文管会：《长沙仰天湖第 25 号木椁墓》，《考古学报》1957 年第 2 期；商承祚：《战国楚竹简汇编》，齐鲁书社 1995 年版；湖南省博物馆：《长沙楚墓》，文物出版社 2000 年版。
⑦ 河南省文物研究所：《信阳楚墓》，文物出版社 1986 年版；商承祚：《战国楚竹简汇编》，齐鲁书社 1995 年版。
⑧ 湖北省文物考古研究所等编：《望山楚简》，中华书局 1995 年版；商承祚：《战国楚竹简汇编》，齐鲁书社 1995 年版；湖北省文物考古研究所：《江陵望山沙冢楚墓》，文物出版社 1996 年版。

陵藤店1号楚墓出遣策24支①、1978年湖北随州擂鼓墩曾侯乙墓出遣策240支②、1978年湖北江陵天星观1号楚墓所出遣策数量不详③、1980年湖北临澧九里1号楚墓所出遣策数量不详④、1987年湖北荆门包山2号楚墓出遣策27支竹牍1枚⑤、1991年湖北江陵鸡公山48号楚墓所出遣策数量不详⑥、1992年湖北襄阳老河口安岗1号楚墓出遣策21支（公布4支）、老河口安岗2号楚墓出遣策4支（公布1支）⑦、1993年湖北黄冈黄州区曹家冈5号楚墓出遣策7支⑧、2002年河南信阳长台关7号楚墓所出遣策数量不详⑨、2009年湖北武汉丁家咀1号楚墓出遣策1支、2009年湖北武汉丁家咀楚墓M2遣策16枚⑩、2010年湖北沙洋严仓獾子冢楚墓M1出遣策与占卜简700余枚⑪、2014年湖北荆州望山桥1号楚墓出遣策10支（公布3支）⑫。

（二）西汉遣策出土概况

20世纪50年代迄今，考古发现的西汉遣策共42批，其中湖北27批，江苏8批，山东3批，湖南2批，广西1批，香港征集1批。目前公布了23批，现按照发掘时间列出：

---

① 荆州地区博物馆：《湖北江陵藤店一号墓发掘简报》，《文物》1973年第9期。
② 湖北省博物馆：《曾侯乙墓》，文物出版社1989年版。
③ 湖北省荆州地区博物馆：《江陵天星观1号楚墓》，《考古学报》1982年第1期。
④ 参见《新中国考古五十年》，文物出版社1999年版，第301—302页；滕壬生：《楚系简帛文字编序言》，湖北教育出版社1996年，序言第4页。
⑤ 湖北省铁路考古队：《包山楚简》，文物出版社1991年版。
⑥ 张绪球：《宜黄公路仙江段考古发掘工作取得重大收获》，《江汉考古》1992年第3期。
⑦ 湖北省文物考古研究所等：《湖北老河口安岗二号楚墓发掘简报》，《文物》2017年第7期；刘国胜、胡雅丽：《湖北老河口安岗楚墓竹简概述》，《文物》2017年第7期。
⑧ 黄冈市博物馆等：《湖北黄冈两座中型楚墓》，《考古学报》2000年第2期。
⑨ 河南省文物考古研究所等：《河南信阳长台关七号楚墓发掘简报》，《文物》2004年第3期。
⑩ 武汉市文物考古研究所等：《湖北武汉丁家咀M1、M2出土战国竹简》，《文物》2015年第6期。
⑪ 2010年2月5日《中国文物报》有简介；李天虹：《严仓1号墓墓主、墓葬年代考》，《历史研究》2014年第1期。
⑫ 2015年2月27日《中国文物报》有介绍。荆州博物馆：《湖北荆州望山桥一号楚墓发掘简报》，《文物》2017年第2期。

1972年湖北云梦大坟头西汉M1出衣物疏1枚[①]、1972年湖南长沙马王堆西汉M1出遣策312支[②]、1973年湖南长沙马王堆西汉M3出遣策403支木牍6枚[③]、1973年湖北老河口五座坟西汉M3出遣策约30支（5支可见字迹）[④]、1973年湖北江陵凤凰山西汉M8出遣策176支、M9出遣策80支3枚木牍、M10出衣物疏木牍1枚、（1975年）M167出遣策74支、M168出遣策66支告地策1枚、M169出遣策58支[⑤]、1973年江苏连云港海州西汉（霍贺）墓出衣物疏1枚[⑥]、海州西汉侍其繇墓出衣物疏牍2枚[⑦]、1976年广西贵县罗泊湾西汉墓M1出木简9支、木牍5枚、封检5枚，内容为遣策、封检等[⑧]、1978年山东临沂金雀山西汉M11、M13出衣物疏8段[⑨]、1980年江苏连云港唐庄高高顶西汉墓出衣物疏1枚[⑩]、1984年湖北江陵张家山西汉M247出遣策41支[⑪]、1984年江苏仪征胥浦西汉M101出衣物疏1枚[⑫]、1985年湖北江陵毛家园西汉M1出遣策74支告地策1枚[⑬]、1985年江苏连云港海州陶湾村西汉西郭宝墓出衣物疏1枚[⑭]、1985年江苏仪征烟袋山西汉墓出衣物疏26枚[⑮]、1986年湖北江陵张家山西汉墓M136出遣策56支[⑯]、1990年湖北江陵杨家山西汉墓M135出

[①] 湖北省博物馆等：《湖北云梦西汉墓发掘简报》，《文物》1973年第9期。
[②] 湖南省博物馆等：《长沙马王堆一号汉墓》，文物出版社1973年版。
[③] 何介钧主编：《长沙马王堆二、三号汉墓——第1卷：田野考古发掘报告》，文物出版社2004年版。
[④] 湖北省博物馆：《光华五座坟西汉墓》，《考古学报》1976年第2期。
[⑤] 湖北省文物考古研究所：《江陵凤凰山西汉简牍》，中华书局2012年版。
[⑥] 南京博物院、连云港市博物馆：《海州西汉霍贺墓清理简报》，《考古》1974年第3期。
[⑦] 南波：《江苏连云港海州西汉侍其繇墓》，《考古》1975年第3期。
[⑧] 广西壮族自治区博物馆：《广西贵县罗泊湾汉墓》，文物出版社1988年版，第78—86页。
[⑨] 临沂市博物馆：《山东临沂金雀山周氏墓群发掘简报》，《文物》1984年第11期。
[⑩] 周锦屏：《连云港市唐庄高顶汉墓发掘报告》，《东南文化》1995年第4期。
[⑪] 张家山二四七号汉墓竹简整理小组：《张家山汉墓竹简（二四七号墓）》，文物出版社2001年版。
[⑫] 扬州博物馆：《江苏仪征县胥浦101号汉墓》，《文物》1987年第1期。
[⑬] 湖北省博物馆编：《书写历史——战国秦汉简牍》，文物出版社2007年版，第75页。
[⑭] 连云港市博物馆：《连云港市陶湾村黄石崖西汉西郭宝墓》，《东南文化》1988年第2期。
[⑮] 南京博物院：《江苏仪征烟袋山汉墓》，《考古学报》1987年第4期。
[⑯] 院文清：《江陵张家山两座汉墓出土大批竹简》，《文物》1992年第9期。

遣策 75 支①、1992 年湖北江陵高台西汉墓 M6 出遣策 53 支（14 支有字）、M18 出告地策 1 枚衣物疏 1 枚②、1992 年湖北荆州沙市区萧家草场西汉墓 M26 出遣策 35 支③、1994 年香港中文大学入藏西汉遣策 11 支④、2002 年江苏泗阳大青墩西汉泗水王冢出衣物疏数十枚⑤、2002 年江苏连云港海州区双龙村西汉墓 M1 出衣物疏 2 枚⑥、2002 年山东日照海曲西汉墓 M129 出衣物疏 2 枚、M130 出衣物疏 2 枚⑦、2002—2003 年湖北荆州印台西汉墓 M60 出竹简 200 余支木牍 22 枚、M61 出木牍 3 枚、M59 出竹简 800 余支木牍 1 枚、M62 出木牍 1 枚、M63 出竹简 16 支木牍 8 枚、M83 出木牍 1 枚、M97 出竹简 1198 支残简 100 余支、M112 出竹简 44 支、M115 出木牍 33 枚，以上印台所出简牍包括遣策和告地书⑧。2004 年湖北荆州纪南松柏西墓 M1 出竹简 10 支木牍 63 枚（含遣策）⑨、2007 年湖北荆州谢家桥西汉墓 M1 出遣策 208 支竹牍 3 枚⑩、2008 年湖北宜都陆城中笔西汉墓 M1 出衣物疏 1 枚⑪。

（三）东汉遣策出土概况

20 世纪 50 年代迄今，考古发现的东汉遣策类文书共 8 批，主要出土于江苏和甘肃，目前公布了 6 批。按发掘时间条举如下：

---

① 湖北荆州地区博物馆：《江陵杨家山 135 号秦墓发掘简报》，《文物》1993 年第 8 期。
② 湖北省荆州博物馆编：《荆州高台汉墓——宜黄公路荆州段田野考古报告之一》，科学出版社 2000 年版。
③ 湖北省荆州市周梁玉桥遗址博物馆：《关沮秦汉墓简牍》，中华书局 2001 年版。
④ 陈松长主编：《香港中文大学文物馆藏简牍》，香港中文大学出版社 2001 年版。
⑤ 中国考古学会编：《中国考古学年鉴 2003》，文物出版社 2004 年版。
⑥ 连云港市博物馆：《江苏连云港海州西汉墓发掘简报》，《文物》2012 年第 3 期。
⑦ 刘绍刚、郑同修：《日照海曲汉墓出土遣册概述》，载《出土文献研究》第 12 辑，中西书局 2013 年版。
⑧ 郑忠华：《印台墓地出土大批西汉简牍》，载荆州市博物馆编《荆州重要考古发现》，文物出版社 2009 年版，第 207 页。
⑨ 荆州博物馆：《湖北荆州纪南松柏汉墓发掘简报》，《文物》2008 年第 4 期。
⑩ 杨开勇：《谢家桥 1 号汉墓》，载荆州市博物馆编著《荆州重要考古发现》，文物出版社 2009 年版，第 194 页。
⑪ 《中国文物报》2008 年 8 月 29 日有介绍。

1962年江苏连云港海州网疃庄焦山东汉墓出衣物疏2枚[①]、1963年江苏盐城三羊墩东汉墓M1出衣物疏木椟1枚[②]、1974年甘肃武威东汉（张德宗）墓出衣物疏木牍1枚[③]、1976年江苏连云港海州小礁山汉（戴盛）墓出衣物疏木牍1枚[④]、1993年江苏东海尹湾东汉墓M2出衣物疏1枚、尹湾东汉墓M6出衣物疏1枚[⑤]、2007年云南广南牡宜东汉墓出衣物疏5枚[⑥]、2010年武汉大学简帛研究入藏山东所出汉代衣物疏1枚[⑦]。

（四）三国遣策出土概况

20世纪50年代迄今，考古发现的三国时期遣策类文书共5批，主要分布于安徽、湖北、甘肃，目前已公布3批。条举如下：

1978年安徽南陵麻桥公社东吴墓M2出衣物疏木牍1枚、东吴墓M3出衣物疏木牍1枚[⑧]、1991年甘肃武威新华乡红崖支渠曹魏（左长）墓出衣物疏1枚[⑨]、1993年湖北鄂州滨湖西路东吴墓M1、M2出衣物疏，数量不详[⑩]。

（五）晋代遣策出土概况

20世纪50年代迄今，考古发现的两晋时期遣策类文书共29批，征集1枚。主要分布于山东、河南、江西、甘肃等地，东晋衣物疏主

---

① 南京博物院：《江苏连云港市海洲网疃汉木椁墓》，《考古》1963年第6期。
② 江苏省文物管理委员会等：《江苏盐城三羊墩汉墓清理报告》《考古》1964年第8期。
③ 党寿山：《介绍武威出土的两件随葬衣物疏木方》，载《武威文物考述》，武威市光明印刷物资有限公司2001年版，第62—66页。
④ 南京博物馆、连云港市博物馆：《海州西汉霍贺墓清理简报》，《考古》1974年第3期。
⑤ 连云港博物馆等：《尹湾汉墓简牍》，中华书局1997年版，第151—155页。
⑥ 云南省文物考古研究所等编：《云南边境地区（文山州和红河州）考古调查报告》，云南科技出版社2008年版。
⑦ 李静：《武汉大学简帛研究中心藏衣物数试释》，载武汉大学简帛研究中心主办《简帛》第10辑，上海古籍出版社2015年版，第211—216页。
⑧ 安徽省文物工作队：《安徽南陵麻桥公社东风大队东吴墓》，《考古》1984年第11期。
⑨ 党寿山：《介绍武威出土的两件随葬衣物疏木方》，载《武威文物考述》，武威市光明印刷物资有限公司2001年版，第66—67页。
⑩ 中国考古学会编：《中国考古学年鉴1994》，文物出版社1997年版。

要出于甘肃。目前这些遣策资料都已公布:

端方所藏山东临朐（北齐）衣物疏1枚①、1954年湖南长沙北门桂花园晋墓出石质衣物疏1枚②、1974年江西南昌东湖东晋墓M1出衣物疏1枚③、1985年甘肃武威旱滩坡前凉（姬瑜）墓出衣物疏2枚④、1991年甘肃武威新华乡头坝两座前凉墓出衣物疏2枚告地策2枚⑤、1997年江西南昌火车站东晋墓M33出衣物疏1枚⑥、2000年甘肃高台骆驼城遗址前凉（赵双、赵阿兹）墓出衣物疏2枚⑦、2001年甘肃高台骆驼城前凉胡运于墓出衣物疏1枚⑧、2002年甘肃玉门花海毕家滩东晋（朱少仲）墓出衣物疏1枚、毕家滩十六国墓M3出衣物疏1枚、毕家滩后凉（黄平）墓出衣物疏1枚、毕家滩前凉（孙狗女）墓出衣物疏1枚、毕家滩西凉（吕皇女）墓出衣物疏1枚、毕家滩前凉（赵宜）墓出衣物疏1枚、毕家滩后凉墓M38出衣物疏1枚、毕家滩东晋墓M40出衣物疏1枚、毕家滩十六国墓M51出衣物疏1枚⑨、2000年甘肃高台骆驼城前凉祁立智墓出衣物疏1枚、前凉盈思墓出衣物疏1枚、前凉（376年）周女敬墓出衣物疏1枚、前凉（376）周南墓出衣物疏1枚、前凉（376前）夏侯胜荣墓出衣物疏1枚、前凉升平廿三（379）佚名墓出衣物疏1枚⑩、2009年甘肃玉门金鸡梁前凉墓M5出衣物疏1枚⑪、2011年

---

① 端方：《陶斋藏石记》卷13，商务印书馆1910年版；史树青主编：《中国历史博物馆藏法书大观》第12卷《战国秦汉唐宋元墨迹》，上海教育出版社2001年版，第66—67页。
② 李正光：《长沙北门桂花园发现晋墓（晋升平五年）》，《文物参考资料》1955年第11期。
③ 江西省博物馆：《江西南昌晋墓》，《考古》1974年第6期。
④ 李均明、何双全编：《散见简牍合集》，文物出版社1990年版，第26—29页。
⑤ 梁继红：《武威出土的汉代衣物疏木牍》，《陇右文博》1997年第2期。
⑥ 江西省文物考古研究所等：《南昌火车站东晋墓葬群发掘简报》，《文物》2001年第2期。
⑦ 寇克红：《高台骆驼城前凉墓葬出土衣物疏考释》，《考古与文物》2011年第2期。
⑧ 甘肃省文物考古研究所等：《甘肃高台县骆驼城墓葬的发掘》，《考古》2003年第6期。
⑨ 张俊民：《甘肃玉门毕家摊出土的衣物疏初探》，载《湖南省博物馆馆刊》第7辑，岳麓书社2011年版，第400—407页。
⑩ 以上7枚衣物疏收藏于甘肃高台博物馆，释文见吴浩军：《河西衣物疏丛考》，载张德芳主编《甘肃省第二届简牍学国际学术研讨会论文集》，上海古籍出版社2012年版，第308—322页。
⑪ 甘肃省文物考古研究所：《甘肃玉门金鸡梁十六国墓葬发掘简报》，《文物》2011年第2期。

甘肃金塔板滩汉晋墓出衣物疏 1 枚①、甘肃高台骆驼城建兴五年夏侯妙衣物疏 1 枚②。

（六）吐鲁番高昌郡时期至唐代衣物疏出土概况

20 世纪初迄今，通过征集和考古发掘共获得吐鲁番高昌时期至唐咸亨年间的衣物疏 69 件。这些衣物疏主要收录于下列书刊之中：《吐鲁番出土文书》（图录本）收录 51 件；③《吐鲁番出土的宗教生活文书》收录 4 件④；《斯坦因所获吐鲁番文书研究》2 件；⑤《新出吐鲁番文书及其研究》收录了 4 件⑥，《吐鲁番考古记》收录 1 件；⑦《新获吐鲁番出土文献》收录了 6 件；⑧《吐鲁番文书总目（欧美收藏卷）》收录 1 件⑨。条举如下：

《吐鲁番出土文书》（图录本）第一册收录 41 件，《吐鲁番出土文书》（图录本）第二册收录 5 件，《吐鲁番出土文书》（图录本）第三册收录 5 件，《吐鲁番出土的宗教生活文书》收录 4 件，《新出吐鲁番文书及其研究》收录 4 件，《新获吐鲁番出土文献》收录 6 件，《吐鲁番考古记》收录 1 件，《吐鲁番文书总目（欧美收藏卷）》收录 1 件。此外，尚有 1989 年甘肃敦煌莫高窟北区 B228 窟河西大凉国安乐三年（619）郭方衣物疏 1 枚⑩；2008 年江苏江阴叶家宕明墓 M3 纸质衣物疏 1 件、受生牒

---

① 陶玉乐：《浅谈金塔出土的衣物疏》，《陇右文博》2012 年第 1 期。
② 窦磊：《夏侯妙妙衣物疏补释》，载《首届丝绸之路（敦煌）国际文化博览会系列活动——简牍学国际学术研讨会论文集》，甘肃兰州，2016 年，第 641 页。
③ 中国文物研究所等：《吐鲁番出土文书（图文对照本）》第 1—4 册，文物出版社 1992—1996 年版。
④ 小笠原宣秀：《吐鲁番出土的宗教生活文书》，载《西域文化研究》第三"敦煌吐鲁番社会经济资料"下，东京：法藏馆 1960 年版。
⑤ 陈国灿：《斯坦因所获吐鲁番文书研究》，武汉大学出版社 1995 年版。
⑥ 柳洪亮：《新出吐鲁番文书及其研究》，新疆人民出版社 1997 年版。
⑦ 黄文弼：《吐鲁番考古记》，科学出版社 1954 年版，第 33 页。
⑧ 荣新江、李肖、孟宪实主编：《新获吐鲁番出土文献》，中国人民大学出版社 2010 年版。
⑨ 荣新江主编：《吐鲁番文书总目（欧美收藏卷）》，武汉大学出版社 2007 年版，第 949 页；王璞：《普林斯顿大学葛斯德图书馆藏高昌郡时代缺名衣物疏考》，《吐鲁番学研究》2009 年第 2 期。
⑩ 樊锦诗、彭金章：《敦煌莫高窟北区 B228 窟出土河西大凉国安乐三年（619）郭方随葬衣物疏初探》，载台湾《敦煌学》第 25 辑，2004 年，第 515—528 页。

1件（疑为告地策）、信札1件①。

四　出土遣策与古代名物研究

古代文献记录古代社会生活的方方面面，其中涉及古人使用的各种器物。古人所谓名物，其主体为器物。名物训诂是训诂的重要内容之一，正如陆锡兴所说"名物训诂有其特殊性，它训释的是一个具体的物体，具有明确的形制。每个器物都建立在当时的社会风俗、礼仪制度，以及生产发展的水平的基础之上，离开当时的实物是无法解释清楚的。古代文献是以古代社会为背景的，如果古今制度的改变，而我们无法正确地解释文献内容。即使我们把那些文献内容串连起来，可能得到还只是片面的信息，就像瞎子摸象一样。根据考古发现的古代实物，我们几乎可以重新考虑名物的训诂问题。"② 出土古名物材料能为文献记载的名物及其训诂提供了可靠的实物参照，其在训诂学上的意义不言而喻。

（一）遣策记录了丰富而名实相应的古名物资料

遣策主要记录随葬礼器、乐器、水器、车马器、武器、饮食器、服饰、布帛、家具、食品及日常生活杂器的名称和数量。遣策是时人以时文记时事，乃实录。遣策断代明确，时间跨度长，所记器物又多能与墓葬器物相对应，可谓名实相应，使我们对这些名物的称谓、形制、功用甚至器物组合有了全面的认识，为我们解读古文献中的名物提供了最宝贵的第一手资料，所以遣策在名物训诂方面有其独特的优势，是十分难得的名物资料。

尤其是像包山楚墓、马王堆1、3号汉墓这样保存比较好的墓葬，如果将遣策记录与墓葬器物相对应，就可能还原出一些墓葬器物的古称谓，彻底解决古代相关名物的名实问题。比如通过对遣策名物与墓葬器物对

---

① 江阴博物馆：《江苏江阴叶家宕明墓发掘简报》，《文物》2009年第8期。
② 陆锡兴：《利用考古新发现，发展传统训诂学》，《古汉语研究》2008年第1期。

比分析，我们推知信阳遣策、望山遣策、包山遣策所记的"汤鼎"实际上就是对应墓葬发掘报告中所说的"Ⅳ式鼎""E型鼎"和"汤鼎"，这是古楚地习见的一种小口鼎。① 遣策所记的其他类似名物还有"贯耳鼎""馈鼎""牛镬""豕镬""升鼎""圆缶""卵缶""瓴""甂""盏""皇豆""合豆""杯""大房""房俎""羽翣""手把""覆面""筑"等，基本都可以找到对应的器物。这样，我们对这些常见名物的认识，就不再停留在古训的笼统说解和考古类型学的简单分类上，从而获知这些器物在古代称谓及其形态功用，使各类器物变得生动而具体，从而加深我们对文献中相关名物的认识。

战国遣策和西汉早期遣策中记载了大量的食物名称，比如：包山遣策255—256号简："葱菹二缶、藕菹一缶、茜（糟）芷之菹一缶、蜜梅一缶、醻肉酢（醯）一瓴。菽酢（醯）一瓴。鲊一瓴、朕一瓴。"马王堆汉墓遣策也有菹的记载如：山葱菹、瓜菹、笋菹、襄荷菹、藕菹、笋菹等多种菹醢②。"羹"在古文献中习见，是用肉、菜或肉菜制成的带浓汁的食物，是古代礼仪中重要的食品。马王堆汉墓遣策中记载羹类食品有狗苦羹、豕逢羹、牛逢羹、牛封羹、肉巾羹、鹤巾羹、雁巾羹、狗巾羹、白羹、兔羹、鸡羹……多达30种。酒有温酒、菹酒、白酒、米酒、肋酒；脍有牛脍、鹿脍、羊脍、鱼脍等③。这些记载对我们了解古人的经济生活、礼仪文化提供了最丰富也最原始的资料。

遣策记载了众多不同历史时期的服饰名物。如战国遣策中记有大冠、小纺冠、獬冠、生縠冠、疏布之帽、紫韦之帽、齐緅之袷、紫布之袷、见鬼之衣、红介之留衣、缇衣、缟衣、结衣、灵光之袄、狐青之表、緂常

---

① 田河：《出土战国遣册所记名物分类汇释》，博士学位论文，吉林大学，2007年，第19—24页。
② 田河：《出土战国遣册所记名物分类汇释》，博士学位论文，吉林大学，2007年，第221—222页。
③ 孙欣：《汉墓遣册词语研究》，博士学位论文，华东师范大学，2009年，第66—75、85—90、94页。

（裳）等①。汉晋遣策所记衣物大体相类，所记长衣有：衣、襌衣、复衣、袷衣、襜褕、直领、诸于、袍、褠、衫、褕；短襦类有：襦、襌襦、复襦、甲襦、半衣、褶；衷衣类有：中衣、中襌、内衣；半袖类有：缚、裲裆、袄；裙类有：裳、下裳、幅裙；袴类有：袴、大袴、小袴、裈等②。吐鲁番衣物疏中常常记载配套衣物，如：裙襦、裙褶、裙衫、襦裙、褶袴、褶衫、裈衫、衫袴等，还出现了一些地域特色比较明显的服饰，如靴、面衣、朱衣笼冠、尖（一种尖顶帽子）等③。利用这些记载，结合战国秦汉魏晋墓葬出土的衣物、彩绘木偶与漆器、画像石、墓葬壁画中的人物图像，对遣策服饰名物进行考证，就会得到服饰名物的新认识。④

遣策中还记载了大量的车及车马器名物，仅战国遣策所记车名就有斾、栈、乘车、政车、殿、广、墨车、安车、鱼轩、左轩、畋车、楄毂、䡊车、王僮车、𫐉帓车、路、游车、圆轩、卑车、女乘、轩、羊车、韦车、斾轩、童轩、王车等。此外曾侯乙墓遣策和包山遣策中还记载了多种车构件、车载兵器、车载旗帜、马具及马饰。曾侯乙墓遣策记载了不同的车马配驾，好几位学者对此作了全面的研究⑤，这些车马器名物对我们认识古代车马名物，了解其功用大有裨益。

（二）遣策名物有助于解决一些聚讼纷纭的名物训诂问题

遣策名物材料可以匡补古注旧训，判定是非，有助于解决因古名物

---

① 田河：《出土战国遣册所记名物分类汇释》，博士学位论文，吉林大学，2007年，第179—184页。

② 窦磊：《汉晋衣物疏集校及相关问题考察》，博士学位论文，武汉大学，2016年，第197页。

③ 吴娅娅：《吐鲁番出土衣物疏辑录及所记名物词汇释》，硕士学位论文，西北师范大学，2012年，第161—165页统计。

④ 彭浩：《楚人的纺织与服饰》图八七，湖北教育出版社1996年版；马怡：《尹湾汉墓遣册札记》，"诸于"考，载李学勤、谢桂华主编《简帛研究2002、2003》，广西师范大学出版社2005年版；马怡：《西郭宝墓衣物疏所见汉代织物考》，载卜宪群、杨振红主编《简帛研究2004》，广西师范大学出版社2006年版。

⑤ 刘国胜：《楚丧葬简牍集释》，科学出版社2011年版；萧圣中：《曾侯乙墓竹简释文补正暨车马制度研究》，科学出版社2011年版；田河：《出土战国遣册所记名物分类汇释》，博士学位论文，吉林大学，2007年；罗小华：《战国简册中的车马器及制度研究》，武汉大学出版社2017年版。

训释含糊、形制不明所造成的文献悬案。

作为周代五兵之一的"殳",后世学者对其解说却存在诸多分歧:(1) 杖说:《广雅·释器》:"殳,杖也。"《诗经·卫风·伯兮》:"伯也执殳",马瑞辰传笺通释:"殳为戟柄之称,又为杖之别名。"(2) 无刃兵器说:《释名·释兵》:"殳,殊也,长一丈二尺而无刃,有所撞挃于车上,使殊离也。"(3) 农林之器说:周纬说"今戈、戟、矛均易考实,而殳独阙如,想必其形制及用途更偏重于农林方面无疑。"又说:"殳为击兵,打麦拍稻,或砍树劈柴,均可用之。"① (4) 三棱矛说:程欣人认为"殳既列为'五兵'之一,不可能无刃……晋殳和殳的基本形制应皆三刃一锋的三棱矛。"② 一些考古报告也将有刃殳定名为三棱矛。曾侯乙墓遣策记载"杸"和"晋杸"两种殳,曾侯乙墓所出有刃殳自名"曾侯郕之用殳";又另出有无刃"殳",而据《考工记》注,殳的两端有铜套,显然是无刃殳。夏侯湛《猎兔赋》"拟以锐殳,规以良弓","锐殳"应是有刃殳。裘锡圭、李家浩先生据此三重证据对两种殳做了很好的分辨,指出简文所记的殳正好有两种,一种称"杸",一种称"晋杸"。显然"杸"就指有刃的殳,"晋杸"则指两端有铜套的无刃殳,③ 殳之疑惑焕然冰释。

曾侯乙墓竹简记录了多种车马配驾方式,过去学界存在争议的骖、騑及六驾制度也赖此得以解决。《诗经·秦风·小戎》:"骐駵是中,騧骊是骖。"郑玄笺:"中,中服也;骖,两騑也。"《战国策》:"拊骖无笞服。"高诱注:"两旁曰骖,辕中曰服。"《说文·马部》:"騑,骖旁马。"《后汉书·舆服志》:"在左騑马軛上"刘昭注:"騑,亦名骖。"朱骏声《说文通训定声》:"驾三马曰骖,中一马曰驾,旁两马曰騑。"类似的训释还很多,都将骖、騑相混。曾侯乙墓遣策172号简:"殇褟之骊为左騑,獿之骊为左骖,卿士之骊为左服,集君之骊为右服,建巨之

---

① 周纬:《中国兵器史稿》,生活·读书·新知三联书店1957年版,第103页。
② 程欣人:《古殳浅说》,《江汉考古》1980年第2期,第60—63页。
③ 裘锡圭、李家浩:《曾侯乙墓竹简释文与考释》第31条,载《曾侯乙墓》上,文物出版社1989年版。

骍为右骖，獂之骊为右騑。边舆人駟=（六马）。䡭轩。"从这些简文记载可以明确"骖"是服马左右两旁的马，"騑"是指骖马左右两旁的马，骖、騑还是有严格区分。马王堆3号汉墓遣策61至64号简分别记载："安车一乘，驾六马；大车一乘，驾六马；温车二乘，乘驾六马；辌车二乘，乘驾六马。"可证古代六驾方式确实存在，而且六驾也不仅仅限于天子使用。

（三）遣策名物为古书源流断代提供了新的认识

孙诒让认为《逸周书·器服解》为"大丧明器之目，可补礼经之阙。《礼记·礼器》云：'丧礼，忠之至也；备服器，仁之至也。'郑注云：'谓小敛大敛之衣服，葬之明器。'即此篇名之义。"[1] 罗家湘认为"《逸周书·器服解》文字属遣策，可以肯定必非原书，而是混入的墓中文字。"是将"汲冢的遣策混入了今本《逸周书》中，由于遣策中有'器服'字样，就方便地顶替了已经亡佚的《器服解》的位置。"[2] 罗家湘的推论值得考虑，《器服解》"器服数：犆四，楷、禁、丰一，𨍨、荒韦独。乐：铋瑅参，冠一，竿皆素独。二丸弅焚菜脍五昔"这样的文例、内容确实与遣策相类，"铋"可能是"瑟"之误释，"丸弅"可能是战国遣策中习见的"卜缶"，楚文字中"卜"写法与后世"丸"非常接近。如果将《器服解》从遣策名物、文例的角度解读，一定会有新的认识。

江西南昌火车站东晋墓所出永和八年（352）衣物疏所记"女青诏书"，又见于端方所藏的《北齐武平四年（580）王江妃衣物疏》[3]，有学者考证衣物疏中的"女青诏书"即今存《正统道藏》洞神部戒律类所收《女青鬼律》。学者曾推定《女青鬼律》成书于北魏初年或宋初。白彬先生征引南昌火车站东晋墓所出永和八年衣物疏和其他六朝地券中的"女青诏书"材料，指出《女青鬼律》成书年代至少不晚于永和八年

---

[1] 黄怀信：《逸周书汇校集注》，上海古籍出版社2007年版，第1100页。
[2] 罗家湘：《〈逸周书·器服解〉是一份遣册》，《文献》2001年第2期。
[3] 端方：《陶斋藏石记》卷13，清宣统元年印本，第6—8页。

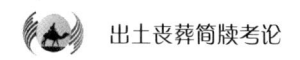

(352),① 这一结论无疑是正确的。

经过几代学人半个多世纪的研究,使我们对遣策及其所记名物有了一定的认识。但在遣策研究中仍存在诸多问题,尤其是对车马器的释读,有时很难分清主件还是附件,车器还是马具。在器物对应上存在以遣策文字迁就器物,或以器物迁就遣策文字的不良倾向。遣策中存在一定量的方言词汇没有引起重视,导致误释误读。另外文字考释中征引过晚的训诂材料做支撑或辗转通假都是非常犯忌的。遣策制度的研究目前还没有令人信服的结论,所以遣策研究还有待深入。

(原载《社会科学战线》2018 年第 10 期)

---

① 白彬:《江西南昌东晋永和八年雷陔墓道教因素试析》,《南方文物》2007 年第 1 期。

楚简遣册文字释读五则

一 彫（雕）鼙

信阳长台关一号楚墓遣册2-03号简多记乐器，简文作：

　　二笙、一筑竽，皆又（有）襮。一□□、一彫（雕）鼙、二橐、四橿……①

其中的"彫鼙"，刘雨②、汤馀惠③、郭若愚④、商承祚⑤、滕壬生⑥、李家浩⑦、李守奎⑧、刘国胜⑨等先生均将其释为"彫鼓"。其实"彫"下一字原篆作，左边从"壴"，右边所从分明是"卑"，该字当释为"鼙"。"鼙"也见于包山145简，作，写法与此字相似。

---

① 河南省文物研究所：《信阳楚墓》，文物出版社1986年版。
② 刘雨：《信阳楚简释文与考释》，《信阳楚墓》附录，文物出版社1986年版，第128页。
③ 汤余惠：《战国铭文选》，吉林大学出版社1993年版，第138页。
④ 郭若愚：《战国楚简文字编》，上海书画出版社1994年版，第67页。
⑤ 商承祚：《战国楚竹简汇编》，齐鲁书社1995年版，第25页。
⑥ 滕壬生：《楚系简帛文字编》，湖北教育出版社1995年版，第389页。
⑦ 李家浩：《信阳楚简"乐人之器"研究》，载《简帛研究》第三辑，广西教育出版社1998年版，第1页。
⑧ 李守奎：《楚文字编》，华东师范大学出版社2003年版，第200页。
⑨ 刘国胜：《楚丧葬简牍集释（修订本）》，博士学位论文，武汉大学，2003年，第35页。本文引用作者2005年修订稿。下引刘先生的观点均出此文。

《周礼·夏官·大司马》："旅帅执鼙，卒长执铙，两司马执铎，公司马执镯。"又"中军以鼙令鼓。"《仪礼·大射》："应鼙在其东。"郑玄注："鼙，小鼓也。"《释名》："鼙，裨也。裨助鼓节也。鼙在前曰朔。朔，始也。在后曰应。应，应大鼓也。"《说文》："鼙，骑鼓也。从鼓，卑声。"戴震《乐器考》："《仪礼》有朔鼙、应鼙。鼙者小鼓，与大鼓节。……作堂下之乐先击朔鼙，应鼙应之。"马王堆三号汉墓遣册14号简记有"大鼓一，卑（鼙）二"①。尹湾六号汉墓所出木牍《武库永始四年兵车器集簿》有"乘与（舆）鼓、鼓鼙八百廿四"、"鼓鼙四千七百廿五"的记载②。可见鼙是一种与大鼓配套使用的小鼓。此处的"彫（雕）"应是绘饰之意，"彫（雕）鼙"就是彩绘之鼙。信阳长台关一号楚墓出土一小鼓，《信阳楚墓》说："小鼓（1-157），鼓腔高12厘米，……腔壁外侧两端髹黑漆，中腰绘朱地黄褐两色的变形卷云纹……"（《信阳楚墓》32页）与简文所记相合，我们怀疑1-157号小鼓即简文所记的"一彫鼙"。

二 会䙴之䚰

见于包山259号简，原篆作 䙴 。包山简整理者释为"会䙴之䚰"，认为会借作绘。䙴，疑读作獯。䚰，读作盨。《说文》："涤器也，……热水去垢故从汤"。西室出土一件铜盉，兽形嘴，似为"盨"③。何琳仪先生将"会䙴之䚰"读为"合欢之䚰"，认为"䚰"是"觞"的省文④。刘信芳先生认为"会䙴"犹言"属观"，"属观"是观社的委婉语。或读"会䙴"为"合欢"。"会（合）欢"是言男女之事

---

① 湖南省博物馆、湖南省文物考古研究所：《长沙马王堆二、三号墓》（第1卷），文物出版社2004年版。
② 连云港博物馆等：《尹湾汉墓简牍》，中华书局1997年版。
③ 湖北省荆沙铁路考古队：《包山楚简》，文物出版社1991年版，第61页。
④ 何琳仪：《战国古文字典》，中华书局1998年版，第984、668页。

的委婉语。以理解为"属观"为义长①。刘国胜先生疑"会靈"读为"合欢",指一类纹饰图案。考释说:《周礼·春官·司几筵》"加缫席画纯",郑玄注:"缫席,削蒲蒻展之,编以五彩,若今合欢矣。"认为"觞"似当分析为从"角""昜"声,义待考。并怀疑该墓西室出土2:415号竹笥内放置有1件木质"冠饰"(2:415-1)与简文所记"一会靈之觞"有关。又怀疑北室出土2:431号竹笥内的1件"角雕动物"(2:431-10)是简文所记"一会靈之觞"②。按:何琳仪先生将"会靈"读为"合欢",可从。刘国胜先生认为"合欢"指一种纹饰图案,对我们理解"合欢"很有启发。这种纹饰图案的寓意大概是言男女婚媾交欢之事。《礼记》所载昏义有"共牢而食,合卺而酳"之礼,后世的"合欢杯""合欢酒"是其孑遗。典籍中尚有"合欢床""合欢席""合欢被""合欢扇""合欢带""合欢梁""合欢裤""合欢结"等记载,这些"合欢"都与男女成婚或交欢有关③。何琳仪先生认为"觞"是"觞"的省文,可信。《说文》:"觯实曰觞,虚曰觯。从角,昜省声。"段注本作"昜省声。"《说文·矢部》"昜"亦作"昜",可见"觞"可以释为"觞"。汉墓所出遣册也有关于"觞"的记载,只不过多假"伤"为"觞"。如云梦大坟头一号西汉墓所出木牍有"漆画角伤二""竹伤四"的记载。陈振裕先生认为:"'角伤'即'角觞',伤为觞的假借字。……这座墓内出土的二件圆形铜座器,底有方孔,粗短把中空,座上插入髹漆的木器把,其上残缺,原形不详。但把全部出土物和木方所记器物核对,它可能就是'髹画角伤二……竹伤四'。"④江陵凤凰山八号汉墓所出遣册有"伤杯卅(108)、芥一伤(159)、□一伤(160)、蝙酱一伤(161)、肉酱一伤(162)、甘酒一伤(163)"的记载。金立先生考释说:"伤杯指盛了食物的耳杯,未盛食物的耳杯就以

---

① 刘信芳:《包山楚简解诂》,台北:艺文印书馆2003年版,第271—272页。
② 刘国胜:《楚丧葬简牍集释(修订本)》,第93页。
③ 详《汉语大词典》第三卷上册,第161—162页。
④ 陈振裕:《云梦西汉墓出土木方初释》,《文物》1973年第9期,第38页。

颜色称呼。出土物中有同样的漆耳杯三十件。"① 凤凰山一六七号汉墓遣册 31 号简也有"伤杯卅枚"的记载。吉林大学考古小分队考释说："伤即觞。随葬耳杯二十九。"② 学者多将汉简中的"觞"解为耳杯，从上引简文看觞的用途较广。《玉篇》："觞，饮器也。"《楚辞·招魂》："实羽觞些。"《吕氏春秋·义赏》："断其头以为觞。"高诱注："觞，酒也。"从这些文献看，觞似为酒器。据此，我们推测"合欢之觞"可能是指包山二号墓出土的双连杯（标本 2∶189，《包山楚墓》图八五 A、B、C、D）③。该杯是竹、木制成的双杯合体，形态呈凤负龙状。前端为凤头、胸部，后端凤尾上翘，中间并列两个竹质筒形杯，两杯近底部用一竹管相通。凤身、尾、足绘凤羽纹。杯身、杯底绘二龙相蟠。该杯造型别致，纹饰华美。龙凤寓男女，两杯中间用竹管相通寓合欢，此杯大概就是简文所记"会（合）䜩（欢）之觞（觞）"。不过 259 号简主要记录服饰、妆奁用品，将"会䜩之觞"释为"合欢之觞"，作酒器解，似与类属不符，也许此杯可能有其特殊用意。黄文进、黄凤春先生认为这件双连杯似当为双人相对共饮之器，是古代婚礼仪式上新婚夫妇实施合卺之礼的饮器。两先生在文中还列举了考古发掘的新石器时代到汉唐时期双连杯十五件④。这些合体双连杯，杯与杯之间大都有小孔（管）相通，有别于一般的饮器，可能就是合卺之礼所用的饮器，故简文"合欢之觞"与服饰妆奁之器相杂。

三　敓敔周转

见于包山 270 简和包山竹牍，文例如下：

---

① 金立：《江陵凤凰山八号汉墓竹简试释》，《文物》1976 年第 6 期，第 72 页。
② 吉林大学历史系考古专业赴纪南城开门办学小分队：《凤凰山一六七号汉墓遣策考释》，《文物》1976 年第 10 期，第 40 页。
③ 湖北省荆沙铁路考古队：《包山楚墓》，文物出版社 1991 年版。
④ 黄文进、黄凤春：《包山 2 号楚墓礼俗二题》，《江汉考古》1991 年第 2 期，第 50—56 页。

楚简遣册文字释读五则

　　一敞（雕）敦、一缎绒之绐、一敞（雕）梽、一铣（铙），缓（缨）组之缓。270

　　一周（雕）转、（一）缎秋之绐、一绸（雕）榎、一铣（铙），绅组缓。　　包山牍

原篆分别作 𥅆、𥅇。整理者分别释为"敞敦""周□"（《包山楚简》38、39 页）。何琳仪先生认为整理者释为"敦"的字，左从"专"，应释为"𡔷"，"抟"之异文。"敞𡔷"应读"雕枢"，为枢车①。汤馀惠认为旧释为"敦"的字，当释为"𡔷"，读为"甎"。《说文》："甎，小卮，有耳盖者。"② 整理者释为"周𥅇"的字，滕壬生先生释为"周辀"③。李家浩先生释为"周轏"，认为"敞""周"当读为"雕"，轏即辀。并指出 270 号简之"雕敦"即包山竹牍的"雕辀"。简文"敦"应当分析为从"攴""朝"省声。"朝"与"辀"古音相近，可以通用。"辀"从"舟"声，《说文》篆文"朝"也从"舟"声。《方言》卷九："辕，楚卫之间谓之辀。"④ 刘国胜先生赞同李家浩先生释"辀"的观点，又怀疑"敦""轏"或可读为"韬"，似属"正车"上指挥用的军乐器。按：李家浩先生将包山遣册 276、269、270 号简与记"正车"的 271 号简相编联，简文所记正车上的装备物、车马器正好与包山竹牍所记正车上的装备物、车马器相一致⑤。这一编联很好地解决了以前研究中的困惑，可谓卓识。以下考释便是在这样一个前提下进行的。学者释 𥅆 为"𡔷"恐不可信。𥅆字左边所从与郭店、九店、天星观简"朝"字左边相同，整

---

① 何琳仪：《包山楚简选释》，《江汉考古》1993 年第 4 期，第 63 页。
② 汤余惠：《包山楚简读后记》，《考古与文物》1993 年第 3 期，第 78 页。
③ 滕壬生：《楚系简帛文字编》，湖北教育出版社 1995 年版，第 1019 页。
④ 李家浩：《信阳楚简"乐人之器"研究》，载《简帛研究》第三辑，广西教育出版社 1998 年版，第 10 页。
⑤ 李家浩：《包山楚简中的旌旆及其它》，载香港中文大学中文系编《第二届国际中国古文字研讨会论文集续编》，1995 年。又见于《著名中年语言学家自选集·李家浩卷》，安徽教育出版社 2002 年版，第 259 页。本文引用后者。

理者隶为"敦"是正确的。李家浩认为"敦"从"朝"省声,可信。学者将🔲释为"𫐄"、"轏"、"转"都很可疑。🔲右上所从绝非"专"或"舟"字。宋华强先生将🔲隶为"𫐄",未作解说①。🔲右上所从与郭店简《老子甲》1、31号简的"眺(🔲)"所从之"兆"略似,但还是有一定的距离(关于楚文字中的"兆"可参看沈培先生《从西周金文"姚"字写法看楚文字"兆"字来源》一文②)。我们怀疑🔲右下一横划可能归下读,辞例作"(一)缅秋之绔",恰好与270号简"一缅绒之绔"相对应,否则该句没有数词。这样🔲字可以去掉右下"一"横考虑。我们认为🔲字右边所从为"㠯(即"畧")"字,此形与包山简"祷"字(🔲 🔲 237、🔲 🔲 240号简)右上所从相似。"祷"从"㠯"得声。《说文》:"畴,耕治之田也,从田。象耕屈之形,㠯,畴或省。"《说文》"祷"的或体作"禱",可见🔲,可以释为"转"。"𩌳"属宵部,从"寿"得声的字多在幽部,幽部和宵部的字可以相通,如"幽"通"要"、藚通苕、裯通祒。以此推之"转"可以读为"𩌳"。《说文》:"𩌳,𩌳辽也。𩌴,𩌳或从兆;鼗,𩌳或从鼓、从兆。"《周礼·春官·小师》"掌教鼓、𩌳、柷、敔、埙、箫、管、弦、歌",郑玄注:"𩌳如鼓而小,持其柄摇之,旁耳还自击。"简文"转"从"车"大概是明其为车载乐器。"敦"从"朝"得声,"朝"、"𩌳"均属宵部,"朝"属端母,"𩌳"属章母,皆为舌音,音近可通。如此,"敦(雕)敦"、"周(雕)转"都可以读为"雕𩌳",指一种彩绘的小鼓。学者已指出包山竹牍与遣册部分非出自一个写手,所以两份材料中记录同一物品的名称,字形差异很大。包山二号墓南室出土漆木鼓1件(标本2:302),鼓面黑色漆皮上用红、黄、蓝三色绘变形凤纹,鼓直径40.1厘米、厚5.2厘米。外壁上等距离安三个铺首衔环。可能就是简牍所记之"雕𩌳",不过形制与典籍所载略异。

---

① 宋华强:《楚简中从"黾"从"甘"之字新考》,武汉大学简帛网,2006年12月30日。
② 沈培:《从西周金文"姚"字写法看楚文字"兆"字来源》,武汉大学简帛网,2007年4月21日。

四　绲

曾侯乙墓竹简中载有下列"绲"类物：

二旆，屯八翼之瑁（翻）。亓（其）旗（旗），皋（翠）百（首），紝（紫）羊须之绲，紝（紫）翟（羽）之常。　6

二旆，屯九翼之瑁（翻），皋（翠）纬，白毣（旄）之百（首）。皋（翠）颈，皋（翠）翁（簪），紝（紫）羊须之绲，劆（貂）定之笔。　9＋10

一劆（貂）旗，白毣（旄）之百（首），羊须之绲，缞（绗）常。　68

二旆，□紝（紫）绲，屯二翼之瑁（翻）。　55

二戈，紝（紫）绲，屯一翼之瑁（翻）。　6、20、46、69、88、104

二戈，紝（紫）绲，屯二翼之瑁（翻）。　10

一戈，紝（紫）绲，一翼之瑁（翻）。　106①

"绲"原篆作，裘锡圭、李家浩先生释为"绲"，考释说"紫羊须之绲"亦见于9号加10号简，68号简作"羊须之绲"。《周礼·秋官·冥氏》"若得其兽，则献其皮革齿须"，郑玄注引郑司农曰："须，直谓颐下须。""羊须"即羊嘴下胡须状的毛。司马相如《子虚赋》"靡鱼须之桡旃，曳明月之珠旗"，《史记·司马相如传》裴骃集解引郭璞曰："以海鱼须为旒旌，言桡弱也。"《汉书·司马相如传》颜师古注："张揖曰：以鱼须为旃柄、驱驰逐兽，正桡靡也。……师古曰：大鱼之须出东海，见《尚书大传》。桡旃，即曲旃也。"二说不同。简文"羊须之绲"也是旗上之物。"绲"疑即"纰"字的异体。《尔雅·释言》："纰，饰也。"

---

① 湖北省博物馆：《曾侯乙墓》，文物出版社1989年版。

《诗·墉风·干旄》"素丝纰之",郑笺:"素丝者以为缕,以纰旌旗之旒縿,或以维持之。"可参考①。按:"绳"见《集韵·脂韵》意为"细布",简文当非此意。裘锡圭、李家浩先生认为"绳"是"纰"之异体,意为"饰",可备一说。从辞例看"绳"应是具体物件的名称,尤其像"紫绳"这样的结构,用"纰"很难讲通。我们认为"绳"似可读为"柲"。"绳"属并母脂部,"柲"属帮母质部,声母同为唇音,韵母阴入对转,音近可通。《说文·木部》:"柲,欑也。"又"欑,积竹杖也。"《广雅·释器》:"柲,柄也。"典籍中柲多为戟、戈之柄。简文"紫羊须之绳"和"羊须之绳"都是接在"旆"、"旗"之后。若把"绳"解为柲,指旗杆,则上引6号简简文依次记录旆之旗首、旗杆、旗幅等,应可行。"紫绳"多接在"戈"后,如10号简作"二戈,纰(紫)绳(柲),屯二翼之翯(翻)"。裘锡圭、李家浩将"某翼之翻"解释为戈、戟之柲或旆上的翼状物,当可信②。解"绳"为"柲"作戈柄讲,也很融洽。裘、李两先生所引"鱼须为旒旌"张揖解为:"以鱼须为旃柄",也有柄柲之意。曾侯乙墓出土的戈柲多为"扁圆形木杆,背侧厚、内侧薄,外用藤皮(或革带)缠绕,再髹以黑漆"。③所谓的"紫柲"疑是髹紫漆之柲。"羊须之柲"大概如包山二号楚墓所出缠绕羽毛的戟柲、矛柲④。西周册命金文中屡见"厚必"⑤,陈汉平读为"缑柲",指有丝绳缠绕以供把握之柲(欑、柄、杖)⑥,与简文所记情况相类。

五 生絇

仰天湖25号楚墓遣册23号简简文作"一邮(越)镐锴(剑),生

---

① 裘锡圭、李家浩:《曾侯乙竹简释文与考释》,湖北省博物馆:《曾侯乙墓》附录一,文物出版社1989年版,第509页。
② 裘锡圭、李家浩:《曾侯乙竹简释文与考释》,湖北省博物馆:《曾侯乙墓》附录一,文物出版社1989年版,第505页。
③ 详《曾侯乙墓》,253页。
④ 参见《包山楚墓》,第204页,图一三〇·1、2。
⑤ 参看张亚初《殷周金文集成引得》,中华书局2001年版,第698—699、1335—1336页。
⑥ 陈汉平:《西周册命制度研究》,学林出版社1986年版,第258页。

絇，絽组，贏（赢）䡋……"① 其中的"生絇"各家解说不一。史树青先生读为"青絇"。考释说：《释名·释采帛》："青，生也，象物生时色也。"《仪礼·士冠礼》："青絇繶纯"，注云："絇之言拘也，以为行戒，状如刀衣，鼻在履头。"② 郭若愚先生征引胡培翚《仪礼正义》："絇者履饰，在履头上，其状如汉时刀衣鼻，有孔，得穿系于中。"认为"生絇"即"青絇"，为此剑之衣鼻③。商承祚先生认为"生絇"是剑上之附饰名④。刘国胜先生认为简文"生絇"疑指上文"镐剑"剑手柄上的丝质包裹⑤。按："生絇"上与"剑"接，"生絇"可能是剑上附饰。我们怀疑"絇"读为"緱"，二字均为见母侯部字。《说文·糸部》："緱，刀剑緱也。"《广韵》："刀剑头缠丝为緱。"《史记·孟尝君列传》："犹有一剑耳，又蒯緱。"司马贞《索隐》："緱，谓把剑之物，……但以蒯绳缠之。""緱"就是刀剑柄部缠裹的丝绳。仰天湖25号墓出铜剑一柄，剑柄有丝织之"緱"⑥，剑插于黑漆剑鞘内，与简文所记吻合。楚墓所出剑，偶见剑柄缠丝绳的情形。如包山四号楚墓出土的两柄剑，剑柄完整保存有四层缠裹的绦绳⑦。估计战国楚墓出土的类似之剑，大多数应有緱，只不过腐烂无存罢了。

（原载《古文字研究》第二十七辑，中华书局2008年版）

---

① 本文仰天湖遣册简号采用湖南省博物馆、湖南省文物考古研究所、长沙市博物馆、长沙市文物考古研究所编《长沙楚墓》一书对仰天湖简所作的编号。
② 史树青：《长沙仰天湖出土楚简研究》，群联出版社1955年版，第27页。
③ 郭若愚：《战国楚简文字编》，上海书画出版社1994年版，第124页。
④ 商承祚：《战国楚竹简汇编》，齐鲁书社1995年版，第64页。
⑤ 刘国胜：《楚丧葬简牍集释（修订本）》，第138页。
⑥ 湖南省文物管理委员会：《长沙仰天湖第25号木椁墓》，《考古学报》1957年第2期，第92页。
⑦ 参见《包山楚墓》，第302页。

战国遣册文字补释四则

一 正车

见于包山二号楚墓遣册271号简和包山竹牍①。曾侯乙墓遣册12、123、166号简作"政车"②。包山简整理者考释说:"正车,似为征车。《左传·襄公十三年》:'先王卜征五年',注:'谓巡守征行'。"③ 李家浩指出包山简牍的"正车"在曾侯乙墓竹简中作"政车"。古代的战车分正、副。副车或称倅车、贰车、佐车等。疑"正车"是对副车而言的④。陈伟曾对曾侯乙墓竹简记载的车名所反映的战车阵形详加以分析,认为"可确认它(政车)属于兵车。政(正)有君长之意。在曾侯乙的车阵中,政车只有一乘,其位置当较那些以'轈'命名的车为后,而在以'殿'命名的车之前,大致比较适中。这样看来,政(正)车较有可能是车阵中的指挥车。"⑤ 萧圣中赞同陈伟的观点,认为"政车"即《诗经·小雅·六月》:"元戎十乘,以先启行"中的"元戎",而"启"在诸车中处于中军位⑥。今按:"正车"之名不见于后世典籍,

---

① 湖北省荆沙铁路考古队:《包山楚简》,文物出版社1991年版,第38、39页。
② 湖北省博物馆:《曾侯乙墓》,文物出版社1989年版,第490页。
③ 湖北省荆沙铁路考古队:《包山楚简》,第66页注释(641),文物出版社1991年版。
④ 李家浩:《包山楚简中的旌旆及其它》,载香港中文大学中文系《第二届国际中国古文字研讨会论文集续编》,1995年。又见于《著名中年语言学家自选集·李家浩卷》,安徽教育出版社2002年版,第259页。本文引用后者。
⑤ 陈伟:《包山楚简初探》,武汉大学出版社1996年版,第183页。
⑥ 萧圣中:《曾侯乙墓竹简释文补正暨车马制度研究》,博士学位论文,武汉大学,2005年,第78页。

以上释读似有可商榷之处。尹湾汉墓所出《武库永始四年兵车器集簿》有"乘与（舆）钲车、鼓车、武摩车十八乘"、"钲车八乘、鼓车六乘、战车一乘"的记载①。我们知道古代作战，击鼓为进，鸣金收兵。钲车就是载钲之车，鼓车就是载鼓之车。钲车与鼓车相连显然是指挥车。我们怀疑简文的"正车"和曾侯乙墓竹简中的"政车"很可能就是尹湾简中的"钲车"，属于作战或仪仗中的指挥车。尹湾汉墓《武库永始四年兵车器集簿》所记"钲车"后有"淳于、钲、铙、铎千八十"、"钲、淳于椎六百一十四"的记载。而包山遣册271简、包山竹牍所记"正车"后也有"铙"或"钲"的记载。包山遣册270简"铙"作𨮯②，整理者释为"铙"，解释说："铙"简文作𨮯，《汗简》尧字作𣕊，与简文相近。《说文》："铙，小钲也"，出土有铜钲一件。李家浩释𨮯为"鈇"，认为与信阳遣册2-05、2-017号简的"鈇"相同，用为"铺首"之"铺"③。李守奎的《楚文字编》从此释。其实𨮯右边所从非"夫"，而与帛书乙9·86之"𠂸（尧）"同形，与郭店简《穷达以时》3号简、上博简《鬼神明之》1号简的"𠂸（尧）"形近，当以释"铙"为是。包牍的"铙"字稍残泐，施谢捷电子版释文释"铙"，其释可从。包山二号墓南室出土1件铜铙（标本2：356），与简文所记"一铙"相合。《说文》："铙，小钲也。军法卒长执铙。"《周礼·鼓人》："以金铙止鼓。"《诗·小雅·采芑》："钲人伐鼓。"传云："钲以静之，鼓以动之。"可见钲、铙都是军乐器。据此，我认为包山简的"正车"就是"钲车"。

---

① 连云港市博物馆等：《尹湾汉墓简牍》，中华书局1997年版，第105、113页。
② 李家浩在《包山楚简中的旌旆及其它》一文中（载香港中文大学中文系《第二届国际中国古文字研讨会论文集续编》，1995年），将包山遣册276、269、270号简与记"正车"的271号简相编联，简文所记正车上的装备物、车马器正好与包山竹牍所记正车上的装备物、车马器相一致，我们采用李先生的这一编联。
③ 李家浩：《信阳楚简"乐人之器"研究》，载《简帛研究》第三辑，广西教育出版社1998年版，第10页。

二 纷敽

包山二号楚墓遣册260号简下段简文作:"一奠(郑)弓、一纷敽、夹囝(弜)、一涂□、二笴(?)、四竿(矢)、一□。"学界对"纷敽"的释读存在诸多分歧。包山简整理者释为"纷敽"。刘钊将"纷敽夹囝(弜)"连读,认为简文"纷"是指某种纹饰,《周礼·春官·司几筵》:"依前南向,设莞筵纷纯,加缫席画纯,加次席黼纯。"郑玄注:"郑司农曰:纷读为豳,又读为'和粉'之粉,谓白绣也。""敽"字当读作"绘",《说文》"绘,五彩绣也。"字又作"缋"意为"画文"①。李家浩认为"敽"借作"袷",指袷衣。"纷袷"是绣有粉白色花纹的袷衣②。刘信芳认为"纷敽"与信阳遣册2—28号简"纷会"同,《说文》:"襘,带所结也。"《左传》昭公十一年:"衣有襘,带有结。"盖衣之交领,可分可会,此所以称衣领为襘。信阳简"纷会"为屦之附属物,应指系屦之丝带。包山简之"纷会"附于"一郑弓"后,疑指出土之马鞍形弓,取其弓与弦可分可合之意③。今按:信阳遣册2—28号简的"纷曾"旧释"纷会"有误,曾与敽字形有别,当从宋华强释为"纷黾(绳)"④。刘信芳释"纷敽"为马鞍形弓缺乏依据。包山简的"纷敽"前后所记都是武具类名物,且"纷敽"前有数词限定,后有标点"一"与"夹弜"相隔,所以刘钊认为"纷敽"是纹饰,用来修饰"夹弜",似乎不妥。我们怀疑"纷敽"可能也是一种武具或其部件。"敽"字还见于信阳遣册:

---

① 刘钊:《释愠》,载广东炎黄文化研究会编《容庚先生百年诞辰纪念文集》,广东人民出版社1998年版,第482—483页。
② 李家浩:《楚简中的袷衣》,《中国古文字研究》第一辑,吉林大学出版社1999年版。又见《著名中年语言学家自选集·李家浩卷》,安徽教育出版社2002年版,第298页。本文引用后者。
③ 刘信芳:《包山楚简解诂》,台北:艺文印书馆2003年版,第277页。
④ 宋华强:《楚简中从"黾"从"甘"之字新考》,武汉大学简帛网,2006年12月30日。

一鈍，一敆□	信阳 2—08
一友齐緅之敆，帛里，组緣（繗）	信阳 2—13
二敆豆，一□	信阳 2—25

其中 2—08、2—25 简的"敆"用法相同。2-25 简的"敆豆"，包山 266 号简作"㣇桓"。李家浩对此有很好的考释："㣇桓""敆豆"即"合豆"，古代"合""会"二字形、音、义皆近，常见通用。朱芳圃说"合"字"象器盖相合之形"。因此，有盖之器可以在器名之前冠以"合"字。"合豆"当指有盖的豆。古文字"敂"作"敆"。"敆"与"敆"形近，应当是"敂"字的异体，在此读为"合"①。此释可从。但包山 260 简的"纷敆"之"敆"李先生读为"袷"，指袷衣，似与类属不符。我们知道"攵（攴）"旁和"手"旁意义相近，可通用。如《说文》"播"之古文作"敵"，故"敆"亦可释为"拾"。《诗经·小雅·车攻》："决拾既次"毛传："拾，遂也。"朱熹集传："拾，以皮为之，着于左臂以遂弦，故亦名遂。"《战国策·楚策一》"其臣抉拾"吴师道对"拾"的注解与上引朱熹的解释相同。《仪礼·乡射礼》："司射适堂西，袒、决、遂，取弓于阶西……"郑玄注："遂，摄韝也，以韦为之，所以遂弦者也。其非射时，则谓之拾。拾，敛也，所以蔽肤敛衣也。"《国语·吴语》："百夫决拾"韦昭注："拾，捍。"董增龄正义："拾，韝捍，着左臂也。"《周礼·夏官·缮人》："缮人掌王之用。弓弩矢箙矰弋抉拾。"郑玄注引郑司农云："《诗》家说或谓拾谓韝捍。拾者所以引弦也。"《广雅·释器》："拾，鞲也。"王念孙疏证："拾、捍、韝皆谓遂也，着于左臂，所以捍弦也。"《仪礼·士丧礼》："决用正，王棘若檡棘。"胡培翚正义："拾亦名遂，又名捍，又名韝，一物四名。"由上引文献看"拾"即臂韝，是古代射箭时用的一种袖套，又名遂、捍、韝。

---

① 李家浩：《包山二六六号简所记木器研究》，《国学研究》第二卷，北京大学出版社 1994 年版。又见《著名中年语言学家自选集·李家浩卷》，安徽教育出版社 2002 年版，第 249—250 页。本文引用后者。

"纷"意当为"绶"。《书·顾命》"玄纷纯"孔颖达疏引郑玄云："纷，如绶，有文而狭者。"《书·费誓》："敿乃干"伪孔传"施汝楯纷"。孔颖达疏"纷，如绶而小，系于楯而持之。"可见"纷"类绶带。简文"纷拾"可以理解为用绶带编织之拾。或读"纷"为"粉"，意为白色，在句中亦可通。"夬囚（㬎）"刘钊认为"夬"应读为"袂"，在此指"射韝"，即射箭时套在左臂上起"遂弦"和"蔽肤敛衣"作用的皮"套袖"。又指出从"㬎"的字皆有"蕴藏""包含"之义。"袂㬎"犹言"袖衣"或"袖套"①。何琳仪读为"夬韫"。认为"夬"是扳指。《广韵·释诂》四"韫，裹也"。"夬韫"为盛放"夬"之袋②。李家浩则认为"夬㬎"应读"芮温"，意为"细软温暖"，是对"纷袷"的说明③。从简文"郑弓""纷拾""四矢"等来看，都是与射事相关之物。何琳仪对"夬㬎"的释读更可从。"筆"字包山简整理者释为"鐯"，许多字编都从之④。李守奎改释为"镑"（《楚文字编》第801页），细审图版该字左边释"金"显然有误，右边略有残泐。从字形看，我们怀疑该字可能是一个上下结构的字，上从"竹"下从"乍"，当释为"筰"字。《仪礼·既夕礼》"役器，甲、胄、干、筰"，郑玄注："筰，矢箙。"《释名·释兵》："其受矢之器，以皮曰服（箙），柔服之义也；织竹曰筰，相迫筰之名也。"简文下接"四矢"。叵见释"筰"，意为矢箙，可以讲通，但字形上不是很肯定。

---

① 刘钊：《释愠》，载广东炎黄文化研究会编《容庚先生百年诞辰纪念文集》，广东人民出版社1998年版，第482—483页。
② 何琳仪：《仰天湖楚简选释》，载《简帛研究》第三辑，广西教育出版社1998年版，第109页。
③ 李家浩：《楚简中的袷衣》，《中国古文字研究》第一辑，吉林大学出版社1999年版。又见《著名中年语言学家自选集·李家浩卷》，安徽教育出版社2002年版，第300页。本文引用后者。
④ 如：张守中的《包山楚简文字编》、滕壬生的《楚系简帛文字编》、汤余惠主编的《战国文字编》。

三 见䂇（鬼）之衣

见于信阳遣册2-13号简，刘雨释为"见景之衣"①。朱德熙释为"见䂇之衣"②。郭若愚释为"见䂇之衣"，认为䂇，从示鬼声，通禬。《广韵》、《正韵》"禬，除殃祭也。"③ 徐在国将其释为"见鬼之衣"，并对"鬼"字详加考证。又疑"鬼"应读为"褢"，《说文》："褢，袖也。"④ 刘国胜怀疑简文"见鬼"是衣服的某类纹饰名⑤。今按：朱德熙释 为䂇，可信。《说文》："鬼，人所归为鬼，从人，象鬼头。鬼，阴气贼害，从厶，䂇，古文从示。"简文所录正为古文"鬼"之写法。"䂇"楚简习见，上博简《鲁邦大旱》2号简有"庶民知说之事鬼也"之"鬼"，上博简《鬼神明之》之"鬼"与信阳简"鬼"字形体全一致⑥。可见此字应当分析为从"示""鬼"声，释为"䂇"，即"鬼"字古文。以上学者对"见鬼之衣"的解读非为确诂，也没有点明"见鬼之衣"的形制。我们怀疑"见鬼之衣"大概是一种具有迷信色彩的衣服。江陵马山一号楚墓出土的一小竹笥（8—3），内置一件非常短小的对襟式短袖单衣，与该墓所出实用衣服的形制完全不同，做工简单，衣长仅45.5厘米、袖展52厘米、袖宽10.7厘米、腰宽26厘米。该竹笥外系一签牌，上书"□以一緅衣见于君"⑦。陈松长认为签牌上的"君"是阴间主管生死的神灵，这件"緅衣"应是墓主人送给地下君的

---

① 刘雨：《信阳楚简释文与考释》，《信阳楚墓》附录，文物出版社1986年版，第129页。
② 朱德熙：《说"屯（纯）、镇、衠"》，《中国语文》1988年第3期，又见《朱德熙文集（五）》，商务印书馆1999年版，第174页。本文引用后者。
③ 郭若愚：《战国楚简文字编》，上海书画出版社1994年版，第81页。
④ 徐在国：《楚简文字新释》，《江汉考古》1998年第2期，第84页。
⑤ 刘国胜：《楚丧葬简牍集释（修订本）》，第51页。
⑥ 文中所引"上博简"指马承源主编：《上海博物馆藏战国楚竹书（一—六）》，上海古籍出版社2001—2007年版。
⑦ 湖北省荆州地区博物馆：《江陵马山一号楚墓》，文物出版社1985年版，第25、89页的

见面礼①。陈先生的说法可信。信阳遣册的"见鬼之衣"可能跟马山这件"见于君"的"緅衣"性质相同。简文的"鬼"和马山签牌的"君"大概与汉代告地策中屡见的"地下主""地下丞"相同②，都是古人观念中掌管冥府的神灵。所谓的"见鬼之衣"就是墓主人送给冥间鬼神的见面礼。

四　红介之留衣

"红介之留衣"见于信阳遣册2－13号简，刘雨释为"红介之留衣"③，学者多从之，但说解不一。郭若愚认为"介"假为紒。《类篇》："结作紒。"《仪礼·士冠礼》："将冠者采衣紒。"注："紒，结发，古文紒为结。"留，《博雅》："留，黄彩也。"《释名》："留幕，冀州所名。大褶下至膝者也，留，牢也。幕，络也。言牢络在衣表也。"此谓一红色结彩之结衣。《仰》摹本六有"一结衣"，当是类似之衣④。刘信芳认为"介"读如"袺"，音与"袺"通。《诗·周南·芣苢》"采采芣苢，薄言袺之"，毛传："袺，执衽也。"所谓"执衽"即将衣衽结于带上，"留衣"之衽较长，下至膝，将衽之两角挽起而结于衣前成兜状，用以盛物⑤。今按：以上学者对"红介之留衣"的解释可商。我们怀疑"留"读为"绺"，《广韵》："绺，绮别名也。""留（绺）衣"即"绮衣"，汉晋衣物疏中屡见以绮为面料的衣物、被衾、囊袋等。如尹湾六号汉墓木牍D12有"君直纑绮衣"⑥。从文例看"红介"应是对衣物的一种描述，我们推测是一种纹饰。《说文》："介，画也。"又"纃，以丝介履也。"

---

① 陈松长：《"緅衣"小考》，载楚文化研究会编《楚文化研究论集》第六集，湖北教育出版社2005年版，第533—537页。
② 关于汉代告地策黄盛璋、刘国胜等多位学者都有深入的研究，鲁西奇《汉代买地券的实质、渊源与意义》（《中国史研究》2006年第1期）一文中列举五件汉代告地策，可参看。
③ 刘雨：《信阳楚简释文与考释》，《信阳楚墓》附录，文物出版社1986年版，第129页。
④ 郭若愚：《战国楚简文字编》，上海书画出版社1994年版，第82页。
⑤ 刘信芳：《楚简器物释名》，《中国文字》新廿二。台北：艺文印书馆1997年版，第100页。
⑥ 连云港市博物馆等：《尹湾汉墓简牍》，中华书局1997年版，第128页。

段玉裁注："介者，画也。谓以丝介画履间为饰也。"此外"介"还有界隔、间隔之意。所谓"红介"大概是以红色丝线界隔的面料，推测可能呈条带状、或方格状。江陵马山一号楚墓所出"彩条纹绮"和"条纹锦"（《江陵马山一号楚墓》彩版九·3、一〇·2）便是类似图案的面料。总起来说"红介之留衣"就是一件红格子绮衣或红条纹绮衣。

（原载《江汉考古》2011年第1期）

战国遣册文字释读二则

一　鉴

信阳长台关 M1 遣册 2—024 号简：

寒（集）糦之器：二□□、一耿垟、一□□、二□□，屯緅帽。二鈻、囗二友□，屯又（有）盍（蓋）。四㑹（合）鈠、一舄（錯）鈠，屯又（有）盍（蓋）①。

鈻，原篆作![字形]，左边略残，郭若愚释为"鈻"，鈻，《说文》"鏬釜也。②"商承祚隶为"鑠"，无解③。信阳长台关遣册 2—025 号简记载"鼎，十□，屯又![字形]"，"又"下一字模糊，朱德熙释为"鈻"④。按：2—025 号简朱德熙释为"鈻"的字，残泐严重，待考。从字形看，2—024 号简![字形]释鈻可从，鈻即鉴。大徐本《说文解字》："鉴，鉴鏬，釜也。从金此声。"⑤ 学界多从郭若愚说将鉴解为釜，但存疑⑥。细审《说文》，"鉴"与"盉"、"鏬"、"銎"等表示工具类相

---

① 河南省文物研究所：《信阳楚墓》，文物出版社 1986 年，图版一二六。
② 郭若愚：《战国楚简文字编》，上海书画出版社 1994 年版，第 94 页。
③ 商承祚：《战国楚竹简汇编》，齐鲁书社 1995 年版，第 38 页。
④ 朱德熙：《朱德熙文集》第五卷，商务印书馆 1999 年版，第 174 页。
⑤ 许慎：《说文解字》，中华书局 2001 年版，第 295 页。
⑥ 刘国胜：《楚丧葬简牍集释》，科学出版社 2011 年版，第 17 页。

关的字放在一起,"錍鐅"解为"釜"恐有误。他本《说文》都作"斧"。段玉裁《说文解字注》"錍,錍鐅,斧也。"段注"斧之一种也,叠韵字。"桂馥《说文义证》:"錍鐅斧也者,《玉篇》引作'鐅錍斧也'。馥案:錍鐅,短斧也。《方言》'劗耀,短也',《广雅》'䩜䩙,短也'。"① 可见"錍鐅"是联绵词,意为斧。从简文看"錍"无疑是一种容器,但究竟是何器学界一直存疑。2008 年,曹锦炎先生在《工尹坡錍铭文小考》一文中刊布了一件止水斋收藏的青铜器,器铭作"攻(工)尹坡之秦錍"。曹氏指出工尹坡錍器型与楚国青铜器中自名为"盏"的器型很相似。并将"錍"读为"盏",进一步论证从"此"声之字与从"戈"声之字相通,如《公羊传·哀公四年》:"掩其上而柴其下。"《周礼·地官·媒氏》郑注、《春官·丧祝》郑注并引"柴"作"栈"②。錍为精纽支部字,盏为庄纽元部字,韵部远隔,似不能通,但也有特例,如"雋"为从纽元部字,从雋得声的"樵"归精纽支部③,说明錍、盏存在相通的可能。从器物形制及青铜器自名情况分析,曹氏的释读意见更值得肯定。吴镇烽先生《商周青铜器铭文暨图像集成》一书将工尹坡錍收录在"敦·盏"类下,仅录铭文图版,没器型图,描述如下:"器身圆形,口微敛,圆唇外翻,腹部有两铜耳,圜底,三个兽蹄形足,盖面有三个环钮,盖口沿两侧有卡扣。"从其描述看,工尹坡錍与《图像集成》收录的大府盏(06055)、楚王酓审盏(06056)、赒于敾盏(06059)、温儿盏(06063)、襄王孙盏(06068)、荆公孙敦(06069)、十四年陈侯午敦(06078)形制相同④。

---

① 桂馥:《说文解字义证》,齐鲁书社 1994 年版,1228 页。
② 曹锦炎:《工尹坡錍铭文小考》,载张光裕、黄德宽主编《古文字学论稿》,安徽大学出版社 2008 年版,第 18—19 页。
③ 郭锡良:《汉字古音手册》,商务印书馆 2010 年版,第 356、234 页。
④ 吴镇烽:《商周青铜器铭文暨图像集成》第 13 册,上海古籍出版社 2012 年版,第 315—345 页。以下简称《图像集成》。

《信阳楚墓》图版四二·铜器·3 敦（1-7）

《图像集成》06076 齐侯敦

《图像集成》06057 滕侯昃敦

这7件敦类器物中有5件自名为盏，2件自名为敦，可见，鋻应是盏（敦）类器物的异名。信阳长台关M1出土2件铜敦（1—7、1—8），作圆球形，盖略平，有环状钮三个，盖与器身子母口扣合，腹部左右两侧各附一耳，耳内衔环，圜底（见下图）①。此铜敦与《图像集成》收录的滕侯昃敦（06057）、高奴敦（06061）、归父敦（06066）、益余敦（06072）、齐侯敦（06076）形制相同（详下图）。以上诸器都自名为敦，形制上与工尹坡鋻相比少三足。朱凤瀚先生《中国青铜器综论》一书中将此类腹壁圆曲，平底，盖平顶，器盖相合呈扁体的青铜器都归入平底敦②。刘彬徽认为楚系青铜器的盏与敦是前后演变关系的两个类型——盆体敦与圆体敦，进一步指出敦是盆体敦和圆体敦的共名，盆体敦称为盏，盏也是楚文化区域称敦的区域性名称③。鉴此，我们认为信阳遣册2—024号简的"鋻"也可以读为"盏"，当是记录盏（敦）一类的器物。长台关M1出土的2件平底敦与简文"二鋻"数量相合，可见信阳遣册的"鋻"应该记录的就是这种平底敦（盆体敦）。

二　害

包山2号楚墓出土遣册256号简主要记录随葬的食品，简文作：

　　　　朕一𨰻（瓶）、□一害、漸昱一𨰻（瓶）。青繢（锦）之纕（囊）四，皆又（有）䊆。四筭飤（食）、筴魚一籫。④

"害"原篆作 ，整理者阙释，刘钊⑤、李守奎⑥释为"害"，刘信芳认为

---

① 河南省文物研究所：《信阳楚墓》，文物出版社1986年版，第49页，图版四二。
② 朱凤瀚：《中国青铜器综论》，上海古籍出版社2009年版，第144页。
③ 刘彬徽：《楚系青铜器研究》，湖北教育出版社1995年版，第152—158页。
④ 陈伟等著：《楚地出土战国简册［十四种］》，经济科学出版社2009年版，第119页。
⑤ 刘钊：《包山楚简文字考释》，（香港）《东方文化》1998年1、2期合刊，第65页。
⑥ 李守奎：《楚文字编》，华东师范大学出版社2003年版，第459页。

🜲是"罤"之异体①。按：🜲与郭店楚简《语丛四》21 简的"🜲（害）"形近，释"害"可信。从文例来看，"害"为盛食器，与缶、瓿相类。"害"疑读为"𦉢"。害为匣纽月部字，𦉢为溪纽月部字，韵部相同，声纽同为牙音。从"㓞"得声的"契""栔"为溪纽月部字，而"禊""絜"为匣纽月部字，则害、𦉢音近可相通。《广雅·释器》"𦉢，瓶也"。《玉篇·瓦部》"𦉢，瓶，受一斗"。《方言》卷五"缶谓之瓿甊，其小者谓之瓶。""𦉢"对应的器物可能是包山 M2 东室所出的木质壶（2∶4—1、4—2），标本 2∶4—1 直口，颈较直，弧肩外鼓，腹扁形②，如下图：

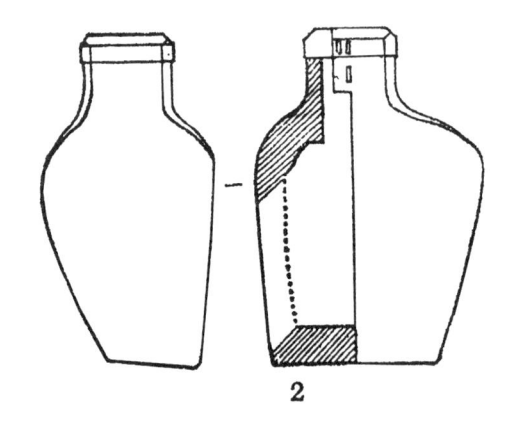

《包山楚墓》图八四 2 壶 2∶4 - 1

附记：本文系国家社会科学基金重大项目"简帛学大辞典"（项目批准号：14ZDB027）阶段性成果。

（原载赵逵夫主编《先秦文学与文化》第九辑，上海古籍出版社 2020 年版）

---

① 刘信芳：《包山楚简解诂》，台北：艺文印书馆 2001 年版，第 261 页。
② 湖北省荆沙铁路考古队：《包山楚墓》（上册），文物出版社 1991 年版，第 134 页。

楚墓遣册所记"大房"再议

作为祭器的"大房"在传世典籍中记载较少，早期注家的解释各不一样，又缺乏实物相印证，所以对其形制正如孔颖达所说"古制难明，不可委知。"但1966年望山二号楚墓出土遣册第45号简记有"一尊桄，一大房"（采用宽式释文）；① 1991年公布的包山楚简，遣册第266号简也记有："一大房，一小房"。② 我们知道遣册主要记录随葬物品，所记器物与墓中出土器物大多可以对应，而望山、包山楚墓保存相对完好，这使我们能有幸见到两千多年前"大房"的实物，从而能更好地理解古书古注。

1994年李家浩先生发表《包山二六六号简所记木器研究》一文（按：以下若无特别说明，李先生观点都引自此文。以下简称《包山266》）。该文依据遣册记录，结合传世文献和出土墓葬器物，主要考释该简所记九类，十四种，二十七件木器，旁及望山、信阳遣册相关记录，其结论多坚实可靠，为学界所普遍接受。③ 该文第二小节"房"，集中考释了"大房"、"房几"等相关器物。李先生认为包山东室所出"宽面俎"（2：111）当是"小房"，"带立板俎"（2：157）当是"大房"，并进一步考证望山二号墓45号简所记的"大房"就是该墓出土的"带立板俎"。李先生说：

---

① 湖北省文化局文物工作队：《湖北江陵三座楚墓出土大批重要文物》，《文物》1966年第5期，第52页；本文采用湖北省考古研究所，北京大学中文系：《望山楚简》，中华书局1995年版，第59页。

② 湖北省荆沙铁路考古队：《包山楚简》，文物出版社1991年版，图版一一四266号简。

③ 李家浩：《包山二六六号简所记木器研究》，《国学研究》第二卷，北京大学出版社1994年版。

该墓出"带立板俎"一（B28），其形制与包山 2∶157"带立板俎"相同，唯立板上端中间下凹。黑漆地上绘红色几何花纹。长92厘米、宽36.5厘米。（8）的大房当是指此件"带立版俎"（引者按：着重号为引者所加，（8）指简文"一尊桄，一大房"）。

然笔者翻检了关于望山楚墓的相关报告，并没有发现"带立板俎"。在《湖北江陵三座楚墓出土大批重要文物》简报中没有关于 B28 的描述和图版。①《江陵望山沙冢楚墓》（以下简称《望山墓》）一书对 B28 有详细的描述并配有线图和图版，但与李先生所说的"带立板俎"有别：

（俎 A 型）一件（WM2∶B28）。面板长方形，两窄边之中部各侈出一方形凸榫，四角各竖一块立板为足，立板上端有凸榫插入面板的榫眼，长边的两立板足外侧有凹形榫眼以插两横挡板，把两立板连接为一体。面板侧面均为红漆绘几何纹。保存较好，已拼合复原。通高40、长92、宽36.5厘米（图九八，3；图版七八，1）。②

采自《望山墓》图版七十八 1（WM2∶B28）

---

① 湖北省文化局文物工作队：《湖北江陵三座楚墓出土大批重要文物》，《文物》1966年第5期，第33—55页。
② 湖北省文物考古研究所：《江陵望山沙冢楚墓》，文物出版社1996年版，第148页。

楚墓遣册所记"大房"再议

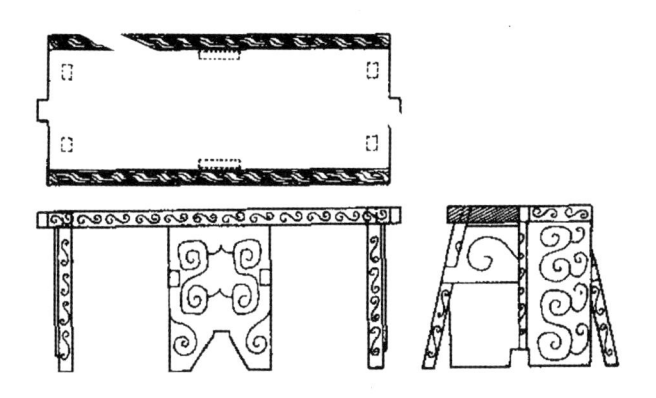

采自《望山墓》图九八 3. A 型 I 式木俎（WM2：B28）

该书《竹简所记部分器物与出土物对照表》说：木俎中 A 型 I 式器形最大的俎就是竹简记载的"一大房"。① 从出土器物的编号和相关数据我们可以看出李先生所说的 B28 正是《望山墓》所描述的 B28。但李先生所说的置于俎面之上的立板在望山报告中却是俎面下的立板足。李先生的《包山 266》一文虽发表于《望山墓》一书之前，但 70 年代中期李先生参与执笔的《望山 1、2 号墓竹简释文与考释》一文中也解释"大房"说："此墓所出大'立板俎'（边箱 28 号），疑即大房。"②《著名中年语言学家自选集·李家浩卷》收录《包山 266》一文时，作者曾作过修订和补正，但对望山"大房"的论证并未作任何修正。③ 此后程燕、刘国胜等也都遵从李先生的这种解释。④ 那么这件器物两立板到底是立板足还是俎面立板呢？李先生认为望山 B28 与包山 2：157"带立板俎"相同，《包山楚墓》（以下简称《包山》）说：

带立板俎 1 件。标本 2：157，除面板两端安立板外，余皆同宽

---

① 湖北省文物考古研究所：《江陵望山沙冢楚墓》，文物出版社 1996 年版，第 162 页。
② 湖北省文物考古研究所：《江陵望山沙冢楚墓》，文物出版社 1996 年版，第 298 页。
③ 李家浩：《著名中年语言学家自选集·李家浩卷》，安徽教育出版社 2002 年版，第 230 页。
④ 程燕：《望山楚简文字研究》，安徽大学，2002 年，第 16 页；刘国胜：《楚丧葬简牍集释（修订本）》，武汉大学，2005 年。

· 49 ·

面俎。立板两块,下端各有两榫头,榫接在面板平面两端,立板外侧中部凸出板面,上端锥状立柱伸出立板外。两块立板外侧各镶不规则石英石子四颗;足板外侧各嵌石英石子两颗。……面板长80、宽40、通高103.6厘米(图八〇;图版三九,4)。① 如图:

采自《包山》图版三九·4 带立板俎2∶157

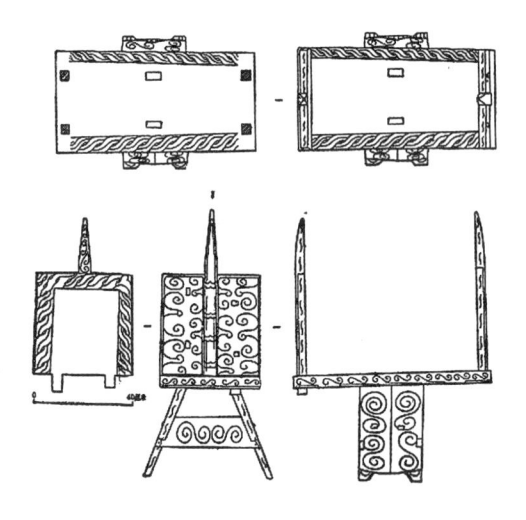

采自《包山》130页图八〇 木立板俎2∶157

---

① 湖北省荆沙铁路考古队:《包山楚墓(上)》,文物出版社1991年版,第130页。

楚墓遣册所记"大房"再议

从上引图看，望山 B28 与包山 2∶157 形制有很大的差别。从望山 B28 的线图和图版看，俎面两端的卯眼似乎透穿面板，两立板置于俎面也不是不可能。但是望山一号墓有一件俎（WM1∶T140）与望山 B28 几乎完全相同，《望山墓》说：

（俎）I 式 1 件（WM1∶140）。器形较大，俎面下的两端各安一立板，两长边的中部也各安一立板，立板的底部有一缺口，两侧各有一凹槽以插入两横板的凸榫，使立板固定。通体髹黑漆，用红漆绘卷云纹。长 68、宽 33.5、高 39 厘米（图六一，1）。①

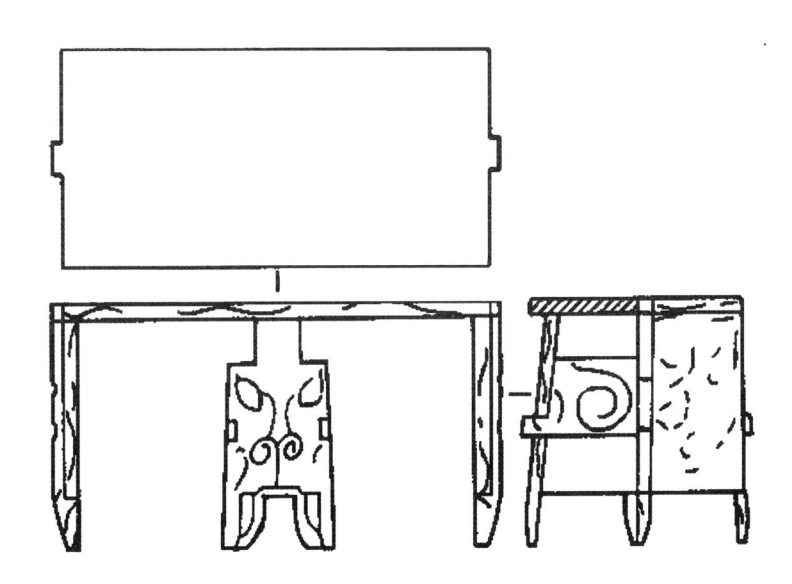

采自《望山墓》92 页图六一 1. A 型 I 式俎（WM1∶T140）

无独有偶，湖北天星观二号楚墓也出土三件宽面彩绘俎（M2∶130、M2∶171、M2∶175），形制与望山 MI∶T140 形制完全相同：

---

① 湖北省文物考古研究所：《江陵望山沙冢楚墓》，文物出版社 1996 年版，第 89 页。

面板下端两侧各安一叉形足板,两足板的底部各有一梯形凹缺中部两边又各有一方形凹缺,用以卯接两侧板的凸榫,使足板更加稳固。面板的四周各有一长方形榫孔,与两立板的榫头连接,侧板中间的外侧厚于侧板板面,并落地支撑俎面两端,其作用与足板相同。……标本 M2∶130 面板长 73、宽 31.8、厚 4.6 厘米,足板长 38、宽 31.2、厚 3 厘米,侧足板长 38、宽 17、厚 1.8 厘米。全器通长 73、宽 31.8、高 42.6 厘米。(图一〇八,图版四二·1)①

望山 M1∶T140 和天星观 M2∶130 这两件俎,中部两立板足支撑俎面的部位过窄,两侧立板足显然是不可以置于俎面的,否则整个器物会极不平稳。望山 B28 俎面长 92 厘米,若将立板足置于俎面也存在同样的问题(《望山墓》没有给出两长边的立板足上端宽度,依线图比例估算,中部立板足宽约 26 厘米)。报告说望山 B28 "保存较好,已拼合复原",由此可见望山墓整理者对 B28 的复原还是可靠的。李先生所说的"上端中间下凹"置于俎面的立板,实际上是立板足。

采自《荆州天星观二号楚墓》103 页图一〇八、图版四二.1 A 型木俎 M2∶130

如果这样的话,望山 B28 还是不是"大房"呢?我们先看文献的记载。在传世典籍中"大房"一词最早见于《诗经·鲁颂·閟宫》:"白牡

---

① 湖北荆州博物馆:《荆州天星观二号楚墓》,文物出版社 2003 年版,第 128 页。

驲刚。牺尊将将。毛炰胾羹。笾豆大房。"毛亨传:"大房,半体之俎也。"郑玄笺:"大房,玉饰俎也。其制,足间有横,下有柎,似乎堂后有房然。"《礼记·明堂位》孔颖达疏在引用此段笺后解释说:"如郑此言,则俎头各有两足,足下各别为跗,足间横者似堂之壁,横下二跗似堂之东西头各有房也。古制难明,不可委知,南北诸儒亦委曲解之。今依郑注,略为此意,未知可否。"李先生利用楚墓出土房、俎,结合以上文献以及郑玄对"俎拒"和"房俎"(《礼记·明堂位》:"周以房俎"郑玄注:"房谓足下跗也,上下两间,有似于堂房")的解释,认为"楚墓出土房、俎形制有一个共同特征,就是在立板足的两侧各有一块横侧板。这两块横侧板无疑是相当于郑注所说的横距。""俎的形制是足间有横距,把俎的空间分为上下两层,似人居住的'堂'和'房'。俎跗之处是'房',那么横距之处应是'堂',正如孔颖达疏所说的'足间横者似堂之壁。"也就是说"堂"在上,而"房"在下,整个房、俎看上去像一座杆栏式建筑。这些观点都很有见地,对我们进一步解释大房形制很有启发性。

由于传统注家着眼点不同,对"大房"的解释也就各不一样,有的侧重功用,如"半体之俎";有的侧重装饰,如"玉饰俎也";有的侧重形制,如"似乎堂后有房然""上下两间,有似于堂房"等。由这些训释,我们知道"大房"是俎的一种。用"房"来称呼这种俎,无疑取像于其形制似房,这也符合于古人的称物习惯。而且本身就有"房俎"之称。我们知道"房"一般指正室两边的侧房。《说文》:"房,室在旁也。"段注:"凡堂之内,中为正室,左右为房,所谓东房、西房也。"桂馥引《六书故》曰:"房,室旁夹室也。"《释名·释宫室》:"房,旁也,室之两旁也。"把"房"解作堂两旁的建筑,古书例证很多,此不赘举。笔者认为上引孔颖达"横下二跗似堂之东西头各有房也"的训释,对解释望山B28很有启发性。楚墓目前发现的房和俎,立板足基本没有"跗"。孔颖达把跗解释为房显然是不合适的,所以笔者认为望山B28两长边的立板足与横侧板构成的当是"堂",两窄边的立板足与横侧板之间构成的当是东西两头的"房",这也符合古代房的外形特征。

李先生指出"足部横侧板的有无是区别房、俎与非房、俎的标志。"这一点很重要，使我们能够区分出土器物中房、俎类和非房、俎类。但是不能区别"房"与"俎"。刘国胜先生对此做过尝试性说明，他说："我们猜测，用以称呼俎和几的'房'也可能并不是针对'大房'、'小房'中部的那种框架状的足部件而言的，而可能是针对那种伸出面板之上的立板足的俎和几。称作'小房'的'宽面俎'虽未安装向上高出面板的立板足，但形体较大，面板侧缘也未削角，似应视作房之属。大概因未置侧立板，故称'小房'，以别于'大房'。"① 这种说法是有一定道理的，但针对望山 B28 就不甚合适。我们认为置于俎面的侧立板或俎面下的侧立板足的有无是区分房与非房的标志。这块侧立板的有无决定一件器是否具有房的外形特征。它可以适用于俎和几。所谓"大房""小房"，可能是"大房俎"、"小房俎"的简称。《礼记》有"房俎"，包山、望山、信阳楚简都有"房几"便是明证。刘国胜先生对于包山"小房"的解释可备一说。

最后，我们还想再探讨一下包山 2：157 那件俎的复原问题。按照《包山楚墓》的复原方案，俎面有两立板，立板顶端有锥状突起（参前引图）。这种形制的俎，目前似乎还未发现其他例子。而且所谓俎面立板的功能为何，也很难解释。上文也已经提到，立板安置在俎面之上，必然使整个器物处于头重脚轻的状态，极易倾覆。从上举望山 M1：T140 和天星观 M2：130 等器的侧立板形制看，显然和包山 2：157 的俎面立板完全相同，都是立板外侧中部凸出板面，下端有锥状突起伸出立板外，这一点在上引天星观 M2：130 照片上看得很清楚。形制相同的立板，其功用应该相同。所以冯胜君先生认为包山 2：157 所谓的俎面立板其实也是安置在俎面下的立板足。只是包山 2：157 带锥状突起的立板，长度要大于两长边中部的立板足，这一点可能也是它们被当作俎面立板的主要原因。其实这一疑问很好解决，即立板在安置时应向外倾斜且其锥状突起应插入地中，这样不仅合理地解释了两组立板长度不同的问题，而且

---

① 刘国胜：《楚丧葬简牍集释（修订本）》，武汉大学，2005 年，第 82 页。

以这种方式来安置器物，会使其十分牢固。但我们没有接触过实物，也不清楚该器出土时的状态，只是根据同类器物的形制来进行推测。实际情况究竟如何，还有待于进一步证实。正如商承祚先生所说："生两千余年后，欲据此凌乱器物，以度二千年前之文物制度，……容有一得，断鹤续凫，踌驳复沓知所难免"。① 谨以此文请教于方家。

（原载《平顶山学院学报》2006年第1期）

---

① 商承祚：《长沙古物闻见记·续记》，中华书局1996年版，第8页。

谈谈楚简中两个从"只"的字

一 织

仰天湖 25 号楚墓竹简中有一个 A 字（下文用 A 表示），凡四见，字形基本相同，文例如下：

中君之一 A 衣，纁纯，䋺缟之緖。　　2
何马之 A 衣，綊（锦）纯，綊（锦）緖。　　3
一 A 衣，綊（锦）纯，[綊（锦）緖]。　　4
A 布之緭（帽）二塙（偶）。　　8①

学界对 A 的释读主要有两种意见：罗福颐、史树青先生将 A 释为"绽"②；饶宗颐、郭若愚、李家浩、李守奎等先生将 A 释为"绽"③。饶先生读"绽"为"疏"，因"疏布"见于典籍，目前学者多从此释读。

---

① 湖南省文物管理委员会：《长沙仰天湖第 25 号木椁墓》，《考古学报》1957 年第 2 期。
② 罗福颐：《谈长沙发现的战国竹简》，《文物参考资料》1954 年第 9 期，第 89 页；史树青：《长沙仰天湖出土楚简研究》，群联出版社 1955 年版，第 22 页。
③ 饶宗颐：《战国楚简笺证》，载《金匮论古综合刊》第一期，香港亚洲石印局 1957 年版，第 63 页；郭若愚：《战国楚简文字编》，上海书画出版社 1994 年版，第 114 页；李家浩：《楚简中的袷衣》，载《中国古文字研究》第一辑，吉林大学出版社 1999 年版。又收入《著名中年语言学家自选集·李家浩卷》，安徽教育出版社 2002 年版，第 300 页，本文引用后者；李守奎：《楚文字编》，华东师范大学出版 2003 年版，第 742 页。

· 56 ·

笔者也曾论证 A 字当以释"綎"为是①，现在看来上述释读都有问题。首先，仰天湖简本身有"疋"和从"疋"的字，皆为楚简"疋"的一般写法。如：15 号简的 ✍、34 号简的 ✍、23 号简的 ✍。楚文字中的"綊"（读为疏）字见于郭店简《六德》27 号简，字形作 ✍，与 A 显然有别。其次，楚文字中"足"一般作 ✍、✍，偶作 ✍、✍；"疋"一般作 ✍、✍②。A 所从之 ✍（下文用 B 表示）与上引 ✍（足）字看似相类，仔细观察，还是有别。"足"、"疋"所从之"止"一般为三笔，而 B"口"下所从为二笔，且收笔下垂，与上引"足"、"疋"诸体有别，所以 A 字无论释为"綎"或"綊"都不可信。我们怀疑 B 为"只"字。楚简中的"只"和从"只"的字主要有以下几种：

只：✍ 上博三·彭祖 4 号简　✍ 上博五·鬼神明之 2 号简背

邧：✍ 包山 99 号简　✍ 包山 125 号简　✍ 包山 219 号简

✍ 包山 220 号简　✍ 上博四·采风曲目 5 号简

枳：✍ 包山 265 号简　✍ 包山 259 号简　✍《郭店·语丛四》17 号简

✍ 上博四·相邦之道 3 号简 ✍ 上博五·鬼神明之 4 号简 ✍ 上博六·用曰 15 号简

釱：✍ 信阳 2—24 号简

楚文字中的"只"有多种写法，B 与上引上博五《鬼神明之》2 号简背的"只"字，包山 219、220 号简"邧"字，以及郭店简《语丛四》17

---

① 田河：《出土战国遣册所记名物分类汇释》，博士学位论文，吉林大学，2007 年，第 182 页，指导教师吴振武教授。

② 关于"足""疋"的字形，参看李守奎《楚文字编》第 128、129 页；李守奎、曲冰、孙伟龙编：《上海博物馆藏战国楚竹书（一—五）文字编》，作家出版社 2007 年版，第 104、105 页。

号简、上博四《相邦之道》3号简"枳"字所从的"只"字形体相近。藉此，我们认为A当释为"织"。"织"不见于《说文》，疑读为"缇"。"只"为章母支部字，"缇"属定母支部字，两字韵部相同，声母同属舌音，音近可通。而且从"是"得声的"禔"亦为章母支部字，可见"织"可读为"缇"。《说文·糸部》："缇，帛丹黄色。从糸，是声。祇，缇或从氏。"典籍中"缇"主要表色彩，也指丝织物。如：《周礼·春官·司服》："凡兵事，韦弁服。"郑玄注："今时五伯缇衣，故兵服之遗色。"《楚辞·九怀》："袭英衣兮缇𦅻。"《文选·张衡〈西京赋〉》："缇衣韎韐。"《大戴礼记·夏小正》有"缇缟"。《史记·西门豹列传》"张缇绛帷"，张守节正义："缇，顾野王云：'黄赤色也。又音啼，厚缯也。'""缇"的这些用法也见于楚地出土遣册，如：

一两郂（漆）缇缕（屦）　　　　　信阳2—02
二缇娄（屦），皆繢纯　　　　　　包山259
九亡童：其四亡童皆鲲（缇）衣。　望山49
缇缕（屦）三□，鞁缕（屦）☒　　五里牌11

仰天湖2、3、4号简的"织衣"可读为"缇衣"，当与上引望山49号简的"缇衣"相同，指一种橘黄色的衣服。8号简的"织（缇）布之帽"，指一种橘黄色的帽子。

二　柿枳

信阳楚简2—23号简简文如下：

□䋣（锦）以纴。一䋣（锦）素枕，一寝芙（莞），一寝箪（筵），屯𦅻芒之纯。六
簡（箧）筵，屯䋣（锦）纯。一柿枳，䋣（锦）纯，组绩，又

谈谈楚简中两个从"只"的字

　　觰。纸、枕、枳皆……①

该简主要记录枕、席、筵等物及其附饰，本文重点讨论"枳"及"柿枳"一词的释读。"柿枳"原作柿枳，刘雨释为"柿版"②；郭若愚释为"柿杍"，认为是一套简牍的制削工具③；商承祚释为"梻杯"④；李家浩释为"柿枳"，认为"柿枳"之前记的是寝莞、寝筵和篾筵三种席，之后缀以"锦纯"，和寝莞、寝筵和篾筵之后缀以"结芒之纯"和"锦纯"文例相同，"柿枳"也应该是席一类的东西。并指出古代有一种席叫作"桃枝"，"柿枳"是"桃枝"的另一种写法。"柿枳"之"柿"不是《说文》所说的"陈楚谓棁为柿"之"柿"，而是一个"闹"省声的字。古代"闹"、"桃"都是端组宵部字，音近可通。"闹"可以读为"桃"，所以简文"柿枳"可能是"桃枝"的另外一种写法。简文"一柿枳，锦纯，组繢。"是说一张桃枝席，其上有锦的缘边和"组繢"的装饰。信阳一号楚墓左后室出竹席六，绢缘边，当是简文所记的篾筵。寝莞、寝筵、和桃枝三种席未见，大概是当时没有随葬⑤。

　　今按：从第一节所引"只"字来看，上述考释中，李家浩先生释柿枳为"柿枳"最为可信。李先生认为"柿枳"是"桃枝"的另一种写法，指一种席，也是很好的意见。但考虑到包山简有与"柿枳"类似的"櫃枳""竹枳"的记载，李先生对"枳"字却给出完全不同的解说，使我们对"枳""柿枳"旧有释读产生怀疑。李先生认为"櫃枳"、"竹枳"的"枳"当读为"庋"，指古代的一种枕。又读"櫃"为"柜"，意为小匣。"柜庋"是指包山二号墓内出土的盒形座枕，因盒形座枕的

---

① 河南文物研究所：《信阳楚墓》，文物出版社1986年版，第130页。按：个别释文我们以最新研究成果写定。
② 刘雨：《信阳楚简释文与考释》，载河南文物研究所《信阳楚墓》，文物出版社1986年版，第130页。按：个别释文我们以最新研究成果写定。
③ 郭若愚：《战国楚简文字编》，上海书画出版社1994年版，第94页。
④ 商承祚：《战国楚竹简汇编》，齐鲁书社1995年版，第34页。
⑤ 李家浩：《信阳楚简中的"柿枳"》，载李学勤主编《简帛研究》第二辑，法律出版社1996年版，第2—5页。

· 59 ·

枕身是柜，兼有枕和柜两种功能，故简文把它叫做"柜枕"。"竹攱"是指包山二号墓内出土的框形座枕①。从字形、文例、名物对应情况看，李先生的考释无疑是正确的。从文例来看，信阳2—23号简"一柹枳，繢（锦）纯，组绩"与包山259号简"一櫎枳，又（有）锦絼，缟宛"、260号简"一竹枳，锦宛"结构相似。包山简的"竹枳"位于"寝荐"之后、"櫎枳"位于"席"之前。信阳简的"柹枳"位于席、筵之后，语境类似。我们认为信阳简的"柹枳"应与包山简的"柜枳"、"竹枳"性质相同，"枳"也当读为"攱"，意为枕。"柹"无需解为从"闹"省声的字，简文应用其本义。《说文》："柹，削木札朴（樸）也。从木，市声，陈楚谓梜为柹。"玄应《一切经音义》卷十引《三苍》曰："柹，札也。今江南谓斫削木片为柹，关中谓之札，或曰柹札。"可见"柹"有木片、梜两种解释，"柹枳"也可以有两种理解：若依"木片"意，"柹枳"可解为木片做成的枕。信阳一号墓出土一件竹、木合制的枕（1—715），枕面铺12根竹片②，其形制与包山二号楚墓所出枕面由七根竹片组成的框形座枕（2：425）相同，那么"柹枳"就与包山260简的"竹枳"相同。框形座枕形制也正与"柹"字木片义相合。"柹"又有"梜"意。《说文》："梜，匧也。一曰木名，又曰大桱。"（引按：段玉裁认为"大桱为木枕之误也。木枕谓以圜木为枕，少仪所谓颖也。"）"匧"意为函匣。《论语·季氏》："龟玉毁于椟中"何晏注引马融曰："椟，匧也。"《礼记·少仪》："剑则启椟。"郑玄注："椟谓剑函也。"鉴此，"柹枳"则可解为函匣形枕，又与包山简"櫎枳"相同，指一种盒形座枕。此类盒形枕兼有盒和枕两种用途，李家浩先生已详论，此不赘述。以上这两种解释似都可通。但古代学者对"柹"字解说分歧较大③，我们认为桂馥在《说文义证》中对"柹"的解释比较可信，桂馥

---

① 李家浩：《包山楚简中的"枳"》，载四川大学历史系编《徐中舒先生百年诞辰纪念文集》，巴蜀书社1998年版，第173—175页。又收入《著名中年语言学家自选集·李家浩卷》，安徽教育出版社2002年版，第291—292页。
② 《信阳楚墓》，第43页。
③ 丁福保：《说文解字诂林》，中华书局1988年版，第6200、16913页。

说:"'陈楚谓棋为柿者','棋'当作'牍'。徐锴本作'陈楚谓之札朴',锴曰'札即木牍也'。本书椠,牍朴也。"从玄应、徐锴、桂馥的说解看,"柿"、"札"、"牍"实为同物异名,都指木片。再考虑到遣册所记名物与墓葬出土物的对应情况,由于信阳一号墓没有出土盒形座枕,我们倾向将"柿杸"解为框形座枕。

"柿杸"后接"锦纯,组绩"与"樻杸"后接"又(有)锦绔,缟宛""竹杸"后接"锦宛"相类。"宛"旧释为"㠯""序"等,赵平安先生改释为"宛"、认为是与"杸"有关的一种饰物,可读帉,意为"幡"①。单育辰先生认为此"宛",当读为"缘",缘饰意,与楚地遣册表缘饰的"纯"相同②,此说可从。"绩"旧或释为"䌁""䌁"等,古文字中"来""朿"有时相混,刘雨先生将此字释为"绩",可信。《说文》:"绩,缉也",又"缉,绩也"。二字均有"纺绩"意,此简文的"绩"当用如"缉",段玉裁注:"用缕以缝衣亦为缉。"《释名·释衣服》:"缉,下横缝,缉其下也。"可见缉有缝边之意,今语尚有"缉鞋口"的说法。简文"一柿杸,锦纯,组绩"意为一件框形座枕,有锦做的缘饰,用组丝缉边。信阳一号墓出土的枕,枕面所铺12根竹片两端钻有三行小孔(引按:从框形枕线图看,竹片中间尚有三行小孔),整理者认为这些小孔是为了穿绳与枕框顶端木棍相捆缚。我们怀疑这些小孔可能同时也起缝缉枕巾的作用。江陵马山一号楚墓曾出土一件同形制的竹枕,"出土时,枕面上残存有黄色绢,周围残存有内外两层锦缘。"③这也可证明我们对"一柿杸、繪(锦)纯,组绩"的释读。当然,也不排除"锦纯,组绩"是记录枕囊或枕巾缘饰的可能。有一种情况也不容忽视,即信阳2—23号简又有"一繪(锦)素枕"的记载,"枕"写作 ,与"杸"不同。我们认为这可能是为了区别布帛之枕和木质之枕而

---

① 赵平安:《战国文字中的"宛"及其相关问题研究——以与县有关的资料为中心》,《第四届国际中国古文字学研讨会论文集——新世纪的古文字学与经典诠释》,香港中文大学中国语言文学系,2003年,第538页注19。
② 单育辰:《楚地遣策"宛"字的用法》,简帛网,2008年12月22日。
③ 湖北省荆州地区博物馆:《江陵马山一号楚墓》,文物出版社1985年版,第84页。

有意用不同的字来记录。

引书简称：

  包山简 湖北省荆沙铁路考古队：《包山楚墓》，文物出版社 1991 年版。

  信阳简 河南文物研究所：《信阳楚墓》，文物出版社 1986 年版。

  望山简 湖北省文物考古研究所、北京大学中文系：《望山楚简》，中华书局 1995 年版。

  郭店简 荆门市博物馆：《郭店楚墓竹简》，文物出版社 1998 年版。

  上博简 马承源主编：《上海博物馆藏战国楚竹书（一—七）》，上海古籍出版社 2001—2008 年版。

（原载《古文字研究》第 28 辑，中华书局 2010 年版）

汉简遣册文字丛考

一 㗊

马王堆3号汉墓遣册18号简记载：

㗊〓室各二。

首字原形作🈳，整理者隶为"㗊"，将整句释为"㗊，㗊室各二"，考释说："㗊，《说文》所无，疑为'笔'之省。'笔'与'筚'音意相通。'筚'为竹管。又'筚篥''觱篥'、'悲篥'为古代龟兹的管乐器。三号墓出土竹笛二支，似为此物。"① 《马王堆简帛文字编》将简文释为"八隶室各二"。② 陈松长认为"'㗊'应是'八聿'二字合文，'八'应该是数量词，而'聿'才是器物名，但'聿'到底是什么，尚无法确定。'室各二'应是指每个椁室各有两件。"③ 今按："㗊"字字形比较清楚，整理者疑为"笔"之省，认为与"筚"音义通，即指"筚篥（觱篥）"。这种考证其实是有问题的，首先，《说文·竹部》"筚，藩落也。"

---

① 湖南省博物馆、湖南省文物考古研究所编著、何介均主编：《长沙马王堆二、三号汉墓·第一卷·田野考古发掘报告》，文物出版社2004年版，第49页。
② 陈松长编《马王堆简帛文字编》，文物出版社2001年版，第603页。
③ 陈松长：《马王堆三号墓出土遣策释文订补》，复旦大学出土文献与古文字研究网，http://www.gwz.fudan.edu.cn/SrcShow.asp?Src_ID=870。

意为篱笆，而不是整理者所说的"竹管"。其次，"筚"为单音词，"筚篥"为叠韵连绵词，正如日本学者林谦三所言："作为器名的二字，和琵琶、箜篌等一样，拆开一字是不成器名的。《说文》凡于二字名的乐器，都在各字之下，注出其二字之名。例如'琵，琵琶，乐器'；'琶，琵琶也。'"① 将"筚"径解为"筚篥"，中间缺乏必要的论证。不过，整理者的释读意见为我们进一步研究"𢆉"字的音形义提供了很好的思路。"𢆉"下有合文符号，可析为"八聿"，"八"并非数词，因为汉晋遣册中记录名物数量的词一般都置于名物词之后，很少有例外。"八聿"可读为"筚篥（觱篥）"，八、筚、觱同属帮母质部；聿属喻母质部，篥属来母质部，韵部相同，声纽虽有别，但从"聿"得声的"律"，也归来纽，可见声纽也相近，"聿"、"篥"应可相通。"筚篥"是古簧管乐器名，以竹为管，管口插有芦制哨子，有六孔、九孔。又称"笳管"、"头管"。筚篥为西域音乐中重要的吹奏乐器，其二字原为古代龟兹语之译音，南北朝时写作"必栗"，如刘宋时期何承天的《纂文》云"必栗者，羌胡乐器名也。"② 后又称悲篥，如唐杜佑《通典》"筚篥，本名悲篥，出于胡中，声悲。"唐亦称为筚篥、觱篥或芦管，陈旸《乐书》等书也都有相同的记载。一般认为筚篥在汉代就引入中国，《说文·角部》："觱，羌人所吹角屠觱。以惊马也。"段玉裁注："羌人，西戎也。屠觱，羌人所吹器名，以角为之，以惊中国马。后乃以竹为管，以芦为首，谓之觱篥，亦曰筚篥。"不过也有学者认为"（筚篥）比胡笳晚入中国内地，略当东晋初世"③。

下面我们讨论"室"的用法。扬雄《方言》："剑削，自河而北燕赵之间谓之室。"《小尔雅·广器》："刀之削谓之室。"《史记·刺客列传》："拔剑，剑长，操其室。"司马贞索隐："室，谓鞘也。"《说文·革部》："鞞，刀室也。"桂馥《札朴》："剑者，其柲谓之削，亦谓之

---

① ［日］林谦三：《东亚乐器考》，人民音乐出版社1962年版，第376页。
② 《一切经音义》引《佛本行集经》。
③ ［日］林谦三：《东亚乐器考》，人民音乐出版社1962年版，第395页。在此书中，林谦三先生对筚篥的语源、种类和沿革都做了翔实的考证，可参看。

室。"简文中的"室"与刀鞘称"室"一样，应是指装竿箄的匣子或套子。

简文"八聿（竿箄）、室各二。"陈松长认为"'室各二'应是指每个椁室各有两件"。但从汉代遣册记录的一般规律看，凡是用"各一"的地方，记录的多是同类或成套的名物，"各一"记录的是这些名物的数量。例如：

  素冠、穀冠各一   张家山247号汉墓遣册25号简
  □甗䥶各一   张家山247号汉墓遣册31号简
  金䥶甗各一   湖北云梦大坟头一号西汉墓木牍
  金匕、木匕各一……大车、轺车各一……金剑、剑带各一 湖北云梦大坟头一号西汉墓木牍
  捡、越筑各一   广西贵县罗泊湾汉墓从器志
  铙、铎各一   马王堆3号汉墓遣册11号简
  郑竽、瑟各一   马王堆3号汉墓遣册49号简
  楚竽、瑟各一   马王堆3号汉墓遣册50号简
  瓦簪（䥶）、甗各一   马王堆3号汉墓遣册296号简
  白革带，漆革带，各二双   马王堆3号汉墓遣册338号简
  冠小大各一   马王堆3号汉墓遣册268号简
  蹇、帚各一   马王堆3号汉墓遣册19号简
  糸，糸侵各一   马王堆3号汉墓遣册51号简
  笔二枚、管及衣各一……粉橐二、镜及衣各一……算及衣各二 尹湾6号汉墓13号木牍
  骨尺及刀各一   尹湾2号汉墓1号木牍
  故黄绢审（枕）、遮各一枚   武威旱滩坡19号墓男棺木牍

简文"八聿（竿箄）、室各二"与上引"镜及衣各一……算及衣（各）二"的记录方式基本相似，意为"竿箄、（竿箄）盒各两件"。马王堆3

号墓出土竹笛2支，正与简文所记数量相合。

二 䐑

马王堆3号汉墓遣册222号简记载：

䴠䑛（脍）一器

首字原形作 ，整理者隶为"䴠"，认为"似麇（引按："麇"疑为"麋"之误书）脂合文"①。伊强考证说："细审字形，其下部所从，与'脂'字有别，似可释写为'佰'。颇疑'佰'是'脂'字的异写。'䴠'可释写为'䴠'，即'䴠'。《三号汉墓》认为'䴠''似麇脂合文'，可参。"② 今按：首字整理者认为是"麋脂合文"很可疑。首先，该字没有合文符号，其次，"脍"是一种细切肉，若将首字解为"麋脂"，"脂"为动物脂膏则与"脍"的词义相矛盾。另外，从文例看，该份遣册所记之"脍"，其前的修饰成分都是具体的动物。如：

牛䑛（脍）一器　　219
羊䑛（脍）一器　　220
鹿䑛（脍）一器　　221
鱼䑛（脍）一器　　223

鉴此，我们认为䴠应为单字，不是合文，记录的应是某种动物名称。䴠可读为"䴠"，二字皆以"旨"为声符，"麋"为鹿属，作为偏旁，"麋"、"鹿"可通用。"䴠"在典籍中习见，《尔雅·释兽》："䴠，大

---

① 《长沙马王堆二、三号汉墓·第一卷·田野考古发掘报告》，文物出版社2004年版，第62页。
② 伊强：《谈〈长沙马王堆二、三号墓〉遣册释文注释存在的问题》，硕士学位论文，北京大学，2005年，第17页，指导教师李家浩。

麕。"《说文·鹿部》："麔，大麋也，狗足。从鹿，旨声。"《急就篇》卷四有："狸兔飞鼯狼麋麔"。陆德明释文："麔，字又作麂。"可见，麔是麋鹿一类的动物，"麔脍"与上文牛脍、羊脍、鹿脍、鱼脍相一致。

三 䰞

湖北云梦大坟头1号汉墓木牍记载：

金鬲甗各一。①

简文第二字原形作䰞，陈振裕释为"鬲"，考释说："《方言》五：'鍑，……江淮陈楚之间谓之锜（郭注：或曰三脚釜也），或谓之镂，吴扬之间谓之鬲，釜自关而西或谓之釜，或谓之鍑（郭注：鍑亦釜之总名）。'出土的一件铜釜也有四个矮足，正与《方言》郭注的'三脚釜'相类似。当即木方所记的'鬲'。《方言》五又曰：'甑，自关而东谓之甗，或谓之赞（引按："赞"当为"䰞"之误）。'所以木方所记的'甗'，就是釜上的一件铜甑。"②在《云梦大坟头一号汉墓》、③《散见简牍合辑》的释文中也都将䰞释为"鬲"。④今按：从图版和摹本看，䰞与"鬲"有别，释"鬲"不可从，此字当释为"䰞"。关于"䰞、甗"组合的记录也见于其它汉代遣册，如：马王堆1号汉墓遣册222号简作"瓦䰞、甗各〔一〕，锡垛"⑤。马王堆3号汉墓遣册296号简作"瓦䰞，

---

① 湖北省博物馆：《云梦大坟头一号汉墓》，载文物编辑委员会编《文物资料丛刊（4）》，文物出版社1981年版，第16页。
② 陈振裕：《云梦西汉墓出土木方初释》，《文物》1973年第9期，第38页。
③ 湖北省博物馆：《云梦大坟头一号汉墓》，载文物编辑委员会编《文物资料丛刊（4）》，文物出版社1981年版。第16页。
④ 李均明、何双全编：《散见简牍合辑》，文物出版社1990年版，第52页。下文引用该书简称《散见》。
⑤ 原释文有误，此从朱德熙、裘锡圭校释，详见朱德熙、裘锡圭《马王堆一号汉墓遣策考释补正》，《文史》第10辑，中华书局1980年版。

甗各一"。这两个"簪"都读为鬵。①《汉书·地理志》:"鬵谷水出西南,北入汉。"颜师古注:"鬵,音潜,其字亦或从水。"潜从"朁"声,马王堆汉墓遣册种"簪"亦从"朁"声。因此,"簪"可都读为鬵。上引《方言》材料似乎说明"甑""甗""鬵"为同器异名,但从大量的文献材料看"鬵""甗"还是有别。如《诗经·桧风·匪风》:"溉之釜鬵",毛亨传:"鬵,釜属。"《楚辞·九歌·忧苦》:"爨土鬵于中宇",王逸注:"鬵,釜也。"《说文·鬲部》:"鬵,大釜也。一曰鼎大上小下若甑曰鬵。"《说文·瓦部》:"甗,甑也,一曰穿也。"可见,鬵主要是烧水的,置于甑下,甑是蒸食物的。出土汉墓器物中,釜、甑组合很常见。

四　鈠

湖北云梦大坟头1号汉墓木牍记载:

一斗鈠一。

第三字原形作𨥬,整理者释为"鈄"字,考释说:"《六书溯源》:'鈄,俗鐎字'。《说文·金部》:'鐎,酒器也。'所以木牍上的'鈄',是一种温酒器,'一斗'当为容量。出土的一件铜蒜头扁壶(头箱28号)(引按:应为蒜头壶头箱38号),容量2080毫升,与木牍所记'一斗'相合。"今按:𨥬字释"鈄"很可疑,该木牍中"斗"字多见,均与该字右边所谓的"斗"不合。另外,王筠、李家浩已考证"鐎"为无盖壶,②而整理者与"鈄(鐎)"对应的铜蒜头壶有盖,与"鐎"的字意不合。

---

① "簪"原释文为"箸",此从伊强校释。详伊强《谈〈长沙马王堆二、三号墓〉遣册释文注释存在的问题》,硕士学位论文,北京大学,2005年,第11页。指导教师为李家浩。
② 王筠:《说文释例》,参见《说文解字诂林》引录,中华书局影印本1988年,第15册第6268页;李家浩:《谈古代的酒器鐎》,《古文字研究》第24辑,中华书局2002年版,第454—458页。

我们认为🈚字右边所从似为反写的"瓜",《古玺汇编》"令狐买"的"🈚（狐）"字所从的"瓜"即作此形。① 因此,🈚当释为"瓠",可读为"壶"。战国遣册中屡见借"瓠"表"壶"的记载。如,湖北荆门包山2号楚墓遣册265号简有"二少（小）瓠"、长沙市东郊五里牌406号楚墓遣册4号简有"瓠四"、长沙仰天湖25号楚墓遣册30号简有"二蔡（彩）瓠"的记录,"瓠"所对应的器物都是壶。② 本木牍中的"一斗瓠"指的应是该墓所出蒜头壶（头箱38号）。

五　脯奁

湖北云梦大坟头1号汉墓木牍记载:

　　漆脯检（奁）二,其一小,画。

第二字陈振裕释为"脭"。整理者释为"隋",认为"隋检"当即椭圆形奁。墓内出土的一件器形较大的椭圆形漆奁（头箱10号）和一件较小的彩绘花纹椭圆形漆奁（边箱16号）,应是木牍所记的"漆隋检二其一小画"。今按:上引学者释为"脭"、"隋"字,从图版看似是"脯"。"脯奁"为汉简遣册中习见之物,如:张家山247号汉墓遣册21号简有"脯签（奁）一合";凤凰山8号汉墓遣册109、133号简分别记载"黑中脯检（奁）一合"、"大画脯检（奁）一合";凤凰山167号汉墓遣册24、25号简有"小脯检（奁）一枚"、"大脯检（奁）一枚";马王堆3号汉墓遣册267号简有"漆汅脯检（奁）一合"。例甚多,不备举,这也可以证明我们的推测。

---

① 罗福颐主编:《古玺汇编》,文物出版社1981年版,第3987号。
② 陈伟等著:《楚地出土战国简册（十四种）》,经济科学出版社2009年版,分别见第120、467、470页。详细考释可参看田河《出土战国遣册所记名物分类汇释》,博士学位论文,吉林大学,2007年,第48页。

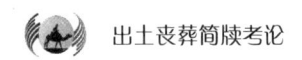

六 带

湖北云梦大坟头1号汉墓木牍记载：

> 金剑、剑带各一。

陈振裕释为"金剑：□□合"，整理者释为"金剑剑□各一"，指出"金剑"当为铜剑，即墓内出土的一件铜剑（头箱9号）。根据墓内出有剑鞘上的饰物，推测第四字当为"鞘"字。墓中未见剑鞘，可能已朽。《散见》释为"金剑剑□□合"。今按：整理者推测为"鞘"的字，摹本作 ，无疑应释为"带"。"剑带"也见于其它遣册，如马王堆3号汉墓遣册有"素剑带一双""剑带二双"，连云港陶湾西郭宝汉墓遣册有"青丝刀带一、剑青丝带一"。

七 昔

湖北江陵凤凰山8号汉墓遣册119号简记载：

> 昔浆瓶〔一〕。

首字金立隶为"菖（？）"，无解。[1]《散见》隶定为"昔"，今按：秦汉简帛文字中"昔"字一般作 、 、 ，[2] 与"昔"同，因此该字可释为"昔"。《周礼·天官·酒正》："二曰昔酒"贾公彦疏："言昔

---

[1] 金立：《江陵凤凰山八号汉墓竹简试释》，《文物》1976年第6期，第69—75页。
[2] 汉语大字典字形编写组：《秦汉魏晋篆隶字形表》，四川辞书出版社1985年版，第449页。

为久，昔酒者，久酿乃熟。""昔浆"之"昔"大概也是这种用法。"浆"《说文·水部》："浆，酢浆也。"《诗·小雅·大东》："或以其酒，不以其浆。"《周礼·天官·酒正》："辨四饮之物：一曰清，二曰医，三曰浆，四曰酏。"郑玄注："浆，今之截浆也。"孙诒让正义："案浆截同物，累言之则曰截浆。盖亦酿糟为之，但味微酢耳。"《史记·魏公子列传》："薛公藏于卖浆家。"裴骃集解引徐广曰："浆，一作醬。""浆"是古代一种带酸味的饮料。"昔浆"指久酿之酢浆。萧家草场汉墓遣册29号简有"潜（浆）器一枚"、张家山247号汉墓遣册23号简有"浆部娄一"的记载，也可能是与"昔浆瓶"相类之物。

八 案

湖北江陵凤凰山8号汉墓遣册49号简记载：

　　大奴禄，从，蛰（执）循（盾）。大平案一。

"案"字金立隶为"槃"，认为"槃"即"槃"字。《散见》从之。今按：从隶定形体看，"槃"与凤凰山168号汉墓遣册1号简"案车"的"槃（案）"形近，很可能是"案"的误释。凤凰山10号汉墓遣册有"案一"、凤凰山168号汉墓遣册42号简有"坐案一"的记载。凤凰山8号汉墓出土一件完整的木案，用整木制成。有沿，平底。外底近四角处有曲尺形矮足。长72.5、宽49、高6.1厘米。简文"大平案"当指此器。

九 间 流

江苏连云港海州侍其繇墓遣册记载：

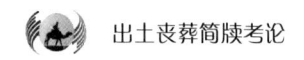

间绮复衣，流黄丸缘，一领。①

首字摹本作 ![字], 学者均缺释，细审字形，我们怀疑此字当是"间"字的误摹。尹湾 6 号汉墓 12 号木牍有"间中单一领"、"间青复襦一领"、"间青薄襦一领"。连云港陶湾西郭宝墓衣物疏有"繝（？）襌衣一领"的记载。② 从上引尹湾汉墓遣册的"间青"看，"间"只能是表色彩的词。西郭宝墓衣物疏中的"繝"字虽见于《集韵》，意为"锦文也。"但此书过晚，"繝"可能还是读为"间"。我们认为上引材料中的"间"当是"间色"的省称。《荀子·正论》"杂间色"杨倞注："间色，红碧之属。"《礼记·玉藻》："衣正色，裳间色，非列采不入公门。"《论语》"红紫不以为亵服。"朱熹注："红紫，间色不正，且近于妇人女子之服也。"《汉书·杜周传》"孔子曰'恶紫之夺朱'"颜师古注："紫，间色之好者也。"《汉书·王莽传》"紫色䵷声，余分闰位。"应劭曰："紫，间色。"

"流"字在牍文中凡三见，摹本作 ![字], 南波释为"涑"、《散见》释为"涑"，皆误。胡平生、李天虹释为"涑（流）"。③ 其实该字可径释为"流"，裘锡圭曾指出"汉代人往往把'㐬'写得象'束'。'疏'的异体'疎'，大概就是由于'㐬'旁被误认为'束'而产生的。"④ 牍文"流"字的写法正印证裘先生的观点。"流黄"在汉晋遣册中习见，一般用来表色彩。⑤ 马怡先生认为"流黄丸（纨）"大约是一种类似硫黄、黄

---

① 南波：《江苏连云港市海州西汉侍其繇墓》，《考古》1975 年第 3 期，第 175 页。
② 首字从马怡释，详见马怡《西郭宝墓衣物疏所见汉代织物考》，载中国社会科学院简帛研究中心等编《简帛研究二〇〇四》，广西师范大学出版社 2006 年版，第 255 页。
③ 胡平生、李天虹：《长江流域出土简牍与研究》，湖北教育出版社 2004 年版，第 460—461 页。
④ 裘锡圭：《读〈战国纵横家书释文注释〉札记》，载裘锡圭《古代文史研究新探》，江苏古籍出版社 1992 年版，第 85 页。
⑤ 拙文《连云港市陶湾西汉西郭宝墓衣物疏补释》对汉代衣物疏中"流黄"的"流"作过简单考释，可参看。文见"复旦大学出土文献与古文字研究中心网站"，http://www.gwz.fudan.edu.cn/SrcShow.asp?Src_ID=8892。

茧之黄色的丝织品，或是褐色的丝织品，轻滑而有光泽。①

附记：本文系国家社科基金项目"出土遣册辑校与名物词分类汇考"（10BYY043）、中国博士后科学基金项目"出土汉晋遣册校释及名物分类考证"（20080440739）、第四批中国博士后科学基金特别资助项目"吐鲁番衣物疏整理与研究"阶段性成果。

（原载《古文字研究》第29辑，中华书局2012年版）

---

① 马怡：《西郭宝墓衣物疏所见汉代织物考》，载中国社会科学院简帛研究中心等编《简帛研究2004》，广西师范大学出版社2006年版，第251页。

张家山二四七号汉墓遣册补正

张家山二四七号汉墓遣册与该墓所出《二年律令》《奏谳书》《算数书》等其他汉简书写风格有别，书写草率，字迹粗劣。再加残泐等原因，释读有相当难度。尽管这样，整理者对遣册所作的释文考释具有很高的水平，可容置喙之处不多。材料公布以来，仅见刘钊先生《〈张家山汉墓竹简〉释文注释商榷（一）》一文，为该遣册补释一"桑"字，补正注文三处。[①] 近年来随着遣册研究的深入，我们发现该遣册在缮写格式和释读方面仍有可商榷之处。

关于缮写格式问题的讨论

从已出60多份战国至汉晋遣册缮写格式来看，竹简类遣册多竖行直书，木牍类遣册多分栏书写。[②] 战国遣册一般一简记一类或几类相关物品，同类相从，如果某项内容一根简不能容纳时可以连写数根，物品名称之间一般不作间隔。如：包山二号墓遣册265号简："大兆之金器：一牛镬，一豕镬，二乔鼎，二囗鬳之鼎，二贵鼎，二升鼎，二监，二卵缶，二辻缶，一汤鼎，一联耳鼎，二鉼鉫，二合臣，一囗囗鼎，二少钫，二

[①] 刘钊：《〈张家山汉墓竹简〉释文注释商榷（一）》，《古籍整理研究学刊》2005年第3期。本文所引刘先生观点均出此文，不再一一出注。
[②] 汉晋木牍类遣册或称衣物疏，本文径称遣册。木牍类遣册中仅见包山二号楚墓竹牍、江苏仪征胥浦101号汉墓木牍是竖行直书，余皆分栏缮写。

枳钱，一盘。"① 汉晋遣册记录比较简单，通常只记物品名称和数量，多为一简记一项内容，即使下面留有空白也不再续写他物，学界称这种缮写方式为提行留白式，马王堆一、三号墓所出遣册是其代表②。但张家山二四七号汉墓遣册却多在一枚简上记录两类或三类互不相关的物品，如：

襌絑襦一	五穜（种）囊一	桑薪三车	1
锦帬（裙）一	筭（算）囊一	卮一合	2
素复襦一	□囊一	漆丈（杖）二	5
李一箁	素冠、縠冠各一		25

从原释文我们可以看出这份遣册单简所记物品类属不同且不相关。书写时，物品名称之间间隔较大，部分简文还在第二类物品名称后面标"●"号，这跟其他竹简类遣册的记录格式迥异，而与木牍类遣册分栏缮写格式极其相似。以上种种迹象表明这份遣册材质虽为竹简，而缮写格式却采用木牍类遣册分栏形式。另外，原释文将"襦""帬""袍""杯""部娄"等同类物品割裂开交叉散置，使简与简之间在内容上缺乏联系，也多有不妥。程鹏万先生认为张家山二四七号墓遣册属分栏书写③，可谓卓识，惜其未作进一步研究。我们受此启发，并参以其它汉晋遣册，尤其是木牍类遣册的缮写格式，依照同类相从的原则，对二四七号墓遣册重新加以编联（简号仍依《张家山汉墓竹简［二四七号墓］》一书中遣册的编号），新编简序依次为：6、8、2、5、1、4、10、32、9、12、7、3、11、13、14、30、33、34、29、15、19、18、16、17、25、28、21、22、31、26、20、27、23、24、40、39、38、41、37、35、36。我

---

① 湖北省荆沙铁路考古队：《包山楚简》，文物出版社1991年版，第38页。简文采用宽式释文。
② 湖南省博物馆、中国科学院考古研究所编：《长沙马王堆一号汉墓》，文物出版社1973年版，第130—153页；湖南省博物馆、湖南省文物考古研究所编：《长沙马王堆二、三号汉墓》，文物出版社2004年版，第43—73页。按：下引马王堆一、三号遣册资料均出上揭二书，不再一一出注。
③ 程鹏万：《简牍帛书格式研究》，博士学位论文，吉林大学，2006年。

们将释文依三栏分写，为便于阅读，释文未将原简号一一标出。原释文误释漏释之字，在第二节中详加校订，重新写定的释文如下：

第一栏：

绨帬（裙）一、襌縑帬（裙）一、锦帬（裙）一、素复襦一、襌縑襦一、布襌襦一、緂复衾一、繑（绨）襪（袜）一、布襌衣二、芷（紫）袍一、绨袍一、绀袍一、素绔（袴）一、縑履一、䩔（漆）履一两、缇敛（奁）一、☐囊一、☐囊一、便煎一、☐一筥，有匕、酱一筥、豉一筥、盐一筥[1]、盐介（芥）一筥（莆）、李一落、鞠（麹）一落、白鱼一落、蒜一落、☐[一落][2]、卵一落、☐一落、瓜一落、薑（姜）一落、藿（蘿）一落[3]、研一，有子、笔一，有管、剑一、矛一、☐矢九、伏机（几）一[4]。

第二栏：

黄卷☐一棺中[5]、黄卷一囊、箅（算）囊一、☐囊一、五穜（种）囊一、秋米囊一、稻米囊一、粱米囊一、素节四口[6]、疏（梳）比（篦）一，有☐[7]、锦巾一、白带一、黑带一，有钩、鞞刀、盛一合、签（奁）一合、食囊二、脯一束、书一筒、肉一筒、史光筒一、☐一槫[8]、轺车一乘，马一匹[9]、吴（娱）人男女七人[10]、回璧四具[11]、素冠、穀冠各一、澡巾一、脯签（奁）一合、卵签（奁）一合[12]、甂鍑各一、金錾一，有枓、盂一、盘一、浆部娄一[13]、箸（箸）部娄一[14]、沐部娄一[15]、瓮二[16]、卑虒二合、☐合、枚杯七[17]、画杯七、铤一[18]。

第三栏：

版图一、卮一合、䩔（漆）丈（杖）二、桑薪三束[19]。

重新编联后的简文，其中6、8、2、5、1、4、10、32、9、12、7、3、11、13、14号简第一栏分别记裙、襦、袜、衣、袍、袴、履等服饰类物品，第二栏主要为黄卷、稻粱囊以及梳篦、巾、带等物品；30、33、34、29、15、19、18、16、17、25、28、21、22、31、26、20、27、23、24号简相编联，第一栏主要记录食品、佐料等，第二栏主要记录车马、偶人、炊具、水器等。40、39、38、41、37、35、36号简相编联，第一栏记笔、砚、武器等，第二栏多为饮食器具等。如此编联后，分栏写定的释文，物类关联，前后呼应，其内容与江陵凤凰山八号汉墓遣册[1]、尹湾六号汉墓十二号木牍遣册极为相似[2]，较旧释文合理。当然由于原简残损，以上编联也存在诸多不妥之处，如我们排在首位的6号简却没有第三栏，8、2、5、1号简第三栏所记物品又略显杂乱。另外，新编联的简，第二栏文字位置高低错落，这也是我们的疑惑。

对简序和缮写格式的认知程度有时会直接影响简文的解读，由于整理者没有认识到该遣册属分栏书写，仍依汉代竹简类遣册提行留白的一般缮写格式来理解。而遣册所记物品多物类相关，同类相从。受此影响，整理者误将非同类之物强解为同类之物。如读"浆"为"蒋"，指菰；读"蔗"为"藇"，指甘蔗；读"杯"为"棓"，指大杖；读"梃"为"桯"，指小杖（详下文校释），即属这种情况。

遣册文字校释

（一）盐一箇

原16号简，"箇"字整理者隶定为"莆"括注"箇"字，从图版看该字上从"竹"，当径释为"箇"。《说文·竹部》："箇，断竹也。"文献中"箇"多指断竹而成的竹管或竹筒，如《文选·潘岳〈笙赋〉》：

---

[1] 金立：《江陵凤凰山八号汉墓竹简试释》，《文物》1976年第6期。下引该简数据均出此文，简序采用出土编号，不再一一出注。
[2] 连云港市博物馆、中国社会科学院简帛研究中心、东海县博物馆、中国文物研究所编：《尹湾汉墓简牍》，中华书局1997年版，第165页。

"越上䈽而通下管。"《急就篇》：卷三"芬熏脂粉膏泽䈽"颜师古注："䈽者，本用竹䈽，其后转用金玉杂物写竹状而为之，皆所以盛膏泽者也。"简文中的"䈽"是用来盛酱、豉、盐等佐料的竹筒。

（二）☒［一䈰］

原31号简，此简简首残断，原释文作"☒甗鍑各一"，置于"衾"、"袜"、"食囊"之间。我们认为简文分栏书写，能与"甗鍑"相类的物品只有26号简"卵一䈰、金鋚一，有枓"中的"金鋚"，都属炊具，因此将简首残缺文字拟补为"☒［一䈰］"。

（三）靃一䈰

原24号简，"靃"整理者径释为"藿"，不确。从图版看当释"靃"，古文字中"霍"多作"靃"。"靃"字见于《说文》意为"飞声也"，俗作"霍"，此处通"藿"，指豆叶。如《墨子·备穴》："卫穴二，盖陈靃及艾。"孙诒让《墨子间诂》引毕沅云："郑君注《公食大夫礼》云：'藿，豆叶也。'《说文》：'藿，尗之少也。'少言始生之叶，靃，省文。"江陵凤凰山八号汉墓遣册44号简也有相同的记载，作"䕩（藿）夕筥一"。

（四）伏机一

原36号简，原释文将"伏机"置于"矢"、"矛"之间，恐不妥。"伏机"非武器，"机"即"几"。"伏机"当为供人凭依的几案。《庄子·齐物论》"南郭子綦隐机而坐"，《大戴礼记·武王践阼》"于机为铭焉"。这些"机"即凭依之机。"机（几）"在遣册中习见，如包山二号楚墓遣册260号简有"倗（凭）几"，望山二号楚墓遣册47号简有"机"[1]，马王堆一、三号汉墓遣册都有"漆画木变机"的记载。简文所

---

[1] 湖北省文物考古研究所、北京大学中文系编：《望山楚简》，中华书局1995年版，第112页。原误释为"柜"，当释为"机"。

记"伏机"当与上引之"机（几）"同类。

（五）黄卷□一棺中

原6号简，刘钊先生指出"□"下漏一"一"字，可从。"一"上之字模糊难辨，不能确释，可能是指笥囊一类的字。曹方向将其释为"隐"，意为藏，① 恐不可信。"黄卷"亦见于其它汉墓遣册，如马王堆一号汉墓遣册161号简作"黄卷一石縑囊一笥合。"马王堆三号汉墓遣册148号简作"黄卷一石，縑囊合笥。"凤凰山八号汉墓遣46、62、65号简分别作"黄卷橐二，锦"、"黄卷橐一，白绣"、"黄卷橐一，赤绣"。马王堆一号汉墓整理者考释说："《本草纲目》大豆黄卷条下引陶弘景曰：'黑大豆为蘖牙，生五寸长使干之，名为黄卷'。"② "黄卷"在传世典籍中主要有书籍和药名两种义项。如晋葛洪《抱朴子》"章句之士，吟咏而向枯简，匍匐以守黄卷者所宜识。"杨明照校笺："古人写书用纸，以黄蘖汁染之防蠹，故称书为黄卷。"武威汉滩坡十九号汉墓男棺所出遣册有"故杂黄卷书二弓"③，即用此意。但《本草纲目》等医书中"黄卷"为药名，如《黄帝内经》有"肾病者，宜食大豆黄卷猪肉栗藿。"例甚多，不备举。马王堆一号汉墓出土有"黄卷笥"签牌，整理者认为此签牌可能属该墓所出355号竹笥，此笥内盛绢质药草袋6个。马王堆三号汉墓也出有"黄卷笥"签牌，该墓整理者认为此牌当属97号竹笥，笥内盛大豆及残破丝囊，与简文所记大体相合。④ 从这些出土实物看，简文中的"黄卷"当指一种由大豆生芽而成，可以入药的食品而非书籍、文书。

简文"棺中"似是说明"黄卷"在墓中放置的位置。"棺中"一词用法与凤凰山八号汉墓遣册54—56号简所记"冠二枚，在棺中"、"杖

---

① 曹方向：《读秦汉简札记（三则）》，武汉大学简帛研究中心简帛网，2009年1月31日。
② 湖南省博物院、中国科学院考古研究所编：《长沙马王堆一号汉墓》，文物出版社1973年版，第143页。
③ 弓，旧释为"弓"，张俊民改释"弓"，同"卷"。详张俊民《武威汉滩坡十九号前凉墓出土木牍考》，《考古与文物》2005年第3期。此条蒙陈剑先生惠示。
④ 何介均主编：《长沙马王堆二、三号汉墓》，文物出版社2004年版，第200页。

一，在棺中"、"丝履一两，在棺中"、"素履二两，在棺中"中的"棺中"用法相同，"棺中"前似省略介词"在"。

（六）素节四□

原9号简中段，整理者释为"素□四綷（？）"。"素"下阙释之字从图版看应是"节"。汉晋遣册多用"节"表"栉"。如马王堆一号汉墓遣册227号简、三号汉墓遣册263号简的"节"、连云港陶湾西汉西郭宝墓木牍①、尹湾六号汉墓13号木牍的"费节"，皆用"节"表"栉"。《仪礼·士冠礼》："奠纚、笄、栉于筵南端"，郑玄注："古文栉为节"。《左传·僖公二十二年》："寡君之使婢子侍，执巾栉。"《说文》："栉，梳比之总名也"。最后一字整理者释为"綷"很可疑，此字待考。

（七）有□

原12号简，第二字整理者缺释。该字似可释为"龠"。《说文》："龠，乐之竹管，三孔，以和众声也。"简文显非此意。《广韵·药韵》："龠，量器名。"简文中的"龠"当是一种盛梳篦的器具。

（八）船一艘

原19号简，整理者释为"介（芥）一柈"，很可疑。广濑薰雄先生释为"船一艘"，② 可从。

（九）马一匹

原18号简，整理者"一"下阙释，从图版"一"下残存笔画看无疑是"匹"字。

---

① 连云港市博物馆：《连云港市陶湾黄石崖西汉西郭宝墓》，《东南文化》1988年第3辑。
② ［日］广濑薰雄：《张家山二四七号汉墓遣策释文考释商榷（六则）》，载刘钊主编《出土文献与古文字研究·第三辑》，复旦大学出版社2010年版，第366—367页。下引先生观点均出此文。

（十）吴人男女七人

原 16 号简，整理者读"吴"为"虞"，认为是守苑囿之吏。刘钊先生认为"吴"应读"偶"。简文"吴人"即"偶人"，指随葬的木偶人。我们怀疑"吴人"即"娱人"。《说文》："娱，乐也。从女、吴声。""娱"从"吴"声，"吴"、"娱"相通是没有问题的。"娱人"见于典籍，或作动词，意为使人欢乐。如《楚辞·九歌·东君》："羌声色兮娱人，观者憺兮忘归。"谢灵运《石壁精舍还湖中作》："清晖能娱人，游子憺忘归。"或作名词，指歌舞艺人。《楚辞·大招》："叩钟调磬，娱人乱只。"简文"娱人"应为名词，疑指汉墓屡见的歌舞俑。马王堆三号汉墓遣册有"河间舞者四人"（45 号简）、"郑舞者四人"（46 号简）、"楚歌者四人"（47 号简）、"河间瑟一，鼓者一人"（48 号简）。这些舞者、歌者、鼓者也当属"娱人"。

（十一）回璧

原 17 号简，"回璧"之"回"，整理者无解。笔者在一篇小文中考证"回璧"之"回"当读为"围"。"囗""回""围"音近义通，属同源分化字，都有环绕、周匝之意。典籍中常用"围"表示柱状物的周长或直径。"回璧四具"之"回"读为"围"，意即陆德明《经典释文》所云"径尺曰围"。"回璧"即"围璧"，指"径尺之璧"，相当于典籍中习见的"尺璧"。如曹丕《典论》"则古人贱尺璧而重寸阴"。先秦与其相类的玉璧称谓还有"拱璧"，如《老子》："虽有拱璧以先驷马，不如坐进此道。"《左传·襄公二十八年》："与我其拱璧，吾献其柩。"孔颖达疏："拱，谓合两手也。""围璧"、"拱璧"都属稀世玉璧。2001 年，考古人员在成都西郊金沙遗址祭祀坑发现一枚直径达二十四厘米的玉璧，是我国迄今为止发现的最大的玉璧之一。[①] 广濑薰雄先生改释

[①] 田河：《〈君人者何必安哉〉补议》，复旦大学出土文献与古文字研究网，2009 年 2 月 7 日。

"回"为"白"也值得关注。

(十二)卵笿（㭒）一合

原 22 号简，首字整理者释为"竹"，恐可商。该字与"竹"有异，我们怀疑是"卵"字讹形。笿（㭒）即㭒。遣册中屡见卵㭒、卵盛的记载，如凤凰山八号汉墓 72 号简有"小卵检（㭒）一合"、凤凰山一六八号汉墓遣册 16 号简有"卵小检（㭒）一合"、11 号简有"卵盛三合"。① 这些"卵"并非表示蛋，而当表示卵形，亦即椭圆形之意。②

(十三)浆部娄一

原 23 号简，整理者读"浆"为"蒋"，意为"菰"；又读"部娄"为"杯落"，指盛器小笼。刘钊先生认为"'浆'为汤汁，'部娄'应读作'瓿甊'，指小罂。《方言》：'瓿甊，甖也，自关而西，晋之旧都河汾之间，其大者谓之甀，其中者谓之瓿甊。'"按：刘先生释读可从，整理者大概是受上文"薑（姜）"的影响而误读。简文"浆部娄"当与凤凰山一六七号汉墓遣册 40 号简所记"浆罂"相同③。凤凰山八号汉墓遣册 169 号简有"昔浆瓶"。萧家草场二六号汉墓遣册 29 号简有"浆器一枚"。这些简文中的"浆"应是同一种物品，此物用"瓶"来盛，典籍中又屡见"壶浆"，可见"浆"应是液态之物。文献中"浆"是古代一种带酸味的饮料，如《说文·水部》"浆，酢浆也。"段玉裁注："周礼酒正四饮，浆人掌共王之六饮，皆有浆。注云：浆，今之酨浆也。内则注云：浆，酢酨也。按酉部云：酨，酢浆也。则浆酨二字互训。"

(十四)著部娄一

原 24 号简，整理者读"著"为"藷"，考释说："藷，《文选·南都

---

① 湖北省文物考古研究所：《江陵凤凰山一六八号汉墓》，《考古学报》1993 年第 4 期。
② 详参田河《江陵凤凰山一六八号汉墓遣册释文校释》，待刊稿。
③ 凤凰山一六七号汉墓发掘整理小组：《湖北江陵凤凰山一六七号汉墓发掘简报》，《文物》1976 年第 10 期。

赋》注：'甘蔗也'。"按：《说文·艹部》"藷，藷蔗也。"段玉裁注："（藷蔗）或作诸蔗，或都蔗，藷蔗二字叠韵也。或作竿蔗，或干蔗，象其形也。或作甘蔗，谓其味也。"《南都赋》及李善注都是"藷蔗"联言，"藷"一般不单用，整理者释读恐误。我们怀疑"著"即"箸"，属一字分化，"著"本是当筷子讲的"箸"的异体，汉隶"竹"头与"艹"头往往不分，后来"箸"专用来表示本义。①《广雅·释器》"筴谓之箸"。凤凰山八号汉墓遗册 34 号简有"箸筲一"记载，该墓出土筴筒一件，内装竹筴一束。凤凰山一六七号汉墓遗册 65 号简有"枈箸筲一"的记载，《方言》："箸筲，陈楚宋魏之间谓之筲。"郭注："盛枈箸簪也。"该墓出土一竹筒，内盛木匙和箸②。我们怀疑简文的"著（箸）部（瓿）娄（甒）"似指盛放筷子的小罐。

（十五）沐部娄

原 40 号简，整理者怀疑"沐"读为"楸"，指冬桃。按：此释不可取。《说文·水部》："沐，濯发也。""沐部娄"当从刘钊先生读为"沐瓿甒"，我们怀疑此器是一种濯发用的水器，类似萧家草场二六号汉墓遗册之"沐器"。马王堆一号汉墓遗册 202 号简有"漆画沐般（盘）容五升"的记录。③

（十六）瓮二

原 39 号简，整理者将首字释为"呈"，细审图版，此字下从"缶"而非"土"，上所从与马王堆三号汉墓遗册 297 号简"瓦雍"之"雍"相同，可见此字当释为"瓮"字。《周礼·天官·膳夫》"酱用百有二十瓮。"孙诒让正义："瓮者，罋之隶变。"《说文·缶部》"罋，汲缾也。"段玉裁注："罋俗作瓮。"马王堆三号汉墓遗册 297 号简有"瓦雍

---

① 裘锡圭：《文字学概要》，商务印书馆 1988 年版，第 224 页。
② 吉林大学历史系考古专业赴纪南城开门办学小分队：《凤凰山一六七号汉墓遣策考释》，《文物》1976 年第 10 期。
③ 此沐盘或有学者认为是食盘。

（瓮）"、凤凰山八号汉墓遣册 56 号简有"汲瓮二"、萧家草场二六号汉墓遣册 26 号简有"小瓦瓮一双"的记载。

（十七）枚杯七

原 37 号简，整理者释为"枚杯七"，解"枚"为马榎（引按：即马棰）。又读"杯"为"棓"，指大杖。按：此释恐可商。"枚杯"应与下文"画杯"属同类之器。"杯"是汉晋遣册中屡见之器，同一份遣册常记录多种杯，如：高台十八号汉墓丁号木牍有"漆杯""画杯"；凤凰山八号汉墓遣册有"黑杯""赤杯""酱杯"；马王堆三号汉墓遣册有"幸食杯""幸酒杯"等等，皆为随葬之耳杯。

（十八）铤

原 36 号简，整理者认为"铤"当读为"梃"，指小杖。按：该遣册 5 号简已用"丈"表"杖"，此处将"铤"训为"杖"恐不妥。萧家草场二六号汉墓遣册有"金铤"的记载，该墓整理者认为"金铤"是"镕铸成条块等固定形状，可用于货币流通的金银。《南史·卢陵王续传》：'至内库阅珍物，见金铤。'"① 此说可从。《说文》："铤，铜铁朴也。""朴，木素也。"段注："朴，以木为质，未雕饰，如瓦器之坯然。"朴一般指未理之物，如未雕之玉曰璞。《慧林音义》卷二十九"金铤"注引许叔重注《淮南子》："铤者，金银铜等未成器，铸成片，名曰铤。"简文之"铤"，大概指汉墓或汉代窖藏中时有发现的金饼。对于金饼出现的时间学界意见不一。安志敏认为："金饼出现大体是西汉中叶，西汉中叶及其以后最为盛行，东汉时期仍继续使用。"② 黄盛璋则认为金饼至迟战国晚期已经使用。③ 楚墓偶见铸有"郢禹"的金版，而汉墓或汉代窖藏出土金饼较多，据徐涛先生统计，1949 年以来共发现此类金饼 480 多

---

① 湖北省荆州市周梁玉桥遗址博物馆：《关沮秦汉墓简牍》，中华书局 2001 年版。
② 安志敏：《金版与金饼——楚、汉金币及其有关问题》，《考古学报》1973 年第 2 期。
③ 黄盛璋：《关于圆饼金币若干问题新考》，《考古与文物》1984 年第 6 期。

枚。① 我们推断简文之"铤"就是指这种金饼。但刘国胜先生通过与墓葬器物对应,认为"金铤"和"铤"都是指墓中所出"蒜头壶"。② 我们知道遣册与墓葬器物对应情况很复杂,缺乏文献依据的对应很可疑,我们还是坚持自己的观点。

(十九) 桑薪一束

原1号简,"薪"字上一字整理者阙释,刘钊先生补释为"桑",可从。刘先生考释说"'桑薪'即桑木柴。'桑薪'一词见于《诗经·小雅·隰桑》:'樵彼桑薪,卬烘于煁。'朱熹集传:'桑薪,薪之善者也。'"最后一字旧释为"车",该字左下部残泐,从残存笔画看,与33号简"脯一束"之"束"形同,我们疑当释为"束"。"桑薪一束"也见于萧家草场二六号汉墓遣册34号简,指二六号墓所出的一散堆楸木劈成的木柴。③

(原载《社会科学战线》2010年第11期)

---

① 徐涛:《试论谭家乡出土金饼的时代与性质》,《考古与文物》2008年第5期。
② 刘国胜:《读汉墓遣册笔记(二则)》,武汉大学简帛研究中心简帛网,2008年10月23日。
③ 湖北省荆州市周梁玉桥遗址博物馆:《关沮秦汉墓简牍》,中华书局2001年版,第142页。

张家山二四七号汉墓遣册所记"版图"考

张家山二四七号汉墓所出遣册第八号简记载：

禅缣帬（裙）一　黄卷一囊　版图一　8①

"版图"二字甚为清晰，"图"字虽与金文、楚简"图"字有别，但该形体与银雀山汉简"图"字基本相同②，因而张家山汉简整理者对"版图"的释读无疑是正确的，惜其未作进一步考释。由于"版图"一词涉及古书的形制与分类，笔者试对其略作考证，以祈方家指正。

"版图"一语典籍习见，后世常用义项为"疆域、领土"等。但遣册是记录遣葬物品的清单，简文所列条目皆为遣葬物品的名称、数量等，所以该遣册"版图"一语显然不能解为"疆域、领土"。考查典籍"版图"尚有名籍、户籍、地图之意。如：

（1）《周礼·天官·小宰》"三曰听闾里以版图，四曰听称责以傅别，六曰听取予以书契。"郑玄注引郑司农曰："版，户籍；图，地图也。听人讼地者，以版图决之。"贾公彦疏："闾里之中有争讼，则以户籍之版、土地之图听决之。"③

（2）《周礼·天官·司会》"掌国之官府、郊、野、县、都之百物财

---

① 张家山二四七号汉墓竹简整理小组：《张家山汉墓竹简（二四七号墓）》，文物出版社2001年版，第303页。
② 骈宇骞：《银雀山汉简文字编》，文物出版社2001年版，第224页。
③ 文中所引《周礼》相关材料均出自孙诒让《周礼正义》，中华书局2000年版。

用凡在书契版图者之贰,以逆群吏之治,而听其会计。"郑玄注:"版,户籍也。图,土地形象,田地广狭。"

(3)《周礼·天官·内宰》"内宰掌书版图之法,以治王内之政令,均其稍食,分其人民以居之。"郑玄注:"版为宫中阍寺之属及其子弟录籍也;图,王及后、世子之宫中吏官府之形象也。"孙诒让正义曰:"盖凡户籍、名籍,并谓之版。吏官府之形象,谓吏人所居之府寺,其方位界域,广狭远近,悉书其形象于图也。"

(4)《周礼·天官·司书》"司书掌邦之六典……邦中之版,土地之图,以周知入出百物。"贾公彦疏:"邦中之版,土地之图,即司会版图也。"

"版"也常单用:

(5)《周礼·天官·宫正》"宫正掌王宫之戒令、纠禁。以时比宫中之官府次舍之众寡,为之版以待。"郑玄注引郑司农:"(版)为官府次舍之版图也。"郑玄又注:"版,其人之名籍。"孙诒让正义:"图亦画版为之,故通言之,图亦得为版。"

(6)《周礼·天官·宫伯》"宫伯掌王宫之士庶子,凡在版者。"郑玄注引郑司农曰:"版,名籍也。以版为之。今时乡户籍谓之户版。"

(7)《周礼·春官·宗伯》"大胥掌学士之版。"郑玄注引郑司农云:"版,籍也。"

(8)《周礼·夏官·司士》"司士掌群臣之版,以治其政令。"郑玄注引郑司农曰:"版,名籍。"

(9)《周礼·秋官·司民》"司民掌登万民之数,自生齿以上皆书于版。"郑玄注:"版,今户籍也。"

(10)《论语·乡党》"式负版者,有盛馔,必变色而作。"何晏集解引孔安国曰:"负版者,持邦国之图籍者也。"

上引文献材料中的"版图"或连言、或单用。连言的"版图"有两层含义:"版"多指名籍(或户籍),"图"多指土地、屋舍之图。刘宝楠《论语正义》云:"惠氏士奇礼说:'古者邦国、土地、人民、户口、车服、礼器皆有图,丹书之以为信,谓之丹图。如民约,则书于户口图;

地约，则书于土地图；器约，则书于礼器图。'"① 可见图、文可以共版合书。"版图"此义项也见于后世文献。如：宋代王应麟《困学纪闻·考史六》："三代之君，开井田，画沟洫，讲步亩，严版图，因口之众寡以授田，因田之厚薄以制赋。"清代方文《负版行》："借问此是何版图，答云出自玄武湖。天下户口田亩籍，十年一造贡皇都。"从例（6）、（7）、（8）、（9）所引注疏看单用的"版"则主要指"名（户）籍"，有时也指"地图"，如例（5）所引郑司农、孙诒让的注解即用此意。② 从例（10）所引注解看"版"尚有"图籍"之意。此外"版"还有"板""木方"之意。如《中庸》："文武之政，布在方策。"郑玄注："方，版也。"《说文·片部》："版，判也。"段玉裁注："凡施于宫室器用者皆曰版，今字作板。"藉此，我们初步断定此遣册的"版图"可能是指载有"名籍"或绘有"地图"一类的木牍。通观二四七号汉墓遣册，记录"简牍文书"的辞例仅 34 号简的"书一笥"与 8 号简的"版图一"两项。③ 一般来讲，遣册所记名物多可与墓中器物相对应。二四七号墓确有竹简木牍出土，竹简分置两处。所出《二年律令》《奏谳书》《盖庐》《脉书》《引书》《算数书》《历谱》等一千多枚竹简置于头箱南壁一竹笥中，《遣册》则散置于头箱内紧贴椁室西部挡板的底部，所出几件木牍置于竹笥内竹简之上。④ 考虑到简文"版图一"有数词"一"限定其数量，所以记录竹笥中一千多枚竹简的只能是 34 号简的"书一笥"，"版图一"记录的应是墓中所出木牍。但据发掘报告描述，出土的几件木牍却没有任何文字和图像，而其数量也与简文有异。不过也不排除这几块木牍载有文字或图像的可能，近年来利用红外线成像系统拍摄旧出

---

① 刘宝楠：《论语正义》，载《诸子集成（一）》，中华书局 1993 年版，第 233 页。
② 按：郑玄对该"版"的注解显然有误。
③ 该遣册还有"黄卷□一棺中"、"黄卷一囊"的记载，"黄卷"也有书籍的含义，但该简"黄卷"则是指一种由大豆生芽而成，可以入药的食品而非书籍、文书。详拙文《张家山二四七号汉墓遣册释文中存在的几个问题》，复旦大学出土文献与古文字研究中心网站，http://www.guwenzi.com/SrcShow.asp?Src_ID=529. 2008/10/21。
④ 荆州地区博物馆：《江陵张家山三座汉墓出土大批竹简》，《文物》1985 年第 1 期，第 3 页。

简牍时总有新发现，像曾侯乙墓一枚原定为无字的签牌，却拍出文字。曾侯乙墓竹简、望山楚简个别简简背原认为无字，现也拍摄出文字①。

我们认为"版图"是"名籍"或绘有"地图"一类的木牍，并非完全缺乏考古实证。近年来所出载有"名籍"的简牍也不在少数，例如：1993年江苏东海尹湾六号汉墓出土的《东海郡吏员簿（YM6D1）》、《东海郡下辖长吏名籍（YM6D3－4）》、《东海郡下辖长吏不在署、未到官者名籍（YM6D5正）》②；1996年湖南长沙走马楼出土吴简中的《长沙郡人名簿》③；2003年湖北荆州岳桥岳家草场及印台六座西汉墓曾出土《卒簿》等。④ 此外敦煌汉简、居延汉简也有"户籍"的相关记载，只是非墓葬出土此处就不一一列举了。战国至秦汉墓葬出土的"地图"材质较杂，或铜、或帛、或木。例如：1977年河北平山县中山王墓出土的战国铜版《兆域图》，属于陵墓规划建筑平面图，正面为中山王、后陵园的平面设计图。陵园包括三座大墓、两座中墓的名称、大小以及四座宫室、内宫垣、中官垣的尺寸、距离。铜版上还记述了中山王颁布修建陵园的诏令⑤。1986年甘肃天水放马滩秦墓出土的四块木板地图，属于放马滩地区小区域图。其中三块两面绘图，一块仅一面绘图，总计七幅地图，分别属于地形图、行政区域图、物产分布图和森林分布图⑥。此外，1973年湖南长沙马王堆三号汉墓还出土多幅帛质地图，现代学者取名为《地形图》、《驻军图》、《城邑图》（《园寝图》）、《宅位草图》（《筑城图》）、《府宅图》（《小城图》）。⑦ 这些出土的"名籍"与"地图"都可与上引

---

① 萧圣中：《用红外线成像系统拍摄楚简的初步收获》，《江汉考古》2005年第1期，第92页。
② 连云港市博物馆、东海县博物馆等编：《尹湾汉墓简牍》，中华书局1997年版，第2页。
③ 长沙市文物工作队、长沙市文物考古研究所：《长沙走马楼J22发掘简报》；王素、宋少华、罗新：《长沙走马楼简牍整理的新收获》，两文均见《文物》1999年第5期。
④ 参看《中国考古学年鉴2003》，文物出版社2004年版。
⑤ 河北省文物管理处：《河北省平山县战国时期中山国墓葬发掘简报》，《文物》1979年第1期，第23页。
⑥ 何双全：《天水放马滩秦墓出土地图初探》，《文物》1989年第2期，第12—22页；曹婉如：《有关天水放马滩秦墓出土地图的几个问题》，《文物》1989年第12期，78—85页。
⑦ 湖南省博物馆、湖南省文物考古研究所：《长沙马王堆二、三号汉墓·第一卷·田野考古发掘报告》，文物出版社2004年版，第90页。

传世文献的相关记载相印证。

张家山二四七号汉墓墓主是一位下级官吏，墓中出土了大量法律、术数、算数、历谱之类的书籍，其随葬名籍、地图也不是没有可能。因未能目睹实物，不敢断然下结论，但考虑到汉墓常有象征物的存在，故做此推论。

附记：本文系2010年度国家社科基金资助项目（10BYY043）、第44批中国博士后科学基金资助项目（资助编号20080440739）阶段性成果之一。

（原载赵逵夫主编《先秦文学与文化》第一辑，上海古籍出版社2011年版）

湖北江陵凤凰山一六八号汉墓遣册校释

  1975年上半年，考古工作者在湖北省原江陵县纪南乡凤凰山先后发掘了二十多座秦汉墓，168号汉墓属其中的一座。该墓位于凤凰山中部偏东，北边是167号汉墓，南部是169号汉墓，墓葬整理者认为168号墓与169号墓为异穴并列的夫妻合葬墓，并根据出土木牍文字推断此墓下葬于汉文帝十三年（公元前167年），墓主名遂，生前为五大夫（第九级爵）。该墓为长方形的土坑竖穴墓，葬具为一椁二棺，保存完好。墓中出土随葬物品500多件，包括竹牍7枚，其中6枚为无字牍，有字一枚为告地册。出土竹简66枚，简长24.2—24.7、宽0.7—0.9、厚0.1厘米。从简上残存的绳痕判断，竹简系先书写后编联成册，由于编绳已朽，顺序散乱。简文为墨书隶体，文字清晰可识，共346字，内容为"遣册"。[①]

  《文物》1975年第9期刊发了该墓发掘简报，简报中只有竹牍释文，对遣册仅作简单介绍。简报虽附有十七枚遣册的图版，但多模糊难辨。1982年，陈振裕先生在《从凤凰山简牍看文景时期的农业生产》一文中，对该墓部分遣册做了释读。[②] 1993年，168号汉墓发掘报告在《考古学报》第4期发表，报告刊发全部简牍图版，对遣册简文做了比较全

[①] 详纪南城凤凰山一六八号汉墓发掘整理组《湖北江陵凤凰山一六八号汉墓发掘简报》，《文物》1975年第9期，第1—8页；湖北省文物考古研究所《江陵凤凰山一六八号汉墓》，《考古学报》1993年第4期，第455—513页。

[②] 陈振裕：《从凤凰山简牍看文景时期的农业生产》，《农业考古》1982年第1期，第62—70页。

面的释读,并以表格形式将遣册所记名物与墓葬器物一一加以对应,这为遣册后续研究提供了极大便利。① 但此后再没有学者对这批遣册做进一步研究。近年来,随着遣册研究的深入,我们发现168号汉墓遣册释文考释尚有可商榷、补充之处,谨撰小文,求教于学界。

一 遣册释文②

案车一乘,马四匹,有盖,御一人,大奴。　1
轺车一乘,[1]盖一,马二匹,御一人,大奴。　2
从马男子四人,[2]大奴。　3
令(?)吏二人,大奴。　4
☐者一人,[3]大奴。　5
美人女子十人,大婢。　6
养女子四人,[4]大婢。　7
田者男女各四人,[5]大奴大婢各四人。　8
牛车一两(辆),[6]竖一人,[7]大奴。　9
凡车二乘,马十匹,人卅一,船一樱。　10
卵盛三合。[8]　11
大盛三合。　12
大脯检一合。　13
镜一,有检(奁)。　14
小鸡检(奁)一合。　15
卵小检(奁)一合。　16
大车检(奁)一合。　17

---

① 湖北省文物考古研究所:《江陵凤凰山一六八号汉墓》,《考古学报》1993年第4期,第500—507页。
② 释文大体录用原整理者释文,凡校释之处加"〔 〕"号,在文章第二部分一一加以说明。每条简文后的数字为原整理者所编简号。为方便编排,简文采用宽式释文,略去原简章节符号,有重文符号处析书为对应文字。

杅（盂）八枚。 18

方平盘一。 19

小盛脯平盘二。 20

会卑虒一只。[9] 21

尺卑虒五只。 22

八寸卑虒三只。 23

食大卑虒二只。 24

大踵（锺）一。[10] 25

大壶一只。 26

小壶一只。 27

一斗柛一。[11] 28

二斗柛一。 29

大五斗柛一。 30

黑杯卅。 31

画杯卅。 32

鱼杯廿枚。[12] 33

钦柯四只。[13] 34

具器一合，杯十枚，有囊。[14] 35

二斗卮一合。[15] 36

酱卮一合。[16] 37

傅薛卮一合。 38

角单（觯）一只，金足。 39

柂（匜）一。 40

□一合。 41

坐案一。 42

木枎（梳）一。 43

逗枳、逗枳锦因各一。[17] 44

右方器籍卅四牒。 45

小绣囊八。 46

旁囊一。 47

旁绣巾一。 48

大食囊二。 49

大米囊七。 50

糸，糸侵各一。 51

曷（葛）履一两。[18] 52

冠二枚，在棺中。 53

杖一，在棺中。 54

丝履一两，在棺中。 55

素履二两，在棺中。 56

扇二。 57

延席一。 58

计筥一合。[19] 59

大筥一合。 60

月（肉）、月（肉）筥一合。 61

筓十二枚。 62

脯六串。 63

食符瘦一。[20] 64

钱四贯。 65

簿土二。[21] 66

二　遣册校释

[1] 䡈车：也见于马王堆 3 号汉墓遣册 66 号简、① 张家山 247 号汉

---

① 湖南省博物馆、湖南省文物考古研究所：《长沙马王堆二、三号汉墓》，文物出版社 2004 年版，第 43—73 页。下引马王堆三号墓资料均出此书。

墓遣册18号简、①云梦大坟头1号汉墓木牍、②凤凰山8号汉墓遣册131号简。③辎车是汉代一种重要的车型，《说文·车部》："辎，小车也。"《释名·释车》："辎车，辎，遥也。遥，远也。四向远望之车也。"孙机先生考证辎车是一种四面敞露之车，可以坐乘，可以立乘，可驾马，亦可驾牛的车。④整理者认为168号墓模型车（168：34）为辎车。该车竹质双辕，木质车舆，车舆中部有一伞，辕前端架木衡，有木軛二件与简文"辎车一乘，盖一，马二匹"相合。

[2] 从马男子：凤凰山8号汉墓遣册134号简有"小奴坚，从车"，萧家草场26号汉墓遣册1—4号简有"车一乘，马一匹，御者一人，从者四人"的记载。⑤上引"从车"、"从者"都是指随从车的人。我们怀疑此简"从马男子"当是指随从安车、辎车的骑马男俑，该墓头箱安车、辎车前分别有两佩剑男俑，两骑马男俑，与简文所记人数相合。

[3] 该简简首残断，凤凰山167号汉墓遣册有"谒者"的记载，⑥整理者据此将本简第一字拟补为"谒"，很可疑。因为从第二道编绳位置看，"者"前至少缺七字以上。另外，汉代遣册有"御者""牛者""谒者""宦者""鼓者""击者""舞者""歌者""从者"等多种记载，所以拟补似不可取，现存疑。

[4] 养女子：凤凰山167号汉墓遣册8号简有"养女子二人"。凤凰山8号汉墓遣册记载很多"大婢"的名字和她们的职分，如有"奉巾""奉梳""侍""操锄"等。其中76号简作"大婢库，养"90号简

---

① 张家山二四七号汉墓竹简整理小组：《张家山汉墓竹简［二四七号墓］》，文物出版社2001年。下引该简资料均出此书。
② 湖北省博物馆：《云梦大坟头一号汉墓》，《文物资料丛刊（4）》，文物出版社1981年版。下引该简资料均出此文。
③ 金立：《江陵凤凰山八号汉墓竹简试释》，《文物》1976年第6期，第69—75页。下引该简资料均出此文。
④ 孙机：《汉代物质文化资料图说（增订本）》，上海古籍出版社2008年版，第113页。
⑤ 湖北省荆州市周梁玉桥遗址博物馆：《关沮秦汉墓简牍》，中华书局2001年版。下引该简资料均出此文。
⑥ 吉林大学历史系考古专业赴纪南城开门办学小分队：《凤凰山一六七号汉墓遣册考释》，《文物》1976年第10期，第38—46页。下引该简资料均出此文。

作"大婢智,养"。这些"养"当与本简"养女子"之"养"性质相同,属古代官宦之家的厮养之徒。《说文》:"养,供养也。"《书·大诰》"民养其劝弗救"蔡沈集传引苏氏曰:"养,厮养也,谓人之臣仆。"《史记·张耳陈余列传》"有厮养卒"裴骃集解引韦昭曰:"析薪为厮,烹炊为养。"《汉书·儿宽传》"尝为弟子都养"颜师古注:"养,主给烹炊者也。"藉此,我们认为简文的"养女子"应是从事烹炊之事的女仆。

[5] 田者:应指从事农业生产的奴仆,凤凰山8、9、10、167、168、169号汉墓所出遣册都有相应记载,如"大婢益,操耡(锄)"(M8—63)、"大婢思,田,操耡(锄)"(M9-16)、"大婢戴,田,操锸"(M9-21)、"大奴一人,持锸"(M167-15)、"田者三人"(M169—36)。①

[6] 牛车:多用来载物的车,驾牛。《论语·为政篇》"大车无輗,小车无軏"何晏集解引包咸曰:"大车,牛车。"《考工记》:"车人为车……大车崇九柯。"郑玄注:"大车,平地载任之车。"据孙机研究汉代牛车分为篷车和敞车两种,主要用来载物,后也载人。如《史记·平准书》:"自天子不能具钧驷,而将相或乘牛车。"《史记·五宗世家》:"诸侯贫者或乘牛车也",但都把牛车当作规格较低的车,到东汉末年牛车才发展为一种高级的车。② 整理者认为168号墓模型车168:44是牛车,应可信。

[7] 竖:整理者认为"竖人"是赶牛车的成年男奴。今按:凤凰山8号汉墓遣册156号简有"大奴甲,车竖"。彭浩先生认为"'竖'是大奴,因而不能释作小童仆。'竖'字在此似借作仆字,两字音近可通假。仆则可释作御。……8号墓和168号墓的'竖'是指牛车的御者。"③ 考虑到1、2号简所记"安车"、"轺车"简已有"御一人"的记载,所以彭先生将"竖"借为"仆"释为"御"的观点尚有可商之

---

① 详陈振裕《从凤凰山简牍看文景时期的农业生产》,《农业考古》1982年第1期,第63页。
② 孙机:《汉代物质文化资料图说(增订本)》,上海古籍出版社2008年版,第118页。
③ 彭浩:《凤凰山汉墓遣策补释》,《考古与文物》1982年第5期,第89页。

处。"竖"有僮仆意,进而引申出低贱之意。如《史记·郦生陆贾列传》"竖儒"司马贞索隐"竖者,僮仆之称。"《后汉书·王允传》"宋异竖儒"李贤注:"竖者,言贱劣如僮竖。"典籍中还习见"竖子"的贱称。马王堆3号汉墓遣册71号简有"甾(輺)车一乘,牛一,竖一人"、72号简有"牛、牛车各十,竖十人"的记载。孙机先生曾指出輺车是衣车的代表性车型,车厢遮蔽严实,一般供妇女乘坐,显贵男子在正式场合一般不乘輺车。① 可见"輺车"是一种低档车,而牛车在西汉初年也是一种低档车(10号小结简"凡车二乘",未将"牛车"列入,也是其证)。我们认为简文用"竖"来指"輺车"、"牛车"的赶车人,是为了与"安车"、"轺车"高档车的"御者"相别,"竖"应含有贱称之意。

[8] 卵盛三合:据学者考证汉晋遣册中作为器名的"盛"多指漆盒,② 从出土实物验证无疑是正确的。此处主要讨论"卵"的用法。"卵"在遣册有时指蛋,如:

  卵一落　　　张家山247号汉墓遣册26简

  卵答一枚　　凤凰山167号汉墓遣册72简

  卵一笥　　　马王堆1号汉墓遣册81简③

  卵一笥,九百枚　　马王堆3号汉墓遣册179简

  卵䐑一器　　马王堆3号汉墓遣册229简

其中马王堆一号汉墓342号竹笥内有蛋壳约40个,竹笥旁边又有"卵笥"木牌,当即简文所记"卵一笥"。但下列文例中的"卵",似乎不能简单解释为蛋,如:

---

① 孙机:《汉代物质文化资料图说(增订本)》,上海古籍出版社2008年版,第116页。
② 湖南省博物馆、中国科学院考古研究所:《长沙马王堆一号汉墓(上)》,文物出版社1973年版,第146页;吉林大学历史系考古专业赴南城开门办学小分队:《凤凰山一六七号汉墓遣册考释》,《文物》1976年第10期,第39页。下引此文简称"吉大考古小分队"。
③ 湖南省博物馆、中国科学院考古研究所:《长沙马王堆一号汉墓》,文物出版社1973年版。

二卵缶	包山 2 号楚墓遣册 265 简①
二卵缶、卵盏三	望山 2 号楚墓遣册 46 简②
小卵检（奁）一合	凤凰山 8 号汉墓遣册 72 简
卵小检（奁）一合	凤凰山 168 号汉墓遣册 16 简

凤凰山 8 号汉墓的"小卵检"，金立先生考释说："检，即奁字。出土有小漆奁一件，但不见蛋。"③ 我们认为"卵小检（奁）"当与"小卵检（奁）"相同，"卵奁""卵盛"与上引战国遣册中的"卵缶""卵盏"结构相同，"卵"的用法也应相类。"卵缶"，包山楚简整理者认为"卵"，借作盥。卵缶即盥缶，指北室所出二件小口圆腹缶。④ 望山遣册的"卵缶"，商承祚先生则认为"卵形椭圆而小，简云卵缶、卵盏亦即小而椭圆"⑤。望山简整理者起初疑"卵盏"当读为"盥盏"，后又在补正说卵盏就是圆盏。⑥ 李家浩先生曾指出楚国文字往往把"敦"称为"盏"，"卵盏"是因盏的形状像圆卵而得名。⑦ 我们认为商承祚、李家浩先生的解释可从。"卵盏"的指楚墓出土的圆体敦，这类器是由两个基本相同的半球体扣合而成，呈圆球或椭圆体状（类蛋形）。"卵缶"之"卵"当是取义于缶之外形特征似卵，卵缶就是圆缶。"卵"的这种用法也见于典籍，《礼记·内则》有"卵盐"，孔颖达疏："以其盐形似卵，故云大盐。"《大戴礼记·夏小正》："十二月……纳卵蒜，卵蒜也者，本如卵者也。"这些"卵"都表示卵形的、椭圆形的或圆形的意思。本简"卵

---

① 湖北省荆沙铁路考古队：《包山楚简》，文物出版社 1991 年版。
② 湖北省文物考古研究所、北京大学中文系：《望山楚墓》，中华书局 1995 年版。
③ 金立：《江陵凤凰山八号汉墓竹简试释》，《文物》1976 年第 6 期，第 72 页。
④ 湖北省荆沙铁路考古队：《包山楚简》，文物出版社 1991 年版，第 63 页。
⑤ 商承祚：《战国楚竹简汇编》，齐鲁书社 1995 年版，第 112 页。
⑥ 湖北省文物考古研究所、北京大学中文系：《望山楚简》，中华书局 1995 年版，第 125、132 页。
⑦ 李家浩：《包山楚简中的"枳"》，载《徐中舒先生百年诞辰纪念文集》，巴蜀书社 1998 年版。又收入《著名中年语言学家自选集·李家浩卷》，安徽教育出版社 2002 年版，第 293 页。本文引用后者。

盛"、"卵小检"的"卵"也当用此意。"卵盛"就是卵形漆盒,"小卵检"即卵形小奁。"卵盛"与下文"大盛"相对为文,也能说明这一点。168 号汉墓整理者认为该墓所出三件 B 形圆盒(标本 168：110)即简文所记"卵盛三合",椭圆奁（168：171）为"卵小检",应是正确的。这两种器在同类器中形体都比较小,整器呈椭圆体,与蛋相类,故称"卵盛"、"卵小检"（或"小卵检"）。尤其是 168：110 号椭圆奁长 15.8 厘米、宽 7.9 厘米、通高 6.3 厘米,这样的体积只能容纳三个普通鸡蛋,如果把它用作专门盛鸡蛋的奁似不妥。这也进一步说明"卵小奁"之"卵"只是形容形状的。

[9] 会卑虒一只："卑虒"整理者释为"卑遞（盘子）",其实"遞"当释为"虒","卑虒"是汉代遣册习见之物。马王堆 1 号汉墓遣册整理者、朱德熙、裘锡圭先生对"卑虒"曾作过详细考证,指出"卑虒"又写作"椑榹、矰匽、匾匽、椑榹"等,是一种较浅的盆盘类器皿的名称。[①]

会：整理者读为"绘",恐可商。因为凤凰山 167 号汉墓遣册 37 简有"朘卑虒二〔双〕",吉林大学考古小分队考释说："朘,《说文》：'细切肉也。'一六八号墓遣策作'会'。随葬盛有肉酱状食品的漆盘二对。"[②] 可见此简的"会"当以读为"朘"为是。

[10] 大踵（锺）："踵"读为"锺"。《说文》："锺,酒器也。""大锺"当指墓中所出 B 形漆壶（168：177）。

[11] 柙：整理者考释："柙,为甲声谦韵,榼为盍声谦韵,古音相同,可以通转。故柙即榼,是盛酒的器具,《左传·成公十六年》：'使人执榼承饮。'"今按：凤凰山 167 号汉墓遣册 32 简有"大柙一枚",吉林大学考古小分队已考证"柙"通"榼","大柙"即"大榼"。《说

[①] 湖南省博物馆、中国科学院考古研究所：《长沙马王堆一号汉墓（上）》,文物出版社 1973 年版,第 134 页。
[②] 吉林大学历史系考古专业赴纪南城开门办学小分队：《凤凰山一六七号汉墓遣册考释》,《文物》1976 年第 10 期,第 40 页。

文》："榼，酒器也。"榼有方、圆、扁、横四形，此处指墓中所出漆扁壶。① 裘锡圭先生认为读"柙"为"榼"甚确，并对传世文献和出土文献中的扁壶资料进行系统梳理与研究，指出"应该把战国时代的扁壶称为'鈚—錍'，把汉代的扁壶称为'榼'"。② 该墓出土三件漆扁壶，大小、花纹有别，其数量、大小正与简文"一斗柙一""二斗柙一""大五斗柙一"的记载吻合。

[12] 简文所记"黑杯""画杯""鱼杯"数量与墓葬所出耳杯数量吻合，其命名主要依据漆耳杯的纹饰与色彩。"黑杯"内涂朱漆，外涂黑漆，无花纹；"画杯"耳上用朱、褐漆，彩绘卷云纹和圆圈纹；"鱼杯"除上述特征外，还用朱漆在一耳下的杯外壁勾勒小鱼一条。

[13] 首字整理者释为"钦"，考释说："钦、械、䀈古音相近，可以通转，钦柯，就是䀈柯或械䀈。《方言》五：'械，栖也。'《急就篇》（卷三）颜注：'杯，饮器也，一名䀈。䀈，大杯也。'就是大漆耳杯。"按：云梦大坟头1号汉墓木牍、江陵高台18号汉墓木牍都记有"䀈"，③简文"柯"读"䀈"意为大杯，可从。汉代遣册屡见此物，如：

  柯一具 凤凰山 10 号汉墓遣册 6 号牍

  柯二枚 凤凰山 167 号汉墓遣册 18 号简

  柯二双 凤凰山 8 号汉墓遣册 79 号简

  柯一双 萧家草场 26 号汉墓遣册 6 号简

  䀈一双 江陵高台 18 汉墓遣册第 35 丁牍

简文首字不很清晰，整理者释为"钦"，读为"䀈"或"械"，意为杯，恐可商。因为䀈是大杯，其修饰成分不可能还是杯。从图版看此字可能

---

① 吉林大学历史系考古专业赴纪南城开门办学小分队：《凤凰山一六七号汉墓遣册考释》，《文物》1976 年第 10 期，第 40 页。

② 裘锡圭：《说鈚、榼、柙榼》，原载《中国历史博物馆馆刊》1989 年第 13—14 期，又收入《古代文史研究新探》，江苏古籍出版社 1992 年版，第 576—597 页。

③ 湖北省荆州博物馆编：《荆州高台秦汉墓——宜黄公路荆州段田野考古报告之一》，科学出版社 2000 年版。

是"歓","歓閜"就是大饮杯。指墓中出土的 A 型大耳杯。

[14] 具器一合，杯十枚，有囊："具"在此处指成套之意。马王堆 1 号汉墓遣册 195 号简有"漆画小具杯廿枚，其二盛酱、盐，其二郭（椁）首，十八郭（椁）足。"196 号简有"漆画具杯桮二合。"马王堆 1 号汉墓整理者考释说："具杯疑为成套的杯。或谓为酒餐具用的杯。《礼记·内则》：'若未食则助长者视具'，郑注：'具，馔也'。《汉书·何武传》：'（何）寿为具召武弟显'，颜注：'具谓酒食之具也'。墓中出几何纹'君幸酒'漆耳杯（小酒杯）十件……桮，《说文·木部》：'桮，𩍞也'。𩍞通匣，与盒为同源词。墓中出具杯盒一件，比简文少一件。"① 唐兰先生则认为"把具杯当作一套杯子是错的。具字是作为量词讲的，例如魏武帝《上杂物疏》有纯金参带方严四具，银画象牙盘五具等，都是一具为一件，所以这个具字和下文杯桮无关。"② 马王堆 3 号汉墓遣册 245 + 409 号简作"漆画具杯桮二合"，③ 250 号简有"漆画小具杯廿枚"。云梦大坟头 1 号汉墓木牍有"具器一具"，陈振裕先生指出"具器一具，当即墓中出土的耳杯盒。"④ 从上引资料和出土实物看，该简"具器一合"与马王堆遣册的"漆画具杯桮二合"，以及云梦大坟头 1 号汉墓的"具器一具"所记相同，就是颜师古所注："具谓酒食之具也"，是一种成套的酒器。汉墓习见，考古界或称"酒具箱""酒具盒""耳杯盒"等。该类器一般为斫木胎，椭圆形，由盖和器身两部分以子母口扣合而成，内装成套小酒杯多件，有的还装酒壶或其他酒食用具。⑤ 从这些材料看"具"似乎解释为成套的更合适。简文意思是：成套的（酒）器一盒，内有十个酒杯，（酒器盒）用囊袋装着。

---

① 湖南省博物馆等：《长沙马王堆一号汉墓（上）》，文物出版社 1973 年版，第 145 页。
② 唐兰：《长沙马王堆汉轪侯妻辛追墓出土随葬遣策考释》，《文史》第 10 辑，中华书局 1980 年版，第 36 页。
③ 关于两简拼合参看伊强《谈〈长沙马王堆二、三号汉墓〉遣策释文和注释中存在的问题》，硕士学位论文，北京大学，2005 年，第 52 页。
④ 陈振裕：《云梦西汉墓出土木方初释》，《文物》1973 年第 9 期，第 38 页。
⑤ 参看洪石《战国秦汉漆器研究》，文物出版社 2006 年版，第 31—35 页。

[15] 二斗卮一合：第三字整理者释为"后"，疑为'卮'字，指出土大漆卮。今按：其实第三字与马王堆 3 号汉墓遣册 244 号简"漆画二升卮"、245 号简"漆斗卮"的"卮"完全相同，可以径释为"卮"。37、38 号简中整理者释为"后"的字也当改为"卮"。

[16] 酱卮：整理者认为"酱卮"当即酱色的漆卮，这也是学界普遍看法。近来，李家浩先生对汉代遣册中的"酱杯"、"酱卮"做了深入研究，指出"酱"字当用其本义，指用肉或豆、麦等制作的调味品，"酱卮"就是盛酱之卮。"酱"表色彩出现很晚。① 此当从李先生释读。

[17] 逗枳、逗枳锦因各一：整理者释为"□₌枳₌锦因各一"，考释说："枳，《汉书·律历志上》：'八音：……木曰柷。'颜注：'柷与俶同，俶始也。乐将作，先鼓之，故谓之柷。状如漆桶，中有椎，连底动之，令左右击。'……锦因，因即茵。《说文·艹部》：'车重席也。'段注：'秦风文茵，文虎皮也，以虎皮为茵也。'锦茵，当是以锦为茵。墓中丝织物已朽，锦茵与柷在出土物中均未见。"李家浩先生释为"逗枳、逗枳锦因（茵）各一"，又将"逗枳"读为"桃枝"，并指出"古代的席种类很多，除了莞、筵等席之外，还有一种席叫作'桃枝'。桃枝本来是一种竹子的名字，桃枝席就是用这种竹子编织成的而得名。"② 今按：从图版看，简文前两字李先生释为"逗枳"可从，但解为"桃枝席"却不无可商。"桃枝、桃枝锦茵各一"不好理解。我们怀疑"逗枳"之"逗"读为"头"，二字皆从"豆"得声可以相通。"枳"当读为"庋"，《广韵·纸韵》："庋，枕也。"包山二号楚墓遣册中的"樻枳"、"竹枳"的"枳"李家浩先生就读为"庋"。认为"柜枳（庋）"是指包山二号墓内出土的盒形座枕，因盒形座枕的枕身是柜，兼有枕和柜两种功能，故简文把它叫做"柜枕"；"竹枳（庋）"

---

① 李家浩：《读江陵凤凰山汉墓遣册札记三则》，载《中国文字学报》第二辑，商务印书馆 2008 年版，第 70—73 页。
② 李家浩：《信阳楚简中的"柿枳"》，载《简帛研究》第二辑，法律出版社 1996 年版，第 2—3 页。

是指包山二号墓内出土的框形座枕。① 我们怀疑简文"逗（头）枳（庋）"指墓葬中的"双虎头型器"。该器"用整木雕成，造型别致。扁长形，正面微呈弧形。两端各雕一虎头，虎口咬住一横木，两前爪亦抓此横木。背面中部有一把手。整器涂黑漆，虎腹与把手上再涂朱漆，虎前爪、额和颈部都有朱漆绘花纹。长56厘米、宽10.7厘米、高9.3厘米。"发掘报告未说明该器名称与用途，我们认为此器应是一种枕，其形制与满城汉墓窦绾所枕兽头镶玉铜枕基本相似，② 只不过镶玉铜枕兽头昂起。"逗（头）枳（庋）"命名可能与该枕有两"虎头"有关，也就是虎头枕。"因"读为"茵"，亦作"裀"，在简文中指褥子。《礼记·少仪》"茵席枕"郑玄注："茵，著蓐也。"司马相如《美人赋》："裀褥重陈，角枕横施。"简文在"锦茵"前加"头枕"大概是为了区别于车茵。

[18] 曷（葛）履：整理者将首字释为"甾"，认为甾即缁，缁履当即黑履。按：首字释"甾"很可疑，该字与马王堆帛书《老子乙》210"被褐而怀玉"之"褐"字右边所从相似，可释为"曷"，在简文中读为"葛"。《说文》："葛，絺绤草也。""葛履"就是葛制之履，与典籍中习见的"葛屦"同。《诗经·齐风·南山》有"葛屦五两，冠緌双止。"《诗经·小雅·大东》《诗经·小雅·蓼莪》都有"纠纠葛屦"，《周礼·天官·屦人》："青句素屦葛屦"，《礼记·丧礼》："夏葛屦，冬白屦"。168号汉墓出土丝鞋两双、麻鞋一双。麻鞋可能即简文所记"葛履一两"。

[19] 计笞：整理者考释："计就是计算。《汉书·东方朔传》：'教书计相马射御。'颜注：'计，谓用算也。'……"今按：《说文》："计，会也，筭也。""计"可用为筭，简文用名词义项。"计笞"就是"筭

---

① 李家浩：《包山楚简中的"枳"》，载四川大学历史系编《徐中舒先生百年诞辰纪念文集》，巴蜀书社1998年版，第173—175页。又收入《著名中年语言学家自选集·李家浩卷》，安徽教育出版社2002年版，第291—292页。
② 中国社会科学院考古研究所、河北省文物管理处：《满城汉墓发掘报告》，文物出版社1980年版，第262页。

筭"，与张家山247号汉墓遣册2号简"筭（算）囊"之"筭"用法相同，指筭筹。马王堆3号汉墓遣册319简有"象筭卅枚"、凤凰山8号汉墓有"筭"的记载，"筭"都指筭筹。168号汉墓所出245号竹笥内盛天平衡杆、砝码、研石、石砚、毛笔、铜削、木牍、筭筹等，其中筭筹三十根。

[20] 食符痍：整理者考释："符痍与附娄相同，为器物名，即小漆合。出土物未见。"今按："附娄"一般指小山，如《说文》："附，附娄，小土山也。"或作"部娄"，《左传·襄公二十四年》："子大叔曰：部娄无松柏。"杜预注："部娄，小阜。"亦作"培塿"。作为器名一般写作"瓿甊"，《尔雅·释器》"瓯瓿谓之瓭"郭璞注："瓿甊，小罂。"《方言》第五："瓿甊，罂也。自关而西，晋之旧都，河汾之间，其大者谓之甀，其中者谓之瓿甊。"不过遣册中这种器名亦可写作"部娄"，如张家山247号汉墓遣册就有"浆部娄"、"著部娄"、"沐部娄"。刘钊先生认为"'部娄'应读作'瓿甊'，指小罂。"① 我们认为简文"符痍"应读为"瓿甊"，"符""瓿"均为并母侯部字，"痍"、"甊"均为疑母侯部字，音同可通。《方言》卷五："缶谓之瓿甊，其小者谓之瓶。"《广雅·释器》："瓿甊，缶也。"简文"食瓿甊"可能是指墓中所出的陶罐（168：278）。

[21] 簿土：整理者释为"溥土"，考释说："《礼记·祭义》：'溥之而横四海。'陆德明释文：'溥，本亦作敷'。同墓地167号汉墓曾出土用丝织物包裹者的长方形土块。此墓因椁室长期积水浸泡，发掘时未见。"按：首字吉大考古小分队释为"簿"（详下），从图版看"溥"上分明有"竹"头，当以释"簿"为是。"簿土"或作"薄土""溥土"，见于下列遣册：

薄土一枚　　　凤凰山167号汉墓遣册58简

---

① 刘钊：《〈张家山汉墓竹简〉释文注释商榷（一）》，《古籍整理研究学刊》2005年第3期。

> 溥土一　　　　　凤凰山 8 号汉墓遣册 165 简
> 溥土一　　　　　江陵高台 6 号汉墓遣册 11 号简①

对于凤凰山 167 号汉墓遣册中的"薄土",吉林大学考古小分队考释说:"'薄',即'簿'。簿土,指入册的土地。凤凰山一六八号墓遣策亦作'簿土'。八号墓遣策作'溥土'。'溥'同'薄',也应释作'簿'……此墓所出薄土,为一块以方绢包裹的土块。簿土,应是地主私人占有土地的直接象征。"② 金立先生也认为 8 号汉墓"溥土"是指竹笥内所盛泥土。吴天颖先生在论及买地券渊源时指出:"买地券的原始形态,似可追溯到西汉初期墓中所出的'簿土'(或作'薄土'、'溥土')",并以江陵凤凰山汉墓几批遣册"溥(薄)土"的记载、出土实物及陶田模型为证,认为随葬"溥(薄)土"是"希望死者在阴间继续保持土地私有权的微妙象征。"③ 黄展岳先生也持这样的观点。④ 不过裘锡圭先生则认为遣册的"薄土"跟《急就篇》的"薄杜"无疑是一回事。薄杜又称鞑鞻,《释名·释车》:"鞑鞻,车中重荐也。"鞑鞻应是垫在鞯下面的荐。"薄土"应该是车上铺垫用的一种东西,与泥土毫无关系。⑤ 刘国胜先生赞同此说。⑥ 我们认为遣册所记既是随葬物品的清单,也是死者携向冥世的财产。汉墓所出告地册即反映这种倾向。如马王堆 3 号汉墓告地册有"家丞奋移主葬郎中移葬物一编,书到光(圹)垗具奏主葬君。"江陵高台 18 号汉墓告地册有"中乡起敢言之,新安大女燕自言与大奴甲、乙、大婢妨徙安都,谒告安都,受名数,书到为报。敢言之。"⑦ 吐鲁番

---

① "土"上一字旧不识,此从刘国胜释读。详见刘国胜《读汉墓遣册笔记(二则)》,武汉大学简帛网 2008 年 10 月 23 日。
② 吉林大学历史系考古专业赴纪南城开门办学小分队:《凤凰山一六七号汉墓遣册考释》,《文物》1976 年第 10 期,第 41 页。
③ 吴天颖:《汉代买地券考》,《考古学报》1982 年第 1 期,第 15—34 页。
④ 黄展岳:《考古纪原》,四川教育出版社 1998 年版,第 232—233 页。
⑤ 裘锡圭:《说"薄土"》,《古文字论集》,中华书局 1992 年版,第 564 页。
⑥ 刘国胜:《读汉墓遣册笔记(二则)》,武汉大学简帛网,2008 年 10 月 23 日。
⑦ 湖北省荆州博物馆编:《荆州高台秦汉墓——宜黄公路荆州段田野考古报告之一》,科学出版社 2000 年版,第 222—229 页。

出土衣物疏屡见"某物为某人所有（用），他人不得冒领"的记载，如：吐鲁番所出建平六年张世容衣物疏有"右条衣裳杂物悉张世容随身所有，若有人仞（认）名，诣大平事讼了。"符长资父母墟墓衣物疏有"凡有（右）条衣物、丝绢、金银，家居自有，河伯里攀符长用，资父母虚（墟）暮（墓）。长（常）人、国亲、通道仞（认）旧，不得领遮仞名，如律令。"高昌重光元年缺名衣物疏"右上所条，悉是平存所用物。"①从这些记载看，遣册所记名物当是死者挟向冥世的财产。另外，墓葬随葬物品并非全都随葬实物，有时常用象征性模型替代相应实物。汉晋遣册记载大量木质、土质明器，也能说明这一点。如马王堆1号汉墓遣册292—310简记载："木文犀角、象齿一笥；木白璧、生璧一笥；土珠玑一缣囊；土金二千斤，二笥；土钱千万，筳一千；土牛五十；土羊百；土犬廿；土豕廿；土鸟十七；土鹄十；土白鹤廿；土利鹤廿；土圈鹤廿；土鸡五十；土雁十。"从这些材料看，"簿土"记录的很可能就是死者携向冥世土地的象征物。

（原载张德芳主编《甘肃省第二届简牍学国际学术研讨会论文集》，上海古籍出版社2012年版）

---

① 上引吐鲁番衣物疏分别见唐长儒主编《吐鲁番出土文书（壹）》，文物出版社1992年版，第90、91、360页。

连云港市陶湾西汉西郭宝墓衣物疏补释*

1985年，连云港市锦屏镇陶湾村黄石崖发掘的西汉西郭宝墓出土了2件衣物疏。1988年，该墓发掘简报刊布此衣物疏图版和整理者所做释文，① 但因图版比较模糊，此后鲜有学者论及。1996年，石雪万先生发表的《西郭宝墓出土木谒及其释义再探》一文附有此衣物疏较为清晰图版。② 2006年，马怡先生据此撰写的《西郭宝墓衣物疏所见汉代织物考》一文，③ 修订原释文多处舛误，并对该衣物疏所记多种名物详加考证，该文对准确释读此衣物疏大有裨益。由于连云港市曾连续出土十多件汉代衣物疏，④ 彼此之间可参互发明。笔者在研读上述材料时发现西郭宝

---

* 本文系2010国家社科基金项目（资助编号：10BYY043）、中国博士后科学基金资助项目（资助编号：20080440739）阶段性成果之一。

① 连云港市博物馆：《连云港市陶湾黄石崖西汉西郭宝墓》，《东南文化》第三辑，江苏古籍出版社1988年版。

② 石雪万：《西郭宝墓出土木谒及其释义再探》，《简帛研究》第二辑，法律出版社1996年版，第386页。

③ 马怡：《西郭宝墓衣物疏所见汉代织物考》，卜宪群、杨振红主编：《简帛研究2004》，广西师范大学出版社2006年版，第248—257页。

④ 1962年连云港海州网疃庄焦山东汉墓出土二件（《考古》1963年第6期）；1973年连云港海州西汉霍贺墓出七件（《考古》1974年第3期）；1973年海州西汉侍其繇墓出二件（《考古》1975年第3期）；1976年海州小礁山汉戴盛墓出一件（《考古》1982年第5期）；1980年连云港唐庄高高顶西汉墓出一件（《东南文化》1995年第4期）；1993年东海尹湾二号、六号东汉墓共出二件（《尹湾汉墓简牍》，中华书局1997年版）；2002年海州区双龙村汉凌惠平墓出一件（2002年7月23日《新华每日电讯》）。上引资料详单育辰：《一九〇〇年以来出土简帛一览》，武汉大学简帛研究中心编《简帛》第一辑，上海古籍出版社2006年版。

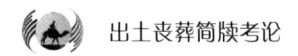

墓衣物疏尚有可商榷余地，谨撰小文，尚祈方家指正！①

一　缥　纑

西郭宝衣物疏中有一个字作 ![字形]，多次出现，整理者释为"缥"，无解。② 马怡先生将此衣物疏中整理者释为"缥"的字均改释为"䋹"。认为"䋹"是丝帛颜色名，或丝帛名。《集韵·质韵》："䋹，黄色缯。"此处的"黄色"是指"蒸栗"色，即一种黄如蒸熟的栗子果肉的颜色。还指出尹湾六号汉墓所出《君兄衣物疏》"缥被一领"的"缥"亦当释为"䋹"，而"君兄衣物疏"中的"纑"当通"缥"，指淡青色。③

马先生将 ![字形] 释为"䋹"是有一定依据的，因为该字右边所从与汉代"栗"字写法相似。尹湾六号汉墓《君兄衣物疏》所记"烝栗棺中席"中"栗"字写法就类此。④ 但将《君兄衣物疏》中"缥被一领"的"缥"也释为"䋹"则不可取。因为该字作"![字形]"（按：笔者摹作"![摹字]"，下文用摹本），右边所从分明是"票"的常见写法。"栗"与"票"本是两个完全不同的字，"栗"篆文作"![篆]"，裘锡圭先生讲"栗"是一个表意字，上部本象栗树上长的栗子，后讹变为"西"，⑤ 其下所从为木。"票"篆文作"![篆]"，汉代"剽"字作：![形]、![形]、![形]、![形]等形，⑥ "票"上所从的"![形]"，讹为"西"，下所从的"火"，也逐渐讹变为

---

①　汉代写在木牍上的衣物疏如果一件木牍正面不能容纳物疏内容时多书于其背面，而西郭宝墓所出衣物疏却分书于两件木牍，与通例有别。整理者将两件木牍释文连接在一起是有道理的，因而下引此衣物疏相关内容时不再分第一、第二件木牍，径称西郭宝衣物疏。

②　本文所引释文以《连云港市陶湾黄石崖西汉西郭宝墓》一文中的释文为主，所引字形采用石雪万《西郭宝墓出土木谒及其释义再探》一文所附衣物疏图版中的字形。

③　马怡：《西郭宝墓衣物疏所见汉代织物考》，卜宪群、杨振红主编：《简帛研究2004》，广西师范大学出版社2006年版，第248—249页。按：下引马先生观点若无特别说明均出自此文，不再一一出注。

④　连云港市博物馆等编：《尹湾汉墓简牍》，中华书局1997年版，第23页。

⑤　裘锡圭：《文字学概要》，商务印书馆1988年版，第113页。

⑥　汉语大字典字形组编：《秦汉魏晋篆隶字形表》，四川辞书出版社1985年版，第283页。

连云港市陶湾西汉西郭宝墓衣物疏补释

"示"。《君兄衣物疏》的"縹"右边所从正与上引★字所从的"票"相类，只是"西"下少一横。★字"西"下所从则与"縹"字"西"下所从完全相同，所以"縹"释为"缥"是完全可以肯定的。至于在西郭宝墓和尹湾汉墓衣物疏中释为"纅"读为"缥"的字，"纅"字"西"下多模糊难辨，比较完整的一例是尹湾二号汉墓一号木牍"帛纅帬二"中的"纅"字，其形作"★"。① 该字"西"下所从与睡虎地秦简★（剽）、银雀山汉简★（剽）字"★"下所从相同②，尹湾汉墓整理者将其释为"纅"当可从。在战国秦汉简牍中，同一字或同一偏旁存在多种写法很普遍，我们试举几例从"火"的字，如马王堆一号汉墓遣册"赤"一般作★，但二五二号简则作★。③ 汉代的"尉"作★、★、★等形。从这些字形中"火"的写法，我们不难推知马怡先生改释为"緤"的字，"西"下所从应是"火"的变体，而非"木"，所以这些字形仍当从整理者释为"缥"。其次，从文献中看，"緤"一般是"烝緤"连用，也作"烝栗"。如：《广雅·释器》："烝緤，彩也。"《玉篇·糹部》："緤，烝緤，彩色。"《释名·释采帛》："烝栗，染绀使黄色如烝栗然也。"《急就篇》："烝栗绢绀缙红燃。""緤"字没有单用的例证，而"缥"在文献中习见。汉代衣物疏中有关"缥"和"纅"的记载主要有如下诸条：

西郭宝衣物疏中有：

> 缥绮复被一领、纅绮复衣一领、④ 缥丸复衣一领、⑤ 缥丸合衣一领、缥纙复襦一领、⑥ 缥复襦一领、缥縠合襦一领、缥绮粉橐一。⑦

---

① 连云港市博物馆等编：《尹湾汉墓简牍》，中华书局1997年版，第74页。
② 汉语大字典字形组编：《秦汉魏晋篆隶字形表》，四川辞书出版社1985年版，第283页。
③ 湖南省博物馆等：《长沙马王堆一号汉墓》，文物出版社1973年版，第239—240页。
④ 按："纅"从马怡释。
⑤ 按：首字整理者、马怡均阙释，笔者认为当释"缥"。
⑥ 按：首字整理者释为"缥"，马怡改释为"纅（?）"，从字形看，当以释"缥"为是。
⑦ 按："缥绮"整理者释为"缥□"，马怡释为"□□"。笔者认为首字整理者释为"缥"，可从。次字略微模糊，其形与该衣物疏多见的"绮"最为相近，故可释为"绮"。"缥绮"（或作"纅绮"）在汉代衣物疏中习见。

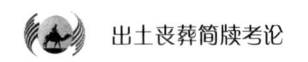

尹湾六号汉墓十二号木牍有：

缥被二领、纚绮复衣一领衣、纚丸合衣一领、纚丸复襦一领、纚丸诸于一领、纚段领一、纚丸下常一、纚下常一、纚绮衾一、君直纚绮衣一领。

尹湾二号汉墓一号木牍有：

帛剽衣一领、纚长襦一领、帛纚复襦一领、纚绮复襦一领、纚散合襦一领、帛纚合直领一领、纚鲜支单诸于一领、帛纚鲜支单襦一领、帛纚帬二、白纚帬一、纚丸合帬一、帛纚单帬二。

高台骆驼城前凉墓葬衣物疏有"缥粉囊"。[①]

文献中"缥"除了"缥缈"、"飘扬"等义项外，与牍文相关的义项主要两个：一为青白色的丝织品；一为淡青色、青白色，犹今所谓月白。"缥"表丝织品，如：《楚辞·王褒〈九怀·通路〉》："红采兮骍衣，翠缥兮为裳。"《说文·糸部》："缥，帛青白色也。"典籍中也用"缥"来表示丝织物的色彩，如：《释名·释采帛》："缥，犹漂也。漂漂，浅青色也，有碧缥、有天缥、有骨缥，各以其色所象而言之。"《急就篇》卷二："缥綟绿纨皂紫硟。"颜师古注："缥，青白色也。"。《后汉书·襄楷列传》："皆缥白素朱介青首朱目，号《太平清领书》。"又《后汉书·舆服志》："太皇太后、皇太后入庙服，绀上皂下，蚕，青上缥下，皆深衣制。"《三国志·魏书·杨阜传》："阜常见明帝着绣帽，被缥绫半袖。"（引按：《晋书·志第十七》作"披缥纨半袖"）《三国志·吴志·蒋钦传》："权尝入其堂内，母疏帐缥被，妻妾布裙。"萧统《文选·序》："词人才子，则名溢于缥囊。"吕向注："缥，青白色；囊，有底袋也，用以盛书。"

[①] 寇克红：《高台骆驼城前凉墓葬出土衣物疏考释》，武汉大学简帛网，2009年7月7日。

上引文献中的"缥被"、"缥纨（牍文作"丸"）"、"缥囊"均见于前引衣物疏，亦可证"缥"字的释读不误。上引辞例中，西郭宝衣物疏中的"缥绮"、"缥丸"在尹湾二、六号汉墓衣物疏中作"繻绮"、"繻丸"，尹湾二号汉墓衣物疏的"帛繻"又写作"帛勳"。可见"繻"与"缥"应属同词异写，在牍文中用法当相同。

二 流 藊

西郭宝墓衣物疏有如下记载：

流黄丸复衣一领

其"流"字作■，整理者释为"漆"，马怡先生改释为"流"，并指出"流黄丸"即"流黄纨"，是一种丝织品名称。"流黄"，本指硫磺，或因其色黄，故又用来指一种黄的颜色。"流黄"有时也用作丝织品名。马先生还对"流黄"一词的种种异写做了详细考释。马先生对"流"的考释可从。其实西郭宝墓衣物疏还有三处可以释为"流"的字，马先生可能出于谨慎，未肯释出，笔者试作补释。牍文如下：

（1）■黄丸襌衣一领
（2）■黄冰合衣一领
（3）■黄面衣一

上引三条牍文的首字整理者和马怡先生都缺释，我们认为这几个字应释"流"。秦汉简帛文字中"流"主要有如下形体：■、■、■、■，[1] 有时也作■，[2] 马王堆帛书《战国纵横家书》〇七"流河"之"流"作■

---

[1] 汉语大字典字形组编：《秦汉魏晋篆隶字形表》，四川辞书出版社1985年版，第818页。
[2] 陈松长：《马王堆简帛文字编》，文物出版社2001年版，第460页。

（引按：此字旧释为"涑"，不确。裘锡圭先生改释为"流"，详下）。裘锡圭先生指出"汉人往往把'㐬'旁写得象'朿'。'疏'的异体'疎'，大概就是由于'㐬'旁被误认为'朿'而产生的，"① 上引牍文中的 ![字] 和 ![字] 无疑是同一字，![字]字除去"艹"头所剩部分正与帛书"流（![字]）"以及马怡所释"流（![字]）"字相同，可见此字当释为"蓅"。"蓅"读"流"，"蓅黄"即"流黄"。从（3）中 ![字] 字残存笔划推测，此字当为 ![字]，亦可释为"流"。

"流黄"一词还见于其它汉代衣物疏，旧皆误释，如：江苏连云港海州侍其繇墓衣物疏所载：

　　□绮复衣流黄丸缘一领
　　流黄丸复绔一②
　　流黄冰复襡褕一领③

"黄"上之字作 ![字]，南波④、李均明等学者均释为"涑"，无解。胡平生、李天虹将其释为"涑（流）"。⑤ 现在看来此字可径释为"流"。"流黄丸"、"流黄冰"正与上揭西郭宝衣物疏同类名称相合。此外，尹湾二号汉墓衣物疏有"木黄监（？）繻一领"的记载。⑥ "木"字上部略残，其形与上引"流黄面衣"的"流"字相类，整理者所释的"木"很可能也是"流"字。"监（？）"应是"短"的误释。⑦ 此条正确释读当是"流黄短繻一领。"

---

① 裘锡圭：《读〈战国纵横家书释文注释〉札记》，载《古代文史研究新探》，江苏古籍出版社1992年版，第85页。
② "绔"旧释为"绛"，胡平生、李天虹改释"绔"。（胡平生、李天虹：《长江流域出土简牍与研究》，湖北教育出版社2004年版，第461页。）
③ 李均明、何双全：《散见简牍合辑》，文物出版社1990年版，第94—95页。
④ 南波：《江苏连云港市海州西汉侍其繇墓》，《考古》1975年第3期，第175页。
⑤ 胡平生、李天虹：《长江流域出土简牍与研究》，湖北教育出版社2004年版，第461页。
⑥ 连云港市博物馆等编：《尹湾汉墓简牍》，中华书局1997年版，第23页。
⑦ 详笔者另文《尹湾汉墓衣物疏补释》，待刊。

三 刀带

西郭宝墓衣物疏有如下记载：

青纟（丝）刀带一

整理者所释"刀带"，马怡先生改释为"力带"，无解。今按：从字形看，"带"上之字确为"力"，但此处释为"力带"显然不妥。首先，"青丝刀带一"下接"备（佩）刀一"、"剑一"、"剑青丝带一"，按照遣册同类相从的记物原则，"刀带"应为"佩刀"之带。其次，"刀带"一词也见于尹湾六号汉墓《君兄节笥小物疏》。① 由此我们断定此处的"力"为"刀"之误书。汉代文字中"力"讹为"刀"很常见，"刀"也偶误作"力"，如马王堆帛书老子乙本前一○四上"剥"写作"𢴨"，所从之"刀"即讹为"力"。② 鉴此，上揭辞例仍当从整理者释"刀带"。

（原载《中国文字学报》第四辑，商务印书馆2012年版）

---

① 连云港市博物馆等编：《尹湾汉墓简牍》，中华书局1997年版，第132页。
② 汉语大字典字形组编：《秦汉魏晋篆隶字形表》，四川辞书出版社1985年版，第283页。

武威南郊东汉墓所出张德宗衣物疏集释

1974年10月，在武威县城南郊一座砖墓室中发现一枚木牍，该墓还出有绿釉陶锺、陶盘、铜灯、漆盒、漆奁、木梳、木篦等器物，丝织物全部腐烂。木牍出土时已严重撕裂，经修复，长20厘米、宽3厘米，墨书隶体，双面书写。共计127字，除个别文字模糊外，绝大部分清晰可辨。整理者推测墓葬年代在东汉顺帝至灵帝时期。木牍内容为汉晋墓葬中习见的衣物疏。该木牍现藏武威市博物馆。党寿山在2004年《陇右文博（武威专辑）》中刊发该衣物疏释文，并做了较为详细的考释。①

正面：

張德宗衣被[囊]疏[一]：
[軀]長衣襦[二]一領
直領[三]二領
[練]襦[四]一領
□季明新婦送大家[五]
縹綺直領[六]季明新婦送大家
絮巿[七]三枚
青綍[八]一領
[縑]眷一領送大家[九]
糸履一[良][一〇]送大家

---

① 党寿山：《武威出土的两件随葬衣物疏》，《陇右文博（武威专辑）》，2004年。

背面：

新絑[一一]一［良］送大家

新絹帬一领送大家

故帬[一二]五领

新被一领送大家

故被一领

故襦短紬[一三]各一领

［布］囊[一四]大小四领

新□繒白[一五]百五十四

故小青襦[一六]一领

镜敛一枚

缠敛[一七]一枚

【集释】

［一］张德宗衣被［囊］疏：党寿山云：张德宗，人名，姓张名德宗。张德宗衣物疏无纪年文字，但随葬的绿釉陶耳杯以及仓、灶、井、壶、炉等釉陶器，与中原及甘肃东汉中、晚期墓葬遗物相同。其时代约可在顺帝至灵帝时期。墓主人张德宗，衣物疏中称"大家"，是一位贵族的女子。"囊"字已漫漶不清。木方中有"分囊大小四领，"此处残存笔触也像"囊"，当以"囊"为是。"疏"同"疏"，《正韵》："条陈也"。"张德宗衣被囊疏"，即是张德宗的随葬衣物单。今按：按照衣物疏总起之句通例，"疏"上之字多为"物"，如尹湾汉墓简牍作"君兄衣物疏""君兄繒方缇中物疏"。疏"可径释为"疏"，汉简中"足""疋"形近易混。

［二］［躯］长衣襦：党寿山云："躯长"，即身长。襦，《说文》："短衣也"。又云："䙌衣，䙌温也。"《释名》："襦㬉也，言温㬉也。单襦如襦而无絮也。""躯长衣襦"，可解释为身长的单或绵袍服。可能与西安、江苏、徐州等地汉墓出土陶俑的曲裾深衣服饰相类似。领，量词。

这里的一领,即一件。今按:遣册中屡见"长襦",如马王堆3号汉墓遣册397号简有"鲜支长襦一,素掾(缘)。"400号简有"鳌縠长襦一,桃华掾(缘)。"407号简有"鲜支长襦一、素掾(缘)。"简文"躯长衣襦"颇为不辞,"躯长"释为"身长",很可疑。"长"有长久、常常之意。《书·盘庚》:"汝不谋长。"孔安国传:"汝不谋长久之计。"桓宽《盐铁论·徭役》:"夫文犹可长用,而武难久行也。"唐·温庭筠《惜春词》:"愿君留得长妖娆,莫逐东风还荡摇。"《庄子·秋水》:"吾长见笑于大方之家。""躯"即身。"衣"为动词,穿着之意。"躯长衣襦"就是身上经常穿着的襦衣,也就是墓主人故衣。区别于赠赠之衣。正如下文《青龙四年左长衣物疏》所言:"长所衣衣十三牒皆是长故着衣。"

〔三〕直领:党寿山云:直领,衣名。《扬子方言》云:"袒,谓之直衿"。注:"妇人初嫁所著上衣,直衿也"。又云:"衿谓之交。"注:"交衣领也。"直领,可能就是"袒领",或者叫"交领"。是一种领口开得很低,穿时露出底衣的上衣。1988年,甘肃武威磨咀子汉墓就曾出土过穿在女尸身上的这种衣服。今按:"直领"本是衣领的样式。桓宽《盐铁论·散不足》:"及其后,则丝里枲表,直领无祎,袍合不缘。"木牍"直领二领",说明"直领"用作服装的名称。"直领"在汉时为女服。《汉书·景十三王传·广川惠王刘越》:"时爱为去刺方领绣。"晋灼曰:"今之妇人直领也。绣为方领,上刺作黼黻文。《王莽传》曰'有人着赤缋方领'。方领,上服也。"晋灼为晋人,可知直领在晋时亦为女服。马怡考证直领的样式与男服中的"方领"相似。《汉书》卷七六《韩延寿传》:"延寿衣黄纨方领。"晋灼曰:"以黄色素作直领也。"《后汉书》卷七九《儒林列传》:"建武五年,乃修起太学,稽式古典,笾豆干戚之容,备之于列,服方领、习矩步者,委它乎其中。"李贤注:"方领,直领也。"《后汉书》卷二四《马援列传》:"勃衣方领,能矩步,辞言娴雅。"李贤注:"《前书音义》曰:'颈下施衿领正方,学者之服也。'"则汉时的"方领"是上等之服,也是儒者之服。《释名》卷五《释衣服》:"直领,邪直而交下,亦如丈夫服袍方也。"直领为"邪直"相交之领,即右襟掩于左襟之上,领缘斜直相交而下,如男服之袍。……因直领即袒饰，故亦应类似长襦。

[四]练襦：党寿山云：练，通作湅。《说文》："湅，繒也。"《急就篇》颜注："练者，煮缣而熟之也。""练襦"，这里当指用丝繒做的短袄，下面再配上长裙，就是汉时妇女的襦裙服饰。这个时期，一般上襦极短，只到腰间，而裙子很长，下垂至地。今按：党寿山征引《说文》有误。《说文·糸部》："练，湅繒也。"已湅之帛曰"练"，牍文中的"练"无需通"湅"。

[五]□季明新妇送大家：党寿山云："季"上一字不清，正面第三列第一行"季明新妇"之上是衣名"缥绮直领"，据此，这里"季明新妇"上一字，也应是某衣物名。"季明新妇"，季，当为姓，明为名，新妇，《能成斋漫录》："尊者斥卑者之妇曰'新妇'，卑对尊称其妻及妇人自称亦然。"《称谓录》："兄妻有自称新妇者"。季明和墓主人关系不清，但她自称"新妇"也是很有可能的。"大家"，"家"，音姑，又与"姑"同，大家女之尊称。汉唐世叔之妻班昭，称"大家"，即超妹。□季明新妇送大家，全意当是：某衣物是由季明妇人赠送给墓主人张德宗大家的。今按："大家"在汉晋时期，可以是对女子的尊称，也可以是奴仆对主人的称呼。干宝《搜神记》卷一七："彦思奴婢有窃骂大家者。"南朝刘敬叔《异苑》卷六："曾醉，窃骂大家，今受此罪。"

[六]缥绮直领：党寿山云：缥，《说文》："皂青白色。"绮，《说文》："文繒也。"《汉书·高帝纪》："贾人无得衣锦绣縠纻罽。"颜注："绮，文繒，即今之细绫也。""缥绮直领"，一种青白色细绫的袒领上衣。

[七]絮巿：党寿山云：絮，《说文》："敝绵也。"《急就篇》颜注："绩蚕擘之。精者曰'绵'，粗者曰'絮'"。巿，古祭服。《说文》："巿，韠也。上古衣蔽前而已巿象之。天子朱巿，诸侯赤巿，大夫葱衡。从巾，象连带之形。"又通作"芾"。《玉篇》亦作葱。《释名》："韍韠所以蔽前也。妇人蔽膝亦如之。齐人谓之巨巾，田家妇人出至田野，以覆其头，故应以为名也。"这里的"絮巿"，当是一种用次绵做成的，妇人蔽膝的带子。今按："巿"是古代一种系在腰前，略似围裙，长可蔽

膝的服饰。可以是皮质的，亦可丝质。党氏将"市"解为蔽膝的带子，恐不妥。

[八] 青繉：党寿山云："繉"，当即"袴"，是一种合裆的短裤。《急就篇》："合裆谓之袴，最亲身者也。"古代裤子皆无裆，仅以两只裤管套在膝部，用带子系于腰间。《说文》："袴（即裤），胫衣也。"也单指裤腿而言。后来裤的形制日益完备，并出现了有裆之裤—袴。"青繉一领"，应是青色合裆的贴身短裤一件。今按：党氏对裤的解释可商，从湖北江陵马山一号楚墓以及马王堆1号汉墓出土的古代裤类衣物看，古代的裤实际上是一整体，前腰缝合，后腰敞开，用带子相系，腰下开裆，并非两只独立的裤管。"袴"为合裆裤，也不一定为短裤。

[九] 缣胁一领送大家：党寿山云：缣，细的绢。《释名》："缣，兼也，其丝细致数兼于布绢也。细致染缣为五色，细且致，不漏水也。"胁，衣名。但不知是何样式。《玉篇》："胁，身左右两膀。"《增韵》："腋下也。"这里的"胁"，当是着在身躯两侧的上衣。"缣胁一领送大家"，应是细的绢制的胁一件，送给张德宗大家。今按：疑"胁"为裲裆。

[一〇] 系履一良：党寿山云：系，《说文》："细丝也"。履，《说文》："足所依也。""一"下似为"良"，《释名》："良，量也，量力而动不敢越限也。"量，《字汇补》："与緉同，双履也。"系履一良，即是细丝的鞋一双。今按：首字应释为"糸"。"糸""系"有别。可能是排版时将"糸"误置为"系"。糸履即丝履。良通量，二者声韵相同，皆为来母阳部字。

[一一] 新𫄪：党寿山云：𫄪，也作袜，《集韵》："袜，或作纟作𫄪"。今按：𫄪、袜属异体关系。《汉书·舆服志》："五郊，衣帻绔𫄪各如其色。"汉晋遣册中多作𫄪。

[一二] 故帬：党寿山云：帬，即裙。故，《广韵》："旧也"。"故帬""故被"，即旧裙、旧被。今按：党寿山释文中"故帬"之"帬"为"帚"，恐误。"故帚五领"无法讲通。"新绢帬一领送大家，故帬五领"与下文"新被一领送大家，故被一领"辞例相同。将"帚"改释为"帬"。

[一三] 故襦短䄂：党寿山云：故襦，旧的短衣。䄂，或为"袖"，短袖，就是半袖衣。《纲目集览》："半袖，短袂衣也。"今按："䄂"通"袖"，二者皆从由得声，例可相通。

[一四] 布囊：党寿山云："囊"上一字不清，似为"分"，囊，即盛物的口袋。今按："分"疑为"布"字的误释。"布囊"在遣册中习见，如马王堆1、3号汉墓遣册中"布囊"凡十多见，主要用来盛五谷。广西贵县罗泊湾1号汉墓《从器志》中"布囊"凡三见，用来盛杂器。

[一五] 新□缯白：党寿山云：白，这里通"帛"。缯帛，丝织物之总称。匹，这里是布的量词。《汉书·食货志下》："布帛广二尺二寸为幅，长四丈为匹。"这里的缯帛一百五十匹，就是六百丈。这显然是夸大的数字，实际随葬缯帛不会有这么多，只是象征性放一些。

[一六] 故小青襦：党寿山云："故小青襦"是用颜色取名。

[一七] 縬籢：党寿山云：籢，当为籢。籢，《集韵》："镜籢也。"《急就篇》颜注："籢，盛镜之器，若今之镜匣也。"縬，《正字通》："縺字之伪。"縺，《集韵》："缯缕也。"缯，即帛。缕，《说文》："线也"。镜籢，縬籢应是盛镜、盛丝织物和线的器具。今按：籢为"奁"之异体，是盛物品的方形或圆形盒子。汉晋遣册中多用"检""签""敛"表"奁"。《后汉书·皇后纪上·光烈阴皇后》："会毕，帝从席前伏御床，视太后镜奁中物，感动悲涕。"李贤注："奁，镜匣也。"《说苑·尊贤》："臣笑臣邻之祠田也，以一奁饭、一壶酒、三鲋鱼。"

（原载张德芳主编，田河著《武威汉简集释》，甘肃文化出版社2020年版）

武威五霸山三号汉墓出土木牍集释

1984年，甘肃省博物馆文物队对武威市韩佐乡五坝山汉墓进行考古发掘，其中三号墓出土木牍一枚。出土时木牍平置于棺盖之上，木牍正面上端中部稍有残损，右下角残缺。长25厘米、宽7厘米，厚0.5厘米，双面书写，墨书隶体。原简现藏甘肃简牍博物馆。木牍释文最初见于《散见简牍合辑》，[①] 后《中国简牍集成》（第四册）收录该牍释文，并略施标点。[②] 何双全在《简牍》一书中公布了木牍正面较为清晰的图版。[③] 简文内容《散见简牍合辑》定为墓主私人文书，《中国简牍集成》定为墓主冥告文书，何双全认为是冥间通行证，汪桂海认为是告地策。[④] 各家释文基本相同，但断句不同。

释文：

　　·張掖西鄉定武里田升寧今歸黃[一]，過所毋留難也[二]。故為□□□。
　　今升寧自小婦得綏，取升寧衣履燒祠[三]，皆得
　　[綏][四]過也。今升寧田地皆當歸得孫趙季平所可。
　　[今][五]升寧田地皆當歸得孫任［胡][六]。今升寧田地皆當歸得。

---

① 李均明、何双全：《散见简牍合辑》，文物出版社1990年版，第25页。
② 中国简牍集成编辑委员会编：《中国简牍集成》（标注本）第四册，敦煌文艺出版社2001年版，第210—211页。下文简称《集成》。
③ 何双全：《简牍》，敦煌文艺出版社2004年版，第77页。
④ 汪桂海：《汉代简牍中的告地策资料》，载卜宪群、杨振红主编《简帛研究（2006）》，广西师范大学出版社2008年版，第244页。

田地皆當歸得孫任胡，開口願皆自得，綏禁之。（以上为正面）

物復以得，孫任胡亟語言□□□□□

左張昱天，知曲直，故為信[七]。（以上为背面）

【集释】

［一］田升宁：应是墓主之名。"黄"字下，《集成》认为"黄"下脱"泉"字，当读为"黄泉"。今按：此说可从，黄泉本指地下泉水。《孟子·滕文公下》："夫蚓，上食槁壤，下饮黄泉。"黄泉又指人死后埋葬的地方，也指死、冥世、阴间。《左传》隐公元年："不及黄泉，无相见也。"《管子·小匡》："应公之赐，杀之黄泉，死且不朽。"王建《寒食行》："三日无火烧纸钱，纸钱那得到黄泉。"简文当是指阴间。吐鲁番所出《唐岂太夫人随葬衣物疏》"悉是平生用具，随意取用，不得迴回。付东海岂太夫人神领，付与黄泉，急急如律令。"①

［二］过所毋留难：何双全：过所，本是汉代出行时的通行证明，而且是官府的公文之一。而这枚木牍，用在死人身上，并注明"黄泉"一名，很显然是开具给地下阎王爷的通行证，所以是"冥间通行证"。②今按：过所，古代过关津时所用的凭证，犹近世的通行证。《周礼·地官·司关》"凡所达货贿者，则以节传出之"郑玄注："传，如今移过所文书。"《新唐书·百官志四下》："户曹司户参军事，掌户籍、计帐、道路、过所。"《资治通鉴·后汉隐帝干佑二年》："邠（杨邠）又奏：'行道往来者，皆给过所。'"胡三省注："盛唐之制，天下关二十六，度关者从司门郎中给过所，犹汉时度关用传也。宋白曰：古书之帛谓繻，刻本为契，二物通谓过所也。"明杨慎《丹铅续录·过所》："过所者，今之行路文引也。"简文中的"过所"似指盘查过所之处，犹津关。吐鲁番所出《大凉承平十六年（458）武宣王且渠蒙逊夫人彭氏随葬衣物疏》

---

① 中国文物研究所、新疆维吾尔自治区博物馆、武汉大学历史系编：《吐鲁番出土文书［三］》（图录本），文物出版社1996年版，第35页。

② 何双全：《简牍》，敦煌文艺出版社2004年版，第77页。

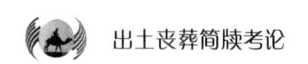

有："谨条随身衣被、杂物疏。所止经过，不得留难。急急如律令！"①《北凉真兴七年（425）宋泮妻隗仪容随葬衣物疏》记载："谨条随身衣物数，人不得仞（认）名……辛（幸）关津河梁不得留难，如津令。"②与简文所记内容相类。

[三] 今升宁自小妇得绥，取升宁衣履烧祠：小妇即妾。《汉书·元后传》："凤（王凤）知其小妇弟张美人尝已适人，于礼不宜配御至尊。"颜师古注："小妇，妾也。"小妇也指妯娌中行次最幼者，即小儿子的妻子。《乐府诗集·相和歌辞·长安有狭斜行》："大子二千石，中子孝廉郎。小子无官职，衣冠仕洛阳。三子俱入室，室中自生光。大妇织绮纻，中妇织流黄。小妇无所为，挟琴上高堂。"简文中的"小妇"应是田升宁的妾。得绥为妾名。汪桂海指出，取死者的衣履烧祠，反映的是一种丧葬祭祀习俗。焚烧死者生前用过的衣物，为之送葬，在祭祀时，也将祭品烧掉，这是古代早期北方民族的习俗。此木牍记载的烧祠习俗可能是受到北方游牧民族的影响。

[四] 绥：梁继红拟补为"所"③。今按：木牍上端残损，从上下文推测可拟补为"绥"。

[五] 今：依上下文辞例，"升宁"前缺释之字，可拟补为"今"。

[六] 胡：依上下文辞例，"任"下缺释之字可拟补为"胡"。

[七] 左张昱天，知曲直，故爲信：左，旧解释为"在"，从字形看无疑是"左"。疑读为"佐"，佐证之意。昱，旧皆释为"昊"，"日"下为"立"而非"天"，当释为"昱"。张昱天，人名，因其"知曲直"，所以作为田升宁田地遗产分配立字据的见证人。

本简文内容颇多矛盾，上文既说田升宁"今归黄[泉]"，下文又言"今升宁自小妇得绥取升宁衣履烧祠"。对田升宁田地的处置，简文言

---

① 柳洪亮：《新出吐鲁番文书及其研究》，新疆人民出版社1997年版，第20—22页。
② 中国文物研究所、新疆维吾尔自治区博物馆、武汉大学历史系编：《吐鲁番出土文书[壹]》（图录本），文物出版社1992年版，第28页。
③ 梁继红：《武威出土的汉代衣物疏木牍》，《陇右文博》1997年第2期。

"皆当归得孙赵季平""皆当归得孙任〔胡?〕""皆当归得""皆当归得孙任胡",这些记载彼此矛盾。何双全认为田升宁临终前遗言,将自己的土地分给他两个孙子,妻子充当中介人。死后,将遗言写成文字,葬入墓内,作为黄泉路上的过所凭证。证明生前清白,财产各有归处,生死异路,黄泉路上不要刁难,请放行。

汪桂海将其定为告地策是有一定道理的。

(原载张德芳主编,田河著《武威汉简集释》,甘肃文化出版社2020年版)

武威市新华乡出土青龙四年左长衣物疏集释

1991年4月，考古人员在武威市新华乡缠山村一座土洞墓中发现一枚木牍，墓中还出有铜镜、铜弩机、铜刀、陶罐、木匙等器物和一些丝织物残片。木牍为松木质，保存基本完整。长24厘米、宽3.5厘米、厚0.4厘米，右上方残缺一角。正、背两面书写，文字基本清晰，共计112字，内容为衣物疏。1991年9月，黎大祥的《武威发现三国墓》一文、1992年，宿白《武威行——河西访古丛考之一（上）》都对这枚木牍做过介绍。① 梁继红在《陇右文博》1997年第2期刊发该衣物疏图版、释文，并做简单的考释。但图版缩得过小，无法辨识文字。② 2004年，党寿山发表的《武威出土的两件随葬衣物疏》一文，对此件衣物疏个别名物加以考释③。上述两文在文字释读方面存在诸多差异。

释文：

故［單被］[一]一领、故裲當[二]一领、故襦[三]一枚、故袴[四]一量、

故䘼[五]一领、故裨[六]一枚、故單衣[七]一领、故絉一量、

---

① 黎大祥：《武威发现三国墓》，《中国文物报》，1991年9月22日第一版；宿白：宿白《武威行——河西访古丛考之一（上）》，《文物天地》1992年第1期，第4—8页。
② 梁继红：《武威出土的汉代衣物疏木牍》，《陇右文博》1997年第2期。
③ 党寿山：《武威出土的两件随葬衣物疏》，《陇右文博（武威专辑）》2004年。该文曾收录在党寿山自编《武威文物考述》，武威市光明印刷物资有限公司2001年版。

故巾^[八]一枚、故履一量、故疏具^[九]一具、故铜刀一枚、故弩綦郭^[一〇]一枚、青绛匹白百一十匹，故□可□^[一一]、故被一领、故審^[一二]一枚　　故板^[一三]一枚。（以上为正面）

青龍四年五月四日^[十四]，民左長坐醉死^[一五]。長所衣衣十三牒皆是長故著所衣^[一六]。（以上为背面）

【集释】

［一］单被：梁继红缺释，党寿山补释为"单被"。今按：该木牍右上角残缺，该条简文前三字仅存一半形体，释为"单被"可备一说。

［二］裲当：梁继红释为"襽裆"，《类篇》曰："衣名"《释名》："其一当胸，其一当背也。"即今之背心。党寿山："当"前一字模糊，隐约可见"襻"头，似为"蓋"。蓋当，当为"襽裆"。《篇海》："襽裆，前后两当衣也。"《类篇》："裲裆，衣名"。《释名》："其一当胸，其一当背也。"看来，襽裆，裲裆，虽叫法不尽相同，但其含义一致：都是前后两当衣，就象后来的背心。《释名疏证补》："今俗谓之背心，当背当心，亦两当之义也。"今按："当"上之字，可能是"裲"之误释，可径释为"裲"。党氏释"襽"误。"两当"或作"裲裆"，为遣册习见之物。

［三］襦：梁继红缺释。党寿山释为"襖"，认为是一件短小的襦衣。《类篇》："短襦也。"今按："襖"，当释为"襦"。

［四］故袴一量：党寿山：袴，《释名》："跨也。两股各跨别也。"《急就篇》颜注："胫衣也。"是一种没有合裆的裤子，实际是两条裤腿。近代，武威老人穿套裤，就类似这种袴。最后一字，梁继红释为"两"，党寿山释为"量"，并考证量与裲同。《说文》："履两枚也。"《晋书·阮孚传》："未知一生当着几量屐。""几量屐"，即几双屐。故袴一量，应是旧套裤一双。今按：党寿山将"量"隶为"量"，认为当为量，同量，意为双。此说恐可商，量为"量"的习见写法，可径释为"量"。量在衣物疏中主要作鞋、袜、袴等成对衣物的量词。梁继红将"量"释为"两"缺乏字形依据。

［五］故襖："故"下一字，梁继红释为"襦"，党寿山释为"褥"。

从字形看当释为裯，一种短襦。

[六] 故禅："故"下一字，梁继红释为"襌"（引按：误写成"禅"）。襌，《说文》曰："衣不重也。"颜师古注曰："有衣裳而无里。"即指单衣。党寿山释为"裈"，认为这里当以"裈襦"解。裈，《博雅》："作襦，谓之裈襦。"是一件小的襦衣。今按：当以释"裈"为是。《周礼·春官·司服》"飨射则鷩冕"郑玄注："鷩，裈衣也。"《仪礼·觐礼》"侯氏裈冕"胡培翚正义："五等诸侯衮、鷩、毳服不同，而统名为裈衣。"

[七] 单衣：梁继红：《扬子方言》曰："单衣，江淮南楚之间谓之袷，关之东西谓之单衣，赵楚之间谓之左衣，古谓之深衣是也。"党寿山：单衣，也即襌衣，襌，《集韵》作单。其形制与袍略同，唯不用衬里。《礼记·玉藻》曰："襌为絅。"郑玄注："絅，有衣裳而无里。"

[八] 巾：梁继红：《释名》："巾，谨也。二十成人士冠庶人巾，当自谨修于四教也"。古人装束，头顶挽髻，以簪固之，上裹布包之，即所谓"巾"。党寿山：巾，这里当指裹头用的头巾。《急就篇》颜注："巾者，一幅之巾所以裹头也。"《后汉书·鲍永传》："（永）悉罢兵，但幅巾，与诸将及同心客百余人诣河内。"李贤注："谓不着冠，但幅巾束首也。"

[九] 疏具：党寿山释为"□具"，无解。梁继红释为"疏具"，认为即今之"梳"。今按：梁说可从。

[一〇] 弩某郭：梁继红在释文中作"弩箭郭"，考释时又作"弩某郭"。并考证云："弩"，《说文》："弓有臂者"。即弩机。"某"，"箭"《淮南·原道》："弯某卫之箭。"又《说文》："矢也，自周而东曰矢，江淮曰簇，关西曰箭。""郭"，弩之一部分，即"牙之规郭"。今按："弩"下之字，释"某"，读为"机"。"某"为群纽支部字，"机"为见纽微部字。声纽同属牙音。之、微二部关系密切，例可相通。"机郭"也见于吐鲁番所出衣物疏中。如：《西凉建初十四年（418）韩渠妻随葬衣物疏》记载"故碧絓……镟（机）郭一具。"《北凉真兴七年（425）

宋泮妻隗仪容随葬衣物疏》："故弩楒（机）郭一具。"《北凉缘禾六年（437）翟万随葬衣物疏》："故铜机郭一具。"① "弩楒郭"，即弩机郭，"楒"通"机"。"机郭"即弩上机牙的外框，多以铜制。于省吾《双剑誃吉金图录》所录永元八年弩鐖铭："永元八年考工所造四石鐖郭"。于氏考释："鐖即机，以金为之，故从金。"② 又《墨子·备高临》："连弩机郭用铜，一石三十斤。"《释名·释兵》谓弩有五大部件："其柄曰臂，似人臂也；钩弦者曰牙，似齿牙也；牙外曰郭，为牙之规郭也；下曰县（悬）刀，其形然也；含括之口曰机，言如机之巧也。亦言如门户之枢机开阖有节也。"弩弓是靠装置在弩的木臂后部的弩机控制发射的，弩机以青铜制，包括有钩弦的"牙"，牙外的"郭"，郭上的瞄准器"望山"，郭下的扳机"悬刀"。扳动悬刀，牙向下缩，所钩住的弦弹出，箭即射出。"机郭"当是弩机的一个构件。本牍所记"弩棊郭"与吐鲁番衣物疏中的"机郭"无疑是同类物。

[一一] 青绛匹白百一十匹故□可□：第一个"匹"字，梁继红释为"匝"，认为是量词。党寿山释为"怀"。今按：该字无疑是"匹"。《说文·糸部》："绛，大赤也。"典籍中"绛"一般表色彩，有时也表丝织物，如《晋书·礼志》："绛二匹，绢二百匹。"牍文"青绛匹"指青绛一匹。"白"读为"帛"。第二个"匹"下诸字，梁继红释为"故时可乘用"。党寿山释为"故□可□"。

[一二] 审：梁继红释为"书"。党寿山认为是"审"字之误。审，这里与"盘"同。《韵会》：审，"与盘同，水盘旋也。"故审一枚，当为旧盘一件。今按：该字可径释为"审"，当读为"枕"。审、枕同属侵部，前者为书纽，后者为章纽，皆为舌音，例可相通。如从"尤"得声的"沈"即属书母侵部。吐鲁番衣物疏中习见的"鸡鸣枕"，有时就写

---

① 上引衣物疏见中国文物研究所、新疆维吾尔自治区博物馆、武汉大学历史系编《吐鲁番出土文书[壹]》，文物出版社1992年版，第5、28、47页。

② 于省吾：《双剑誃吉金图录》，中华书局2009年版，第291页。

作"鸡鸣审"。如《唐永徽二年（651）杜相随葬衣物疏》有"鸡鸣审一枚"、①《阿斯塔纳四〇八号墓令狐阿婢随葬衣物疏》有"故碧紫绯审一枚"②。"审"即通"枕"。

[一三] 板：梁继红释为"板"，《玉篇》："片木也，手板笏也。"《文献通考》："晋宋以来谓之手板。"党寿山释为"朹"。认为朹同簋，古代祭祀时用来盛黍稷的方形器皿。《说文》："朹，古文簋。"《春秋繁露·祭义》："宗庙之祭，物之厚五无上也。春上豆实，夏上尊实，秋上朹实，冬上敦实。"故朹一枚，应为旧簋一枚。今按：当以释"板"为是。武威汉滩坡前凉19号墓男棺所出衣物疏有"故本郡清行板一枚""故驸马都尉板一枚""故建义奋节将长史板一枚"的记载。汉晋衣物疏中也屡见"板研"的记载。

[一四] 青龙四年五月四日：梁继红考证"青龙"为三国时魏明帝曹叡统治时期的年号。"青龙四年"即公元233年。党寿山考证是公元236年。今按：青龙四年应是公元236年。

[一五] 民左长坐醉死：梁继红考证：民是相对于君而言的。据衣物疏木牍的记载"故弩箭郭""故铜刀"等判断，墓主人身份为军人，属士民之列。"左长"是墓主人姓名。醉即"罪"之假借。坐罪，汉代法律常用语，即因犯罪而受刑者，全句意思是，士民左长因犯罪受刑而死。党寿山：墓主人姓左名长。"民左长"，说明是一位庶民百姓。从衣物疏中所记衣着及随葬物铜刀、弩机郭来看，为男性。左长因酒醉死。今按："坐醉死""赐酒而死""酒醉身丧"等记载屡见于出土衣物疏、告地策、买地券、镇墓文中，③ 学者研究认为"坐醉死"等是死的一种委婉的说法。白彬对这种"醉酒身丧"进行分析，认为"醉酒身丧"系道教以人死为成仙之说辞，相当于今日称人死为"仙逝"。④

---

① 中国文物研究所、新疆维吾尔自治区博物馆、武汉大学历史系编：《吐鲁番出土文书[壹]》，文物出版社1992年版，第110页。
② 荣新江、李肖、孟宪实主编：《新获吐鲁番出土文献》，中华书局2008年版，第21页。
③ 参看陈瑞青《花药与酒：买地券所记宋代信众的曼妙死亡方式》，《宁夏社会科学》2017年第2期。
④ 白彬：《江西南昌东晋永和八年雷陔墓道教因素试析》，《南方文物》2007年第1期。

［一六］长所衣衣十三牒皆是长故著所衣："是"，梁继红释为"具已"两字，意为准备齐全。党寿山释"是"。"牒"，梁继红：《说文》："牒，札也。"为量词。党寿山认为"牒"，当以重复解。全意当为：左长所穿的衣服，重迭穿了十三种，都是左长平时穿过的衣服。今按：新华乡前凉墓《十三年衣物疏》有"十三年五月二十一日，主人父母与乌独浑十九种衣物，生时所著所衣。"本木牍"衣"上缺释之字似可补为"所"。"故著所衣"与"所著所衣"义同。

（原载张德芳主编，田河著《武威汉简集释》，甘肃文化出版社2020年版）

安徽南陵县麻桥东吴墓遣册释文考释[①]

1978年11月中旬,安徽省原南陵县麻桥公社东风大队农民在开挖生姜窖时,发现多座砖室古墓。其中1、2号墓墓室被拆,随葬品全被取出,3号墓仅存墓室。安徽省文物考古队工作人员随后赶到,收集了以上3座墓的出土文物和相关资料,清理了3号墓,并发掘了规模相对较小的4号墓。考古人员依据墓室结构、随葬器物,尤其是1号墓所出带"赤乌"年号的买地券,推测这4座墓墓葬年代为三国东吴早期。4座墓出土随葬器物30余件(不计不能复原的)。其中2号墓出2件木方、3号墓出1件木方,皆楷隶墨书,内容为遣册。[②] 3件木方都存在部分字迹脱落或模糊不清的情况,发掘简报中仅给出摹本,虽附有1件木方的图版,但字迹模糊难辨。目前尚无学者对这3份遣册作相关研究,笔者据摹本作初步释读,以期有助于同类文书的研究。

一　遣册释文

(一) 2号墓19号木牍释文

19号木牍出于2号墓馆内,正反面都写有文字。简报说"正面:31行共116字。反面:33行共156字。"从简报提供的反面图版看,牍文分四栏书写,木方右下角腐蚀严重,第三、四栏仅存左边文字,而木方

[①] 该文是国家社科基金一般项目(10BYY043)、中国博士后科学基金资助项目(20080440739)阶段性成果。

[②] 安徽省文物工作队:《安徽南陵县麻桥东吴墓》,《考古》1984年第11期。

正面摹本第三、四栏残存右边文字，依照当时从上到下、从右到左的书写习惯推测，该木牍两面应写满文字，因此此枚遣册摹本内容并不完整。现据摹本释读如下：

正面：

　　繡糸（絲）樂一枚、[1]針撿（奩）一枚、[2]布衣三、針六枚、白布廿匹、青布十匹、絳［十四］、[3]大黃［十］匹、[4]黃絳［十四］、青十四。（第一欄）

　　練十匹、紫十匹、錦十匹、右褚繒合百匹。[5]貝［錢］五百萬、[6]□□緻二枚、□□絑一具，[7]赤糸紃二具，[8]□□鏡一具，手巾二［枚］。（第二欄）

　　絟三斤、練鉅一枚、[9]紃一具、高樊一枚、酒樊一枚、□樟一雙、酒□□□、赤……（第三欄）

　　麻三斤、木一榆一具、席一枚。（第四欄）

背面：

　　絳被一枚、絟布被一枚、青復袴一枚、[10]黃絳連屬一枚、[11]大黃繡分袴一枚、[12]紫縛黃分一枚、繡兩當一枚、錦兩當一枚、[13]白絟布上五枚、[14]紫白彡條一枚。[15]（第一欄）

　　青紃□三［枚］、白絟□□［枚］、絹□□□一枚、絳復絝一枚、繡復絝一枚、紃青□脥二枚、紫□脥一枚、[16]白練繹紗（衫）一枚、[17]帔巾一枚、[18]絹緰頭二枚、[19]緞二枚，其一枚絳、一枚青。[20]（第二欄）

　　□□、枕二枚、竟（鏡）一枚、幘一具、計一枚、銀叉六枚、金叉四枚、突無叉三枚。[23]（第三欄）

　　銀，鉸刀一枚、[24]畫筆一雙、[25]褚糸十九弓。[26]（第四欄）

· 131 ·

（二）3号墓11号木牍释文

11号木牍出于3号墓棺内，发掘简报没有给出木牍尺寸。木牍只书写一面，牍文分三栏，其中第三栏为小结文字。释文如下：

白□□一领、練繰一领、[27]絹绔一枚、練緅一枚、[28]巾一枚、覆面一枚。[29]（第一栏）

絑一量、不借一量、[30]絹缯（褶）一领、[31]佰頭一枚、[32]□木一枚。（第二栏）

各襦衣物合八种，是丹阳宣成男子蕭禮有。[33]（第三栏）

（三）3号墓10号木牍释文

10号木牍出于3号墓棺外，只书写一面，第三栏残存三字。其内容与一般遣册有别。释文如下：

酒器五十石、□□□□、稻一仓千石、□□五百石、□□□□、□支□□，（第一栏）

葅芥、[34]飯□、飯㮯（案）、[35]椱一具、[36]宛（盌）□、且□、□□。（第二栏）

金……重（种）……丹阳（第三栏）

二 遣册文字考释

1、绣糸（丝）乐：

"丝乐"疑指琴瑟之类的弦乐器，"绣"应是"丝"的修饰成分。

2、针捡（奁）：

"捡"当为"检"的误摹，汉晋简帛文字中"手"旁和"木"旁有时写得很相近。汉晋遣册屡用"检"表"奁"，从出土实物看，"奁"指

· 132 ·

一种漆盒。针奁就是盛针线的小盒。2号墓出小圆漆盒一件（M2∶27），直径6.1厘米、高5厘米，整体呈圆筒形，牍文所记当指此器。

3、绛［十匹］：

《说文·糸部》："绛，大赤也。"典籍中"绛"一般表色彩，有时也表丝织物，如《晋书·礼志》："绛二匹，绢二百匹。"因下文有小结句"右杂缯合百匹"，此前牍文所记布帛数量清楚者合计七十匹，剩余三种布帛数量残泐，摹本缺摹，依文例推测只能各占"十匹"，所以在"绛""大黄""黄绛"后分别拟补"十匹""十""十匹"。

4、大黄：

"大黄"后疑省略了"绛"。

5、右杂缯合百匹：

古人竖写左行，遣册类文书常常条举多种同类名物后，用"右……合……"的语句加以小结。

6、贝［钱］五百万：

"贝"下之字右边残泐，摹本将左边摹作"纟"，我们怀疑此字可能是"钱"字的误摹。因为汉晋遣册所记名物数量在"百万"以上的无一例外都是"钱"。如：

土錢千萬　　马王堆1号汉墓遣册297简①
土錢百萬　　马王堆3号汉墓遣册301简②
錢萬萬　　连云港市陶湾西汉西郭宝墓衣物疏③
繒笥合中繒直（值）二千萬　　江陵凤凰山167号汉墓遣册57简④

---

① 湖南省博物馆、湖南省文物考古研究所：《长沙马王堆二、三号汉墓》，文物出版社2004年版。下引马王堆三号墓资料均出此书。

② 湖南省博物馆、中国科学院考古研究所：《长沙马王堆一号汉墓》，文物出版社1973年版。

③ 连云港市博物馆：《连云港市陶湾黄石崖西汉西郭宝墓》，《东南文化》第三辑，江苏古籍出版社1988年版。

④ 吉林大学历史系考古专业赴纪南城开门办学小分队：《凤凰山一六七号汉墓遣册考释》，《文物》1976年第10期。

7、絉：

可读为"袜"，"末"、"蔑"皆为明母月部字。"絉"应是"袜（或作袜）"的异体。《集韵·月韵》："韈，《说文》：'足衣也。'或从衣。亦作袜。"《汉书·舆服志下》："衣帻绔袜各如其色。"汉晋遣册"袜（韈）"常写作"絉"，如：甘肃武威旱滩坡 19 号汉墓男、女棺所出衣物疏都记有"练絉"、① 江西南昌东湖区永外正街 1 号晋墓遣册有"故白布絉一量"、② 长沙北门桂花园晋周芳命妻潘氏衣物券有"故练絉一量"的记载。③

8、赤糸紃二具：

"紃"右边残泐，疑为"絉"或"缕（屦）"。

9、练鉅一枚：

"练"字左边残泐，右边与"练十匹"之"练"所从之"柬"相同，故可释为"练"。"练鉅"为何物待考。

10、复襠：

《广雅·释诂》："襠，襌衣。"《说文·衣部》："襌，衣不重也。"段玉裁注："此与'重衣复'为对。"牍文"襠"前有"复（複）"修饰，可见"襠"不能解为襌衣。《广韵·铎韵》："襠，短袂衫。"衫在典籍中一般指短袖的单衣，有时也是衣服的通称。《说文新附》："衫，衣也。"《潜夫论·浮侈》："裙襠衣被，费绘百缣，用功十倍。"《博物志》卷二："日南有野女……裸袒无衣襠。"不过，笔者怀疑牍文中所谓的"襠"也可能是"襦"的误摹。汉简中"襦"有时也写作襦，與"襠"形近。遣册中屡见"襌襦""复襦"之称，牍文"复襠"似为"复襦"。

11、连属：

"属"当读为"襦"。《释名·释衣服》"襦，属也，衣裳上下相联属

---

① 何双全：《遥望星宿：甘肃考古文化丛书·简牍》，敦煌文艺出版社 2004 年版，第 80—82 页。
② 江西省博物馆：《江西南昌晋墓》，《考古》1974 年第 6 期。
③ 李正光：《长沙北门桂花园发现晋墓》，《文物参考资料》1955 年第 11 期；史树青：《晋周芳命妻潘氏衣物券考释》，《考古通讯》1956 年第 2 期。

也。荆州谓襌衣曰布襦，亦曰襜褕。"毕沅曰："襦，此俗字也，衣裳上下联属，世俗以其是衣名，辄加衣旁。《西京杂记·汉武帝内传》：'王母上殿东向坐，着黄锦袷襦，有里而文彩鲜明。'"襦"或作"襡"《广雅·释器》："襡，长襦也。"王念孙疏证："襡或作。《说文》：'襦，短衣也。'襦下有裳，则襦为短衣可知。其似襦而长者，则特别之曰长襦。"《说文·衣部》："襦，短衣也。"朱骏声《说文通训定声》："短当为袒。本书：'袒，竖使布长襦。'"《晋书·夏统传》："使妓女之徒服袿襦，炫金翠绕其船三匝。"何超音义："襡，音蜀。《字林》曰：'襡，连要衣也。'"由上引文献可证"连襦（襡）"是一种衣裳相连的长襦，故称"连襦"，也即后世所谓连腰衣。

12、分襦：

由前两条牍文推测"分襦"可能是相对"连襦"而言的。下文"紫缚黄分"可能是"紫黄分缚"的讹写。

13、两当：

在汉晋遣册中"两当"多见，如：

    故练两当一领　　　　武威旱滩坡 19 号汉墓女棺衣物疏
    故黄罗襦两当一领　　武威旱滩坡 19 号汉墓女棺衣物疏
    故白练复两当一要　　南昌市东湖区永外正街 1 号晋墓遣册
    故白练夹两当一要　　南昌市东湖区永外正街 1 号晋墓遣册
    故帛罗缩两当一领　　长沙北门桂花园晋周芳命妻潘氏衣物券
    故縬缩两当一领　　　长沙北门桂花园晋周芳命妻潘氏衣物券

"两当"又作"两裆"、"裲裆"。《释名·释衣服》："裲裆，其一当胸，其一当背，因以名之也。"王先谦疏证补："案即唐宋时之半背，今俗谓之背心。当背当心，亦两当之义也。"《广雅·释器》："裲裆谓之袙腹。"王念孙疏证："裲裆盖本作两当。郑玄注乡射礼云'直心背之衣曰当'……袙腹，横陌其腹也。袙与袙同。"宋代郭象《睽车志》卷三："有一妇人，青衫素裲裆，日以二钱市粥。"《南史·柳元景传》："安都怒甚，乃脱兜鍪，解所带铠，唯着绛衲两当衫。"《南史·沈攸之传》："攸之有素书十数行，常韬在两裆角。"孙机先生考证"南北朝以来，以'两裆'为名者有二物。一种是背心，特别指妇女的背心；另一种是武士之前后两合的铠甲。"① 可见这是古代一种只蔽胸背的上衣，形似今之背心。军士穿的称裲裆甲，一般人穿的称裲裆衫。

14、白纻布上：

"上"与"尚"相通，典籍很常见，此处可读为"裳"。《说文·巾部》："常，下帬也。从巾，尚声。裳，常或从衣。"《释名·释衣服》："凡衣服，上曰衣，下曰裳。"

15、紫白彡绦：

"彡"字形似"三，"汉晋文字"彡"常作此。②《说文》："彡，毛饰画文也。""彡"下之字疑为"绦"。《说文·纟部》："绦，扁绪也。"是一种用彩丝辫成的绳，可以为缨，可以系腰。

16、朕：

"朕"在字书中主要有"腹下"、"腋下"、"面颊"等义项。牍文"朕"两见，其上下文均为衣物，按照遣册同类相从的原则，上述义项显然不合文意。我们认为"朕"当读为"袷"。《玉篇·衣部》："袷，同袷。"《说文·衣部》："袷，衣无絮。"徐锴系传："袷，夹衣也。"朱骏声通训定声："袷，字亦作褶、作袷。"可见"袷"、"袷"表夹衣时可互用。《汉书·匈奴传》："服绣袷绮衣、长襦、锦袍各一"，颜师古注："袷者，衣无絮也。绣袷绮衣，以绣为表，绮为里也。"《急就篇》"襜褕袷复褶袴裈"，颜师古注："衣裳施里曰袷。"袷衣就是无絮的夹层衣。

17、白练繂紗：

"练"下一字摹本作"繂"，从图版看，该字当释为"繂"，可读为"襌"。"紗"即"衫"，"衣"、"纟"作偏旁可通用。如袴—绔、袡—

---

① 孙机：《中国古舆服论丛（增订本）》，文物出版社2001年版，第344页。
② 参见《秦汉魏晋篆隶字形表》第365页"衫"字写法。南昌市东湖区永外正街1号晋墓遣册"衫"凡3见，"衫"所从之"彡"均为"三"形。

绍、褛—缕、衿—紟、祇—缇等。①"禪衫"即单衫。"衫"在汉晋遣册中习见，如：

  故练衫一领   武威旱滩坡 19 号汉墓男棺衣物疏
  故白练复衫一领   南昌市东湖区永外正街 1 号晋墓遣册
  故白练夹衫一领   南昌市东湖区永外正街 1 号晋墓遣册
  故练衫二领、   长沙北门桂花园晋周芳命妻潘氏衣物券

《释名·释衣服》："衫，芟也，芟末无袖端也。"毕沅疏证："盖短袖无袪之衣。"晋车灌撰《修复山林故事》称："梓棺有练单衫、复衫、白纱衫、白縠衫。"《六书故·工事七·衣》："衫，今以单衣为衫。"从文献和出土遣册记录看衫有单复之分。沈从文认为"衫子和汉代袍的不同处，是衣无袖端，敞口。……当时是上、中阶层通用便服。衫有单、夹，不论婚、丧均常用白色薄质丝绸制作。"②

  18、绂巾：

  "绂"在典籍中有多种解释，如：《说文·糸部》："绂，绦属。"《玉篇·糸部》："绂，水绂（波）锦文。"《广韵·戈韵》："绂，锦类。"第一种解释显然与文意不合。若依后两种解说，"绂巾"则为水波纹巾或锦制之巾。但考虑到古代有"帔巾"一词，我们怀疑"绂"当读为"帔"。《释名·释衣服》："帔，披也。披之肩背，不及下也。"《玉篇·巾部》："帔，在肩背也。""帔巾"也作"巾帔"，《魏书·列传九〇·西域》："其王姓波氏，名斯。……衣锦袍、织成帔，饰以真珠宝物。其俗：丈夫剪发，戴白皮帽，贯头衫，两厢近下开之，亦有巾帔，缘以织成；妇女服大衫，披大帔……"《南史·任昉传》："西华冬月着葛帔练裙。"南朝徐陵《走笔戏书应令》诗："片月窥花簟，轻寒入帔巾。"《隋书·赵芬列传》："皇太子又致巾帔。"宋代高

---

① 参见高明《中国古文字学通论》，北京大学出版社 1996 年版，第 150—151 页。
② 沈从文：《中国古代服饰研究》，上海书店出版社 2002 年版，第 207 页。

承《事物纪原·帔》:"《实录》曰,三代无帔说,秦有披帛,以缣帛为之,汉即以罗,晋永嘉中制绛晕帔子,开元中,令三妃以下通服之。是披帛始于秦,帔始于晋矣……"孙机先生指出:"服装中有些名字世代因袭,容易混淆。比如帔帛或简称为帔,但这要和隋唐以前的帔区别开。《方言》卷四说:'裙,陈魏之间谓之帔'。所以颜师古在《急就篇》的注中也说:'裙即裳也,一名帔。'它与帔帛显然毫无关系,《释名·释衣服》则说:'帔,披也;披之肩背,不及下也。'此处之帔却又不是裙裳,而指一种较短的上装了。"① 从上引材料看,帔巾类似后世披肩。

19、緰头:

《说文·糸部》:"緰,緰赀,布也。"牍文似非此意。我们认为"緰"当读为"侯","緰"为喻母侯部字,"侯"为匣母侯部字,按曾运乾"喻三归匣"原则,二字声母、韵部相同,可相通。"緰头"即"侯头",《释名·释衣服》:"齐人谓如衫而小袖曰侯头。侯头犹言解渎,臂直通之言也。"王先谦《释名疏证补》:"《北堂书钞》百四十五引《续汉书》:'灵帝好胡服、胡饭。'侯头之制,小袖则胡服也,民间效之,诡名侯头。"

20、緞:

《说文·韦部》:"韇,履后帖也。緞,韇或从糸。"段玉裁注:"帖,帛书署也,引申为今俗语帮贴之字。凡履跟必帮贴之,令坚厚,不则易敝。古本盖只有韇緞二篆,自从段讹为从叚,而篇、韵皆有韇緞,正如石部碬讹为碫,各本说文乃作碫耳。(緞)今俗以为锦绣段之段。"《急就篇》:"履舄鞜裒絨 緞紃",颜师古注:"緞,履跟之帖也。"可见緞为鞋帮之帖,非后世绸缎之意。

23、突无叉:

"叉"即"钗"。"突无"当读为"玳瑁"。"突"属定母物部字,"玳"属定母月部,二字声纽相同。物、月二部看似远隔,实际上也不

---

① 孙机:《中国古舆服论丛(增订本)》,文物出版社2001年版,第293页。

乏相通之例。李家浩先生对此曾作过详细论证："《诗·小雅·节南山》'勿罔君子'，郑玄笺：'勿，当作未。''勿'属物部，'未'属月部。《左传》文公十年《经》'楚子、蔡侯次于厥貉'，《公羊传》'厥貉'作'屈貉'。'厥'属月部，'屈'属物部。此是异文的例子。《楚辞》的《九章·哀郢》以物部的'慨'与月部的'迈'押韵，《招魂》以物部的'沬'与月部的'秽'押韵。此是韵文的例子。"① 可见"物"、"月"二部关系密切。"无"属明母鱼部，"瑁"属明母幽部，二字声纽相同，"幽"、"鱼"二部关系密切，如典籍中鱼部的"无"常与幽部的"毋"相通，②《左传》宣公十五年："仲孙蔑会齐高固于无娄。"《公羊传》"无娄"作"牟娄"，"牟"属幽部；《仪礼·既夕礼》"两杆"郑玄注："今文杆为桴。""杆"属鱼部，"桴"属幽部。于此可见，"鱼部"和"幽部"关系密切，例可通假。"突无"可读为"玳瑁"。"玳瑁"亦作"顿牟"。江苏连云港尹湾2号、6号汉墓所出遣册中"玳瑁"即作"顿牟"。如"顿牟簪一"、"顿牟蚕一"。③ 连云港市陶湾西汉西郭宝墓遣册也有"顿牟簪一"的记录。《新论·离事》第十一"难以顿牟、磁石不能真是，何能掇针取芥？"王充《论衡·乱龙篇》有"顿牟掇芥"。马怡先生对"顿牟"读"玳瑁"有详细论证。④"玳瑁"也作"瑇瑁""毒冒"，《史记·春申君列传》："赵使欲夸楚，为瑇瑁簪。"《汉书·东方朔传》："宫人簪瑇瑁，垂珠玑。""玳瑁"本是一种海龟，其背为覆瓦状排列的角质板，呈黄褐色斑纹，光滑坚硬，古人常用以制作饰物，所以"玳瑁"亦指用其甲壳制成的装饰品。

24、铰刀：

尹湾6号汉墓第13号木牍有"交刀一具"的记载。《释名·释兵》："封刀、铰刀、削刀，皆随时用作名也。"王先谦疏证补："王启原曰：

---

① 李家浩：《关于郭店楚墓竹简〈语丛二〉51号简文的释读》，《新出楚简国际学术研讨会会议论文集（郭店·其他简卷）》，武汉大学，2006年，第84页。
② 高亨纂、董治安整理：《古字通假会典》，齐鲁书社1989年版，第772—776页。
③ 连云港市博物馆等：《尹湾汉墓简牍》，中华书局1997年版，第151、132页。
④ 马怡：《尹湾汉墓遣册札记》，载李学勤、谢桂华主编《简帛研究二〇〇二、二〇〇三》，广西师范大学出版社2005年版，第265—266页。

'铰刀'本为'交刀'……又《初学记》引《东宫旧事》：'太子纳妃，有龙头金缕交刀四。'剪刀两刀相交，故曰交刀耳。"《一切经音义》："铰刀，今亦谓之剪刀。"《广韵·巧韵》："铰，铰刀。"《六书故·地理一》："铰，交刃刀也，利以剪。"可见"铰刀"即剪刀。

25、画笔：

"笔"上一字摹本没有摹出，从图版看无疑是"画"字。

26、弓：

"弓"又作"弓"。武威汉滩坡十九号汉墓男棺所出遣册有"故杂黄卷书二弓"的记载。① 北魏佚名《郑羲下碑》："遂乘闲述作，注诸经论，撰《话林》数弓。"明陶宗仪《辍耕录》卷一："弓即卷字，《真诰》中谓一卷为一弓。"清钱大昕《十驾斋养新录》卷四："道书以一卷为一弓。"章学诚《文史通义·内篇·篇卷》："道书称弓，即卷之别名也。"不过上引文献材料都比较晚，从出土材料看"弓"至少在汉代已经出现了。"弓"不但用来作书籍的量词，也可以作丝帛的量词。

27、练缲：

《说文·糸部》："缲，帛如绀色，或曰深缯。"缲既表色彩又为缯名，但这两个义项在牍文中都讲不通，因为按照遣册通例凡量词为"领"的名物多为衣物。笔者认为"缲"在此处当读为"襡"，《玉篇·衣部》："襡，衣也。"

28、练緅：

《说文·糸部新附》："緅，帛青赤色也。"《论语·乡党》："君子不以绀緅饰"陆德明《经典释文》引《字林》云："緅，青赤色。"但从文例看"緅"应为衣物名称。信阳长台关遣册2—07号简中有"一繢緅衣"的记载，② 吐鲁番阿斯塔纳59号墓所出北凉缺名随葬衣物疏中有"取一枚、帛绢衫一枚"的记载，③ "取"与"緅"应是同一物。但

---

① "弓"旧释为"弓"，张俊民改释"弓"，同"卷"。详张俊民《武威汉滩坡十九号前凉墓出土木牍考》，《考古与文物》2005年第3期。
② 河南省文物研究所：《信阳楚墓》，文物出版社1986年版，第129页。
③ 唐长儒主编：《吐鲁番出土文书（壹）》，文物出版社1992年版，第12页。

"緅"具体作何解释还有待研究。

29、覆面：

在吐鲁番晋唐衣物疏中"覆面"凡十见。① "覆面"也称"覆面巾"，如江西南昌市东湖区永外正街1号晋墓遣册记载"故白练覆面巾一枚"。② 覆面典籍又称"幎目"，《仪礼·士丧礼》："幎目用缁，方尺二寸，䞓里，着，组系。"郑玄注："幎目，覆面者也。"胡培翚《仪礼正义》云："《说文》'幎，幔也。《周礼》有幎人。'今《周礼》作幂，郑注《周礼》云'以巾覆物曰幂。'此幎目虽以目为名，亦兼覆面。"《吕氏春秋·知化》："夫差将死，曰：'死者如有知也，吾何面以见子胥于地下？'乃为幎以冒面死。"可见"覆面"是用来覆盖死者面部的巾。此种"覆面"在考古中多有发现，如甘肃武威磨咀子48号汉墓男、女尸头部，62号汉墓女尸头部均蒙覆黄绢面罩；③ 马王堆1号汉墓女尸脸上也覆盖两件丝织物；④ 新疆阿斯塔纳高昌至初唐时期的墓葬出有多件覆面，王㐬先生在《覆面、眼罩及其他》一文中对此作了详细研究。⑤ 不过他认为"覆面"就是"面衣"恐可商。

30、不借：

《仪礼·丧服传》："绳屦者，绳菲也。"郑玄注云："绳菲，今时不借也。"《方言》卷四："扉、屦、麤，履也。……丝作之者谓之履，麻作之者谓之不借。"《释名·释衣服》："齐人谓韦屦曰扉。扉，皮也，以皮作之，或曰不借（引按："或曰"二字为毕沅所增)，言贱易有，宜各自蓄之，不假借人也。齐人云搏腊。"毕沅疏证："《古今注》：'不借者，

---

① 详见侯灿、吴美琳《吐鲁番出土砖志集注·吐鲁番晋—唐古墓出土随葬衣物疏》，巴蜀书社2003年版，第697—721页；荣新江、李肖、孟宪实主编《新获吐鲁番出土文献》，中华书局2008年版。
② 江西省博物馆：《江西南昌晋墓》，《考古》1974年第6期。
③ 甘肃省博物馆：《武威磨咀子三座汉墓发掘简报》，《文物》1972年第12期。
④ 湖南省博物馆、中国科学院考古研究所：《长沙马王堆一号汉墓》，文物出版社1973年版，第28、33页。
⑤ 《文物》1962年第7/8期。

草履也，以其轻贱易得，故人人自有，不假借于人，故名曰不借。'"①《急就篇》卷二："裳韦不借为牧人。"颜师古注："不借者，小屦也，以麻为之，其贱易得，人各自有，不须假借，因为名也。"汉桓宽《盐铁论·散不足》："及其后，则綦下不借。"晋干宝《搜神记》卷十七："操二三量不借，挂屋后楮上。""不借"亦作"不惜"，如《孟子》："犹弃敝蹝也"赵岐注："蹝，草履也，敝喻不惜。"钱绎则认为"搏腊"、"不借"、"不惜"完全是音转关系，当即《广雅》中的"薄鸟"，"不假借于人"、"敝且贱而不惜"的解法都是望文生义。②钱绎的观点应可信，"不借"就是草或麻做的一种鞋。

31、绢繈（褶）：

《礼记·玉藻》："襌为絅，帛为褶。"郑玄注："（褶）有表里，而无着。"《礼记·丧服大记》："君褶衣褶衾，大夫士犹小敛也。"郑玄注："褶，袷也。君衣尚多，去其着也。"《仪礼·士丧礼》："襚者以褶则必有裳。"贾公彦疏："褶衣与复衣相对，有着为复，无着为褶。散文则褶亦为复也。"《释名·释衣服》："褶，袭也，覆上之言也。"《急就篇》卷二："襜褕袷复褶袴裈。"颜师古注："褶，谓重衣之最在上者也，其形若袍，短身而广袖。一曰左衽之袍也。"王国维《胡服考》也认为褶为上衣。③从上述资料看褶是一种夹层而无絮的左衽短袍。因为褶常加于袴之上，所以俗称"袴褶"。孙机先生对袴褶有深入详细考证。④

32、佰头：

"佰"与"帕"、"帊"、"綌"、"帛"均可通。"帕（帊、綌、帛）头"是古代男子束发的头巾。《方言》第四："络头，帕头也。南楚、江、湘之间曰帕头，自关以西，秦晋之郊曰络头。"《三国志·吴志·孙策传》"策阴欲袭许，迎汉帝"裴松之注引晋虞溥《江表传》："昔南阳

---

① 刘熙撰、毕沅疏证、王先谦补：《释名疏证补》，中华书局2008年版，第177页。
② 详《汉小学四种·方言笺疏》，巴蜀书社2001年版，第1300页。
③ 王国维：《观堂集林》第四册，中华书局1959年版，第1075页。
④ 孙机：《中国古舆服论丛（增订本）》，文物出版社2001年版，第428—429页。

张津为交州刺史，……尝着绛帕头。"《列子·汤问》"北国之人，鞨巾而裘"晋张湛注："（鞨巾）俗人帕头也。"《集韵·陌韵》："帕，或作袹。"《晋书·五行志上》："太康中，又以毡为帕头。"《宋书·五行志》："毡产于胡，而天下以为帕头。"

33、各杂衣物合八种，是丹阳宣成男子萧礼有：

"萧礼"应是墓主名。"有"指衣物疏所记名物为墓主所有。吐鲁番出土晋唐时期的遣册类文书中这样的记载尤为常见，如：建平六年张世容随葬衣物疏有"右条衣裳杂物悉张世容随身所有，若有人仞（认）名，诣大平事讼了。"符长资父母墟墓随葬衣物疏有"凡有右条衣物、丝绢、金银，家居自有，河伯里攀符长用，资父母虚（墟）暮（墓），长（常）人，国亲、通道仞（认）旧，不得领遮仞名，如律令。"高昌重光元年（620）缺名随葬衣物疏有"右上所条，悉是平存所用物。"高昌延寿十年元儿随葬衣物疏有"悉是平存所用之物，……行（幸）物（勿）呵留，任意听过。"[①] 从这些记载看，遣册所记物品实际也是死者挟向冥世的财产。

34、葅芥：

《说文·艹部》："葅，酢菜也"。《释名·释饮食》："葅，阻也，生酿之遂使阻于寒温之间，不得烂也"。《说文·艹部》："芥，菜也。"《方言》卷三："芜菁，赵魏之郊谓之大芥，其小者谓之辛芥，或谓之幽芥。"《礼记·内则》："秋用芥。"郑玄注："芥，芥酱也。"马王堆1、3号汉墓遣册记载了"襄荷苴（葅）"、"笋苴（葅）"、"瓜苴（葅）"等多种葅酱。汉代遣册也屡见"芥"的记录

盐介（芥）一笥	张家山247号墓遣册17号简
介（芥）一椑	张家山247号墓遣册19号简
姜、芥各一器	马王堆3号汉墓遣册233号简

[①] 唐长孺主编：《吐鲁番出土文书（壹）》，文物出版社1992年版，第91、90、360、421页。

芥一伤　　　　　　　　　　　凤凰山 8 号汉墓遣册 107 号简

此处的"菹芥"可能是指菹芥酱。

35、饭槾：

"槾"即"案"。《说文·木部》："案，几属。"《玉篇·木部》："案，食器也。"《急就篇》："椭杅盘案桮閜盌。"颜师古注："无足曰盘，有足曰案，所以陈举食也。"牍文的"饭案"也就是食案。其基本形状为长方形，四沿上翘，平底，有足，上面可以放置耳杯、盘、卮等餐具。亦可称为方平盘。战国秦汉墓中案多有出土，洪石先生对此作过翔实研究，可参看。①

36、槅：

此字右上可能有残泐，疑是"槅"，"槅"是古代一种食器。晋左思《蜀都赋》："金罍中坐，肴槅四陈。"

总体来看，这 3 份遣册虽出自东吴墓葬，但所记名物与汉代遣册大体相类，这说明遣册类文书有较强的继承性。由于木牍部份文字残泐，摹本个别字可能存在失真之处，3 份遣册中像"鬲樊""洍樊""帻"等名物还是很难考证，有待以后进一步研究。

（原载《简帛研究2010》，广西师范大学出版社 2012 年版）

---

① 洪石：《战国秦汉漆器研究》，文物出版社 2006 年版，第 82—86 页。

武威旱滩坡十九号前凉墓衣物疏考释*

　　1985年，甘肃省文物考古研究所在武威市松树乡上畦村旱滩坡清理发掘了28座晋墓。这些古墓规模都比较大，但绝大部分遭盗掘，仅19号墓得以幸存。19号墓是一座夫妻合葬墓，出土棺木2副，随葬品30余件，包括木牍5枚，其中3枚为名刺，2枚为衣物疏。名刺均出自男棺，衣物疏男女棺各出一枚。女棺衣物疏木牍为松木削制，长27厘米、宽7厘米；男棺衣物疏木牍长27厘米、宽11.5厘米、厚0.6厘米。① 这两件衣物疏的释文最早发表于李均明、何双全编辑的《散见简牍合辑》一书。② 2001年出版的《中国简牍集成》一书收录了这两件衣物疏释文，并对衣物疏涉及的两处纪年作了考释。③ 2004年，何双全《简牍》一书也收录这两件衣物疏，书中还首次公布了男棺衣物疏图版，并对墓主身份和木牍纪年详加考证。2005年，张俊民《武威汉滩坡十九号前凉墓出土木牍考》一文对木牍的来源、性质以及木牍释文存在的问题详加考辨。④ 以上学者的研究虽未涉及两份衣物疏的名物，但为后续研究奠定

---

　　* 基金项目：国家社科基金项目（10BYY043）、中国博士后科学基金资助项目（20080440739）、中国博士后科学基金第四批特别资助项目（201104346）。
　　① 何双全：《遥望星宿——甘肃考古文化丛书：简牍》，敦煌文艺出版社2004年版，第80—82页。下引何先生观点均出此文。
　　② 李均明、何双全：《散见简牍合辑》，文物出版社1990年版，第26—27页。下引此书简称《散见》。
　　③ 中国简牍集成编辑委员会编：《中国简牍集成（四）》，敦煌文艺出版社2001年版，第241—245页。
　　④ 张俊民：《武威汉滩坡十九号前凉墓出土木牍考》，《考古与文物》2005年第3期。下引张先生观点均出此文。

了基础。本文主要从文字校释和名物考证方面对这两份衣物疏展开研究。

一 释文

(一) 女棺衣物疏释文

　　□咸康四年十一月十日,[1]假凉都督故□妻正□□□有□□□□随具(身?)物疏。[2](以上为正面)

　　故练绵袍一领、故结紫米袖一领、[3]故碧襦一两、故褐帻一立、故白襦衽一立、故黑袍□□百枚、故面衣一枚。(以上为背面第一栏)

　　故门巾一枚、[4]故银钏二具、[5]故练繉一枚、[6]故绢衾一领、故玉沫镜敛一具、故镜一枚、故长袴一立。(以上为背面第二栏)

　　故黄罗襦两当一领、故褐紫英衫一领、故丹罗縪襦一领、[7]故黄练絉二两、[8]故输钱一枚、[9]故练尖一枚、[10]故银环指镯二枚。[11](以上为背面第三栏)

　　故紫绩一枚、故绢被一领、故柏器一口、[12]故□□一枚、故银□一枚、故□□一具。(以上为背面第四栏)

　　故□百、故□□、故□□二枚、故□□□、故□□□□、故□□□□。(以上为背面第五栏)

(二) 男棺衣物疏释文

　　故白练尖一枚、故巾帻一枚、故练面衣一枚、故练褕一领、[13]故牧绵四斤、[14]故本郡清行板一枚。[15](以上为第一栏)

　　故练两当一领、故碧襦一领、故白练襦一领、故白练福帮一立、[16]故练袜一量、故黄柏霸二枚、[17]故蒲席一领。(以上为第二栏)

　　故白绢帕一枚、[18]故青訾衣一枚、故青颐衣一枚、[19]故练裈一

· 146 ·

立、故练衫一领、故练裤一立、故青纟（丝）履一量。（以上为第三栏）

故垒单衣一领、故白练袷袍一领、故黄绢审、遮各一枚、故驸马都尉青银印一纽、故奋节将军长史金印一纽、故黄金百斤、故白银百斤、故笔一枚。（以上为第四栏）

故黄白绢三百匹、故縹百匹、[20]故黄柏器一口、故驸马都尉板一枚、故建义奋节将长史板一枚、[21]故杂黄卷书二弓、[22]故舔三百张。[23]（以上为第五栏）

升平十三年七月十二日，凉故驸马都尉建义奋节将军长史武威姬瑜随身物疏合卅五种。[24]

二 考释

[1] 咸康四年十一月十日："咸康"（335—342）是东晋晋成帝司马衍的第二个年号，共计8年。何双全考证"咸康四年"相当于"前凉第四代王张骏太元十五年，公元338年"。

[2] 具物疎："疎"字张俊民释为"踈"。今按："疎"字右边所从之"束"实为"疋"的讹形，"踈"即"疏"之异体。"具"可能是"身"字的误释，衣物疏中屡见"随身（衣）物疏"的记载，如：本墓男棺衣物疏记载"凉故驸马都尉建义奋节将军长史武威姬瑜随身物疏合卅五种"、吐鲁番所出《北凉真兴七年（425）宋泮妻隗仪容随葬衣物疏》记载"谨条随身衣物疏"、①《北凉缘禾六年（437）翟万随葬衣物疏》记载："谨条随身衣裳物数如右"、②《阿斯塔纳四〇八号墓令狐阿婢随葬衣物疏》记载"右莼锺妻令狐阿婢随身杂衣物凡□种。"③

---

① 中国文物研究所、新疆维吾尔自治区博物馆、武汉大学历史系编：《吐鲁番出土文书[壹]》（图录本），文物出版社1992年版，第28页。
② 中国文物研究所、新疆维吾尔自治区博物馆、武汉大学历史系编：《吐鲁番出土文书[壹]》（图录本），文物出版社1992年版，第85页。
③ 荣新江、李肖、孟宪实主编：《新获吐鲁番出土文献》，中华书局2008年版，第21页。

另外，《散见》在"□咸康四年十一月十日，假凉都督故□妻正□□□有□□□□□具物疎"句尾括注"以上为正面"。但从衣物疏一般格式来看，本句很可能为衣物疏的最后一句，这样处理其格式便与男棺衣物疏完全相同。因此，此句当归木牍背面。

[3] 米袖：不见于文献，从文例看无疑是一种衣服名称。

[4] 门巾：应是一种幅巾类的头饰。

[5] 银钏：《说文新附·金部》："钏，臂环也。"唐慧琳《一切经音义》卷十五："钏者，以金银为环，庄（装）饰其手足。"又"臂钏"条下注引《字书》云："在足曰镯，在臂曰钏。""钏"即腕环，俗名镯。《正字通·金部》："钏，古男女同用，今惟女饰用之。""钏"主要见于女性墓所出的衣物疏中，如吐鲁番所出《高昌章和十三年孝姿随葬衣物疏》记载"故金银钏二枚，故金银指环六枚"、① 《阿斯塔纳四〇八号墓令狐阿婢随葬衣物疏》记载"故银川（钏）六枚"。② 《南史·王玄谟列传》："女臂有玉钏，破冢者斩臂取之，于是女复死。"这些"钏"应今天所说的手镯。

[6] 练繨："繨"字张俊民改释为"遮"。今按：第二字释"遮"有一定道理。"遮"作为一种名物屡见于衣物疏中。如：吐鲁番所出《北凉玄始九年随葬衣物疏》记载"故绢遮一领、故碧被……"、③ 《符长资父母墟墓随葬衣物疏》记载"故枕一枚，故遮一枚，故被一枚。"④ 《大凉承平十六年武宣王沮渠蒙逊夫人彭氏随葬衣物疏》记载"故帛练鸡鸣枕一枚，珠□自副，故帛练脚遮一枚。"⑤ 高台骆驼城前凉墓《赵双衣物疏》记载"故早审一枚、故绢蹠一枚"。⑥ 但本墓女棺衣物疏图版迄今未

---

① 中国文物研究所、新疆维吾尔自治区博物馆、武汉大学历史系编：《吐鲁番出土文书〔壹〕》（图录本），文物出版社1992年版，第143页。
② 荣新江、李肖、孟宪实主编：《新获吐鲁番出土文献》，中华书局2008年版，第21页。
③ 陈国灿：《斯坦因所获吐鲁番文书研究》，武汉大学出版社1994年版，第181页。
④ 中国文物研究所、新疆维吾尔自治区博物馆、武汉大学历史系编：《吐鲁番出土文书〔壹〕》（图录本），文物出版社1992年版，第91页。
⑤ 柳洪亮：《新出吐鲁番文书及其研究》，新疆人民出版社1997年版，第20—22页。
⑥ 寇克红：《高台骆驼城前凉墓葬出土衣物疏考释》，《考古与文物》2011年第2期。下引该墓赵双、赵阿兹衣物疏资料和寇先生观点均出此文，不再一一出注。

公布，我们仍依旧释。本衣物疏中的"纕"与上引衣物疏中的"遮"、"蹠"记录的应是同一名物，"纕"、"遮"、"蹠"声符相同，字可相通。寇克红认为"'蹠'通'跖'，脚上用品。《文选·七命》：'上无凌虚之巢，下无跖实之蹊。'李善注：'《广雅》曰："蹠，履也。"跖与蹠同。'"其实《广雅》"蹠，履也。""蹠"是动词，寇先生的解释很可疑。我们知道衣物疏中凡是"脚上用品"一般都成对出现，其量词多为"量"、"两"、"双"等，不可能是"一枚"。况且，本墓男棺衣物疏有"故黄绢审、遮各一枚"，说明"遮"与"审"是配套使用的。"审"可读为"枕"，吐鲁番衣物疏中习见的"鸡鸣枕"，有时就写作"鸡鸣审"。如《唐永徽二年（651）杜相随葬衣物疏》有"鸡鸣审一枚"、[①]《阿斯塔纳四〇八号墓令狐阿婢随葬衣物疏》有"故碧紫绯审一枚"。[②] "审"即通"枕"。从文例看，"遮"常置于"枕"、"被"之间，又与"枕"相关，充分说明"遮"绝不可能是"脚上用品"。[③] "遮"有掩盖、遮蔽之意。《玉篇·辵部》："遮，冒也、盖也。"《篇海类编·人事类·辵部》："遮，蔽也。"据此，我们推测"遮"可能是枕巾或者护巾之类的丝织物。汉墓中有枕与枕巾同出情况，如马王堆一号汉墓就出土一件绣枕、二件绢、绮枕巾。[④]

[7] 繟襦："繟"张俊民释为"裈"。今按：释"裈"不可从。"裈"属裤类，"襦"为上衣，"裈"作"襦"的修饰成分无法讲通。《尔雅·释器》："百羽谓之繟。"《说文·糸部》："繟，纬也。""繟"的这些义项在牍文中均不合适，可见释"繟"也很可疑。在衣物疏中，表示"襦"的形制的修饰成分主要有"单（禅）""复""长"等。汉晋简牍中"单"有时写得与"军"相近，我们怀疑"繟"应是"襌"的误

---

① 中国文物研究所、新疆维吾尔自治区博物馆、武汉大学历史系编：《吐鲁番出土文书[壹]》（图录本），文物出版社1992年版，第110页。
② 荣新江、李肖、孟宪实主编：《新获吐鲁番出土文献》，中华书局2008年版，第21页。
③ 沮渠蒙逊夫人彭氏随葬衣物疏中"脚遮"的"脚"字，图版残泐模糊（《文物》1994年第9期），释读可疑。
④ 湖南省博物馆、中国科学院考古研究所编：《长沙马王堆一号汉墓（上）》，文物出版社1973年版，第71页。

释。"襌"读为"禅"。"禅襦"衣物疏中习见。

［8］袜：张俊民径作"袜"。

［9］输钱：应为随葬冥币。

［10］练尖：本墓男棺衣物疏也有"故白练尖一枚"的记载。"尖"类名物在吐鲁番衣物疏中也多次出现，如：

  a. 故钳（绀）尖一枚，故白尖一枚。　《北凉真兴七年宋泮妻隗仪容随葬衣物疏》

  b. 故帛縺（练）尖一枚、故绀綪尖一枚。　《龙兴□年宋泮妻翟氏随葬衣物疏》

  c. 清（綪）尖一枚，两当一枚。　《北凉缘禾五年缺名随葬衣物疏》

  d. 故帛尖一枚，故綪尖一枚。　《北凉缘禾六年翟万随葬衣物疏》

  e. 故綪尖一头。　《建平六年张世容随葬衣物疏》

  f. 故尖一枚。　《符长资父母墟墓随葬衣物疏》

  g. 故造（皂）尖一枚。　《高昌阿苟母随葬衣物疏》

  h. 尖一颜。　《高昌延昌十六年信女某甲随葬衣物疏》

  i. 紫罗尖一。　《高昌义和四年缺名随葬衣物疏》①

  j. 紫罗尖一颜。　《高昌重光三年缺名随葬衣物疏》②

  k. 紫罗尖一颜。　《高昌延寿十四年张师儿妻王氏随葬衣物疏》③

---

① 上引"尖"类名物分别见《吐鲁番出土文书［壹］》一书第28、29、47、85、90、91、116、208、336页。

② 本衣物疏系橘瑞超1912年在吐鲁番挖获，据小笠原宣秀《吐鲁番出土的宗教生活文书》一文图版录入（载《西域文化研究》第三"敦煌吐鲁番社会经济资料"下，1960年日本法馆藏）。

③ 柳洪亮：《新出吐鲁番文书及其研究》，新疆人民出版社1997年版，第47页。

l. 紫罗尖具。　　《高昌缺名随葬衣物疏》①
m. 故尖一立。　　《阚氏高昌缺名随葬衣物疏》②
n. 绀夵一枚、帛缠（练）夵一枚。《北凉缺名随葬衣物疏》③

  上引最后一例中的"夵"无疑是"尖"字的讹写。高国藩将"造尖"读为"爪尖"，认为是"指甲"，④恐不可信。刘瑞明认为"尖"是衣服之类，⑤有一定道理，但没做具体考证。我们知道衣物疏中一般是同类之物或相关之物放在一起。上引例句中"尖"主要置于"结发"、"覆面"之后，或在"衫""襦"之前。有两例"尖"置于"靴"后，"衫"前。尤其是最后一例："绀清结发一枚、桐（铜）杈（钗）一枚、枣疏（梳）一枚、绀夵（尖）一枚、帛缠（练）夵（尖）一枚、绯覆面一枚。""尖"位于"梳"和"覆面"之间，而"尖"前的修饰成分为丝织物，所以"尖"不可能是梳、钗、导之类的物件。另外，从"故絺尖一头""紫罗尖一颜"看，"尖"的量词是"头""颜"，"尖"应是头上的服饰，藉此，我们怀疑"尖"可能是头衣。但"尖"的这一义项不见与传世文献，其形制难考。在河西魏晋十六国墓壁画资料中，保存了大量的服饰资料，这为我们探讨"尖"之形制，提供了一种可能。在这些壁画中有一种尖顶帽频频出现，如嘉峪关新城镇6号晋墓中室西壁壁画中有六位（图版三三）、7号墓前室西壁有二位（图版三六）、中室西壁有一位（图版四〇）、1号墓有一位（图版五八·1）人物画像都戴尖顶帽。⑥酒泉丁家闸5号晋墓也绘有二位戴尖顶帽的人物画像。⑦这种尖顶帽整体呈圆锥体，靠近耳际处的帽沿向上翻卷，用缨带系于脑后。

---

① 中国文物研究所、新疆维吾尔自治区博物馆、武汉大学历史系编：《吐鲁番出土文书[贰]》（图录本），文物出版社1994年版，第179页。
② 荣新江、李肖、孟宪实主编：《新获吐鲁番出土文献》，中华书局2008年版，第126页。
③ 荣新江、李肖、孟宪实主编：《新获吐鲁番出土文献》，中华书局2008年版，第175页。
④ 高国藩：《中国民俗探微——敦煌巫术与巫术流变》，河海大学出版社1993年版，第165页。
⑤ 刘瑞明：《吐鲁番出土"随葬衣物疏"杂释》，《西域研究》1998年第2期。
⑥ 甘肃省文物队、甘肃省博物馆等编：《嘉峪关壁画墓发掘报告》，文物出版社1985年版。
⑦ 甘肃省博物馆：《酒泉嘉峪关晋墓的发掘》，《文物》1979年第6期，图版二八。

我们怀疑这种尖顶帽可能就是衣物疏中所记的"尖",大概是依其形制特征而命名为"尖"的,正如战国秦汉时把方壶命名为"方"、"枋"、"钫"一样。[1] 但壁画中戴尖顶帽的人身份极低,多为赶车的、屠宰的、扬场的、侍奉主子的下层人物,并多为男性,这与墓主人身份不符。"尖"究竟是何种服饰还有待进一步研究。

[11] 银环指镯:吐鲁番《高昌章和五年(535)令狐孝忠妻随葬衣物疏》有"故金银钏二枚,故金银指环六枚"、[2]《唐西州初年□太夫人随葬衣物疏》有"指环取(耳)环各五十具"、[3]《阿斯塔纳四〇八号墓令狐阿婢随葬衣物疏》有"故银环九指"[4]。从这些记载看,"银环"、"指镯"、"指环"应是类似后世戒指一类饰件。

[12] 柏器一口:"柏器"就是柏棺。本墓男棺衣物疏作"黄柏器一口"。高台骆驼城前凉墓《赵双衣物疏》记载"柏棺一枚,买,随钱二万五千"、《赵阿兹衣物疏》记载"故柏官一口,随钱九万九千九百九十九"。杨衒之《洛阳伽蓝记》云:"洛阳大市北有奉终里,里内之人多卖送死人之具及诸棺椁。涵谓曰:'作柏木棺,勿以桑木为欀。'人问其故,涵曰:'吾在地下,见人发鬼兵,有一鬼诉称是柏棺,应免。主兵吏曰:"尔虽柏棺,桑木为欀。"遂不免。'京师闻此,柏木踊贵。人疑卖棺者货涵发此等之言也。"[5] 可见古人使用柏棺敛尸由来已久。

[13] 练褕:《说文·衣部》:"褕,翟羽饰衣。一曰直裾谓之襜褕。""襜褕"在汉代遣册中多次出现。文献中"褕"有时也单用,如:《新唐书·史思明传》:"方冽寒,人皆连纸褫书为裳褕。"《集韵·矦韵》:"褕,近身衣。"

---

[1] 田河:《出土战国遣册所记名物分类汇释》,博士学位论文,吉林大学,2007年,第50页。
[2] 中国文物研究所、新疆维吾尔自治区博物馆、武汉大学历史系编:《吐鲁番出土文书[壹]》(图录本),文物出版社1992年版,第143页。
[3] 中国文物研究所、新疆维吾尔自治区博物馆、武汉大学历史系编:《吐鲁番出土文书[叁]》(图录本),文物出版社1996年版,第35页。
[4] 荣新江、李肖、孟宪实主编:《新获吐鲁番出土文献》,中华书局2008年版,第21页。
[5] 杨衒之:《洛阳伽蓝记》,山东友谊出版社2001年版,第127页。

[14] 牧绵：《散见》释为"枚绵"、何双全释为"木棉"、张俊民释为"牧绵"。从图版看释"牧绵"较为正确。"牧绵"可读为"木绵"，典籍中亦作"木棉"。《史记·货货殖列传》："文采千匹，榻布皮革千石。"张守节正义："颜师古曰：'（榻布）粗厚之布也，非白叠也。'按：白叠，木绵所织，非中国有也。"《三国志·魏书·东夷列传》："男子皆露紒，以木绵招头。"《太平御览》卷九六〇引晋郭义恭《广志》云："木绵树赤华，为房甚繁，偪则相比，为绵甚软，出交州永昌。"《梁书·武帝本纪下》："身衣布衣，木绵皂帐。""木绵"也指草棉，即现在所说的棉花，不过这是比较晚的事了。高台骆驼城前凉墓《赵阿兹衣物疏》有"故收绵四斤"的记载，所谓的"收"无疑是"牧"字的误释。

[15] 本郡清行板：《散见》、何双全均释为"平郡清竹板"。张俊民改释为"本郡清行板"，认为该条记录是对墓中出土木牍"武威栾瑜今察本清白异行，建兴卅三年十二月廿七日起抚将军西曹"的自述，"清白异行"是对墓主人品行、为人的一种鉴定语。并考证"清白异行"是晋代吏员升迁的途径之一，由汉代的"清白"演变而来。今按：从图版看，张俊民对"平"、"竹"的改释可从。"清行"一词见于典籍，《汉书·龚胜列传》："琅邪邴汉亦以清行征用。"《后汉书·宋弘列传》："家无资产，以清行致称，徙封宣平侯。"《后汉书·郭丹列传》："以河南尹范迁有清行，代为司徒。"《三国志·魏书·胡质列传》："诏书褒述质清行，赐其家钱谷。"《晋书·姚兴传》："兴令郡国各岁贡清行孝廉一人。"这些记载充分说明"清行"是汉晋选拔、升迁、赏罚吏员的重要考察内容。

[16] 福帬：《散见》、何双全释为"福帬"，张俊民释为"橦帬"。今按：从图版看，首字当以释"福"为是，晋代衣物疏中"衣"旁有时写得与"木"旁相近，如本牍中的"襦"、"褕"所从的"衣"旁就与"木"旁相近。高台骆驼城前凉墓《赵双衣物疏》有"故练福帬一牒"的记载，亦可证"福"当为"福"。"福"可通"幅"，《赵阿兹衣物疏》中的"故绵福衫一领"，《赵双衣物疏》作"故练幅衫一领"。《汉书·

食货志下》云"布帛广二尺二寸为幅","福幂""福衫"可能是用整幅之帛所做的幂、衫。

[17] 黄柏霸：张俊民将"霸"释为"瓢"。今按：从字形看，将"霸"释为"瓢"缺乏字形依据。高台骆驼城前凉墓《赵双衣物疏》有"故早霸一具"。我们怀疑"霸"读为"把"，吐鲁番衣物疏中的"霸"即读为"把"，如《大凉承平十六年（458）武宣王且渠蒙逊夫人彭氏随葬衣物疏》有"□□□□枚霸（把）自副"。① "把"也作"手把"。"把"有握、持之意，"手把"就是手握之意。如《高昌延昌卅一年（591）张毅妻孟氏随葬衣物疏》有"手把玉肫（豚）一双"、② 《高昌延和四年（605）某甲随葬衣物疏》有"手把玉一枚"。③ 衣物疏中有的"手把"进一步名词化，指手把之物。如《高昌延和四年（605）宜□随葬衣物疏》有"手把一□"、④ 《高昌重光二年（621）张头子随葬衣物疏》有"手把一双"、⑤ 《高昌延和十八年（619）张师儿随葬衣物疏》有"玉豚一枚手把具"。⑥ "手把"或简称为"把"，如《赵阿兹衣物疏》有"故紫把二枚"。陆娟娟认为"手把"就是"木握手"，墓葬中屡见此物出土。丧葬用"木握手"的习俗由来已久。⑦ 牍文"黄柏霸（把）"正是用黄柏所做的"木握手"。不过陆娟娟认为"握手"都是木的则不一定正确。《仪礼·士丧礼》："握手，用玄纁里，长尺二寸，广五寸，牢中旁寸，着组系。"贾公彦疏："释曰：名此衣为握，以其在手故言握手，不谓以手握之为握手。"

---

① 柳洪亮：《新出吐鲁番文书及其研究》，新疆人民出版社1997年版，第21页。
② 中国文物研究所、新疆维吾尔自治区博物馆、武汉大学历史系编：《吐鲁番出土文书[壹]》（图录本），文物出版社1992年版，第254页。
③ 中国文物研究所、新疆维吾尔自治区博物馆、武汉大学历史系编：《吐鲁番出土文书[壹]》（图录本），文物出版社1992年版，第306页。
④ 中国文物研究所、新疆维吾尔自治区博物馆、武汉大学历史系编：《吐鲁番出土文书[壹]》（图录本），文物出版社1992年版，第307页。
⑤ 中国文物研究所、新疆维吾尔自治区博物馆、武汉大学历史系编：《吐鲁番出土文书[壹]》（图录本），文物出版社1992年版，第370页。
⑥ 柳洪亮：《新出吐鲁番文书及其研究》，新疆人民出版社1997年版，第46页。
⑦ 陆娟娟：《吐鲁番出土文书所见"手把"考》，《敦煌学辑刊》2008年第3期。

"握手"显然是布帛织品。刘熙《释名·释丧制》："握，以物着尸手中使握之也。"可见"握手"的品类很多。衣物疏中常将"手把玉豚"连用，汉墓常见死者的两手握有玉豚，说明"握手"可以是玉器。马王堆一号汉墓女尸两手则各握一个香囊。[①] 上引"故紫把二枚"，记录的可能是一种丝质握手。

[18] 白绢帢：《世说新语·轻诋》："箸腻颜帢"刘孝标注："帢，帽也。"《资治通鉴·晋纪七》："着白帢"胡三省注："帢，帽也，弁缺四隅谓之帢。"《广韵·洽韵》："帢，士服，状如弁，缺四角，魏武帝制。"从上引文献看，"帢"是一种帽子。不过"帢"也可能读为"袷"指一种夹层之衣。《说文·衣部》："袷，衣无絮。"朱骏声说文通训定声："袷，衣有表里而不着絮者。"我们倾向于后一种意见。

[19] 青颐衣：可能是覆面或头衣一类的服饰。

[20] 故缥百匹："缥"字，《散见》、何双全都释为"繻"，张俊民改释为"缥"。今按：该字准确的隶定当为"繱"，可读为"缥"。"缥"在汉晋遣册中习见。文献中"缥"除了"缥缈"、"飘扬"等义项外，与牍文相关的义项主要两个：一为青白色的丝织品；一为淡青色、青白色，犹今所谓月白。"缥"表丝织品，如：《楚辞·王褒〈九怀·通路〉》："红采兮骍衣，翠缥兮为裳。"《说文·糸部》："缥，帛青白色也。"典籍中也用"缥"来表示丝织物的色彩，如：《释名·释采帛》："缥，犹漂也。漂漂，浅青色也，有碧缥、有天缥、有骨缥，各以其色所象而言之。"《急就篇》卷二："缥綟绿纨皁紫硟。"颜师古注："缥，青白色也。"《后汉书·襄楷列传》："皆缥白素朱介青首朱目，号《太平清领书》。"又《后汉书·舆服志》："太皇太后、皇太后入庙服，绀上皂下，蚕，青上缥下，皆深衣制。"《三国志·魏书·杨阜传》："阜常见明帝着绣帽，被缥绫半袖。"《三国志·吴志·蒋钦传》："权尝入其堂内，母疏帐缥被，妻妾布裙。"萧统《文选·序》："词人才子，则名溢于缥囊。"吕向注："缥，青白色；囊，有底袋也，

---

① 荣新江、李肖、孟宪实主编：《新获吐鲁番出土文献》，中华书局2008年版，第33页。

用以盛书。"① 本衣物疏中的"缥"是名词，为丝织物。

［21］故驸马都尉板一枚、故建义奋节将长史板一枚：这两条牍文所记应是指该墓随葬的两枚木牍。其中一枚记载：

今武厉将军都战帅武威姬瑜今拜驸马都尉
建兴卅四年九月十五日戊子下起东曹

另一枚记载：

令斋直军议掾武威姬瑜今建义奋节将军长史
建兴卅八年四月廿九日辛未下起东曹

衣物疏所记的"驸马都尉"、"建义奋节将长史"官职名称正与两枚木牍的记载相合。

［22］故杂黄卷书二弓："弓"字，《散见》、何双全都释为"弓"，张俊民改释为"弓"。张先生说"'弓'字在字面上无法理解，而字书《中华大字典》上正好有'弓'字可以补充说明。因为这一字与'卷'字是相同的。"今按：北魏佚名《郑羲下碑》："遂乘闲述作，注诸经论，撰《话林》数弓。"明陶宗仪《辍耕录》卷一："弓即卷字，《真诰》中谓一卷为一弓。""黄卷"在传世典籍中主要有书籍和药名两种义项。如晋葛洪《抱朴子》"章句之士，吟咏而向枯简，匍匐以守黄卷者所宜识。"杨明照校笺："古人写书用纸，以黄檗汁染之防蠹，故称书为黄卷。"此处用"书籍"之意。

［23］帋：从图版看该字当作"帋"。《广韵·纸韵》："帋"同"纸"。何双全、张俊民将"帋"径作"纸"。

［24］合卅五种："合"字，《散见》、何双全、张俊民都释为

---

① 关于衣物疏中的"缥"的相关考释详拙文：《连云港市陶湾西汉西郭宝墓衣物疏补释》，复旦大学出土文献与古文字研究中心网站，2009年9月3日文。http://www.gwz.fudan.edu.cn/SrcShow.asp?Src_ID=889。

"令"。该字与银雀山汉简《孙膑兵法》78 号简的"合"字相近,① 我们认为此字当释为"合"。从文例看,衣物疏中常在结尾处对所记物品加以合计,如安徽南陵县麻桥东吴 3 号墓 11 号木牍记载"各杂衣物合八种,是丹阳宣成男子萧礼有。"② 高台骆驼城前凉墓《赵阿兹衣物疏》记载"建兴五年正月廿八日赵阿兹凡杂衣卅六种疏。"吐鲁番《阿斯塔纳四〇八号墓令狐阿婢随葬衣物疏》"右莼锺妻令狐阿婢随身杂衣物凡□种。"③ "合"、"凡"都为合计,总计之意。

(原载《社会科学战线》2012 年第 6 期)

---

① 汉语大字典字形编写组:《秦汉魏晋篆隶字形表》,四川辞书出版社 1985 年版,第 338 页。
② 安徽省文物工作队:《安徽南陵县麻桥东吴墓》,《考古》1984 年第 11 期。
③ 荣新江、李肖、孟宪实主编:《新获吐鲁番出土文献》,中华书局 2008 年版,第 21 页。

出土丧葬简牍考论

武威新华乡前凉墓出土木牍综考[*]

1991年10月,甘肃省武威市新华乡头坝村两座墓被盗,经当地公安和文物部门追查、清理,得到四枚木牍,均为松木质,内容为丧葬文书。1997年,梁继红在《武威出土的汉代衣物疏木牍》一文中刊发上述四枚木牍图版和释文,并加以考释。[①] 此后,何双全、狄晓霞《甘肃省近年来新出土三国两晋简帛综述》一文曾收录上述四枚木牍释文,对牍文纪年加以考释,认为四枚木牍皆属死者衣物疏及道家咒文之属。[②] 陈松梅《河西地区魏晋告地文书中道教思想考释》一文对牍文中涉及道教内容加以诠释。[③] 吴浩军、胡婷婷、赵宁、窦磊对上述木牍释文做了校订并考释所记部分名物。[④] 2014年,卢朝《对十三年衣物疏木牍的再释读和相关问题的探讨》一文重点对《十三年衣物疏》年代、木牍符号、墓主身份等做了考证,并刊发了《十三年衣物疏》木牍的图版。[⑤] 以上学者的研究对牍文的正确解读具有积极的意义,但木牍的性质归类,释文的

---

[*] 本文系国家社会科学基金重大项目"简帛学大辞典"(批准号:14ZDB027)阶段性成果。
[①] 梁继红:《武威出土的汉代衣物疏木牍》,《陇右文博》1997年第2期。
[②] 何双全、狄晓霞:《甘肃省近年来新出土三国两晋简帛综述》,《西北师大学报(社会科学版)》2007年第5期。
[③] 陈松梅:《河西地区魏晋告地文书中道教思想考释》,《敦煌学辑刊》2009年第1期。
[④] 吴浩军:《河西衣物疏丛考——敦煌墓葬文献研究系列之三》,载张德芳主编《甘肃省第二届简牍学国际学术研讨会论文集》,上海古籍出版社2012年版,第312—314页;胡婷婷:《甘肃出土散见简牍集释》,硕士学位论文,西北师范大学,2013年,第48—73页;赵宁:《散见汉晋简牍的搜集与整理》,硕士学位论文,吉林大学,2014年,第378页;窦磊:《汉晋衣物疏集校及相关问题考察》,博士学位论文,武汉大学,2016年,第155—161页。
[⑤] 卢朝:《对十三年衣物疏木牍的再释读和相关问题的探讨》,《华夏考古》2014年第1期。

顺序，木牍人形符号的解读，文字的考释以及名物考证方面还存在诸多可商榷之处，本文将结合学界已有成果作进一步探讨。

一 升平十二年告地策[一]

该木牍长27.5厘米、宽4.3厘米、厚0.4厘米。两面朱书，字迹墨色浅淡而潦草。现结合学界研究成果，重新写定释文如下：

> 升平十二年九月十六日辛丑，[二][定]楊[柏]黃石[地保]藥生今終亡，[三]于市買黃[柏]官一合，[四]賈符九萬九千錢，[五]□□麥□地中。（正面）化匿不得相固[遮]，[六][急急如律令]，[七]時[知見]左[青龍右白虎]……。[八]（背面）

（一）升平十二年告地策

该木牍学者都定为衣物疏，但从牍文内容看与传统的衣物疏有别。衣物疏源自战国和西汉时期的遣册，是遣册的简化形式，主要记录随葬衣物。该木牍没有任何衣物记录，其行文格式、内容与汉代"告地策"相类。告地策是古人模拟官府文书格式向冥世官吏通告亡人户籍及其所携带财产的文书。汪桂海将告地策分为移送随葬物品的文书、通行证明文书、作为户籍登记凭证的文书、祈祷求福的文书四大类。[①]梁勇认为判断"文告牍"性质是否为告地策的关键在于是否向地下鬼神通报亡人户籍。[②]张文瀚说"鉴于告地策的虚拟性特点，缺乏某一具体的文书传递程序或文书构成要素，似乎并不影响其告文地下的功能。"[③]可见，告地策的主要功能是将亡者身份、户籍及其所携财产报告给地下官吏，同时也证明这些财物为亡者所有，供亡者冥世享用，他人不得冒名认领。

[①] 汪桂海：《汉代简牍中的告地策资料》，载卜宪群、杨振红主编《简帛研究2006》，广西师范大学出版社2008年版，第242—248页。

[②] 梁勇：《江苏邗江胡场五号汉墓木牍、铜印及相关问题再考》，《东南文化》2011年第2期。

[③] 张文瀚：《告地策研究评述》，《中国史研究动态》2013年第1期。

告地策还具备通行证的作用，亡者在由阳世转入冥世途中，途径山川、谷郭、河津、桥梁，不得呵责停留，否则，上诉苍天或冥主，按律令从事。告地策一般与遣册伴出，江陵高台汉墓所出"告地策"与"遣册"捆绑在一起，类似当时的书函。凤凰山10号汉墓所出"告地策"与"遣册"书于同一木牍。武威新华乡的这两枚"升平十二年"木牍同出一墓，其中《升平十二年衣物疏》是典型的衣物疏，而此枚木牍具备"告地策"的诸要素：墓主死亡时间、户籍（姓名、地望）、所携财产（黄柏棺、价钱九万九千钱）、通行证（不得相固遮）等。鉴此，我们认为此枚木牍当为"告地策"。

（二）升平十二年九月十六日辛丑

梁继红考证"升平"年号初为东晋穆帝司马聃公元357年所建。公元361年前凉王张玄靓建兴四十九年时奉"升平"年号，直到公元376年（即升平二十年）灭亡。东晋"升平"仅历时五年，前凉一直奉东晋年号，故"升平十二年"应为前凉升平十二年，即368年。

（三）定杨柏黄石地保药生今终亡

"定"、"地"、"保"三字梁继红缺释，为吴浩军补释。[1] 梁继红疑"杨柏黄石"为死者的姓名与字。按："定杨柏黄石地"当是籍贯，"保药生"是墓主姓名。

（四）黄柏官一合

梁继红认为"官"即棺。全句大意是，在市场上买棺木一合送于死者。按："黄"下一字，梁继红拟补为"致"，不可信，疑为"柏"。"柏官（棺）"、"黄柏棺"为衣物疏中习见之物，详见下文。

---

[1] 吴浩军：《河西衣物疏丛考——敦煌墓葬文献研究系列之三》，载张德芳主编《甘肃省第二届简牍学国际学术研讨会论文集》，上海古籍出版社2012年版，第312页。

（五）贾符九万九千钱

"贾符"梁继红释为"袥符","符"通"付"。认为全句大意是买棺所付费用为九万九千钱。何双全、狄晓霞释为"贾符"。陈松梅认为"贾"即"买"的意思,"符"指符信,是通行证的一种,"贾符九万九千钱"是买符的价格。按:"贾符",贾,通"价"。"符"意为符契,"贾符"即价钱。衣物疏、告地策中多作"贾顾钱"、"顾钱"、"顾贾"、"顾贾钱"。如甘肃高台骆驼城前凉建兴五年（317）《赵双衣物疏》:"故粉絮一枚、柏棺一枚、贾顾钱二万五千。"骆驼城前凉建兴五年《赵阿兹衣物疏》"故柏官（棺）一口,顾钱九万九千九百九十九。"① 甘肃玉门毕家滩出土前凉升平十四年（370）《孙狗女衣物疏》"买松柏器一口,顾贾钱九万九千九百九十。"②

（六）化匿不得相固遮

梁继红释作"化匿不得相因遮",考证"化",教化。"匿",亡也。"因",沿袭。此句意谓死者生前之教化随躯体而葬,不能得以沿袭。按:"化"指死人。《义府》"人死亦谓之化,《孟子》'且比化者无使土亲肤',人死之化,化有而之无也。"③ "匿"是隐藏之意,"化匿"指藏匿之鬼。唐朱法满《要修科仪戒律钞》卷十五《人棺大殓仪第五》主要记述道士葬仪及移文写法,其移文写道"不使左右比庐、东西南北他姓等鬼,货名诈姓,妄生侵夺。"④ 与牍文意思相近。"固"梁继红释为"因",当以释"固"为是。"固遮"见于高台县许三湾前凉墓所出《建元十四年告地策》,"生人有城,死人〔有〕郭,有阡陌道路,将军于往迎送,敢固遮,将附

---

① 寇克红:《高台骆驼城前凉墓出土衣物疏考释》,《考古与文物》2011年第2期。寇克红释为"买随钱",吴浩军改释为"贾顾钱"。
② 张俊民:《甘肃玉门毕家滩出土的衣物疏初探》,《湖南省博物馆馆刊》第七辑,岳麓书社2010年版,第400—407页。
③ （清）黄生撰、黄承吉合按:《字诂义府合按》,中华书局2006年版,第221页。
④ 《道藏》第6册,文物出版社、上海书店、天津古籍出版社1988年版,第996—997页。

河伯。"①《说文》"遮，遏也。"《史记·高祖本纪》"遏说汉王"张守节正义："横道自言曰遏。"《玉篇·辵部》"遏，断也。""固遮"即执意阻碍禁止之意。在汉晋衣物疏、告地策中，尤其是吐鲁番衣物疏中屡见"不得留难"、"不得留停"、"不得奄遏留停"、"领遮仞名"等语。

（七）急急如律令

梁继红释为"急□□□"吴浩军拟补"知见"、"青龙"、"右白虎"。按：缺释之字可补为"如律令"。晚期如衣物疏常有"急急如律令"、"急如律令"之语。吐鲁番所出《北凉缘禾五年（436）随葬衣物疏》："缘禾五年六月廿三日谨条衣裳物在右，而无名者，急如律令。""急急如律令"在吐鲁番衣物疏中凡20见。

（八）时知见左青龙右白虎

梁继红释为"时□□左□□……"吴浩军拟补"知见""青龙""右白虎"。按：河西走廊及吐鲁番所出衣物疏结尾处常有"时见左青龙，右白虎"、"时知见左青龙、右白虎"等语。如高台县许三湾前凉墓所出《建兴八年告地策》记载"旁人：左青龙，右白虎，前朱雀，后玄武。"玉门花海毕家滩前凉墓所出《咸安五年佚名衣物疏》记载"时知状，左青龙，右白虎。"《前凉升平廿二赵宜衣物疏》："时知见：左青龙，右白虎。"《西凉庚子四年吕皇女衣物疏》有"时知见：左青龙，右白虎。"②吐鲁番出土《西凉建初十四年（418）韩渠妻随葬衣物疏》记载："时见左清（青）龙，右白虎。书物数：前朱雀，后玄武。……要。急急如律令。"③据此，缺释之字吴浩军分别拟补为"知见"、"青龙"、"右白虎"可从。"知见"是指撰写该告地策时的知情者和见证者。

---

① 何双全、狄晓霞：《甘肃省近年来新出土三国两晋简帛综述》，《西北师大学报（社会科学版）》2007年第5期。

② 张俊民：《甘肃玉门毕家滩出土的衣物疏初探》，《湖南省博物馆馆刊》第七辑，岳麓书社2010年版，第400—407页。

③ 中国文物研究所等编：《吐鲁番出土文书［壹］》，文物出版社1992年版，第5页。

二　升平十二年药生衣物疏

该木牍与前文《升平十二年告地策》同出一墓，木牍长32厘米、宽4.3厘米、厚0.6厘米。两面朱书，因受烟火熏烤而字迹模糊不清。木牍内容为衣物疏，与《升平十二年告地策》配套使用。按照汉晋衣物疏木牍常见书写格式，一般先写衣物名数，多分栏书写，再直书尾题。梁继红释文误将记载衣物名数的一面视作牍背，也没有分栏，并将记尾题的一面视作牍正面，不妥。何双全释文中予以调整，但释文差别较大。现结合学界研究成果释读如下：

　　　　故［卷］一枚、[一]尖二枚、[二]衫一枚、裲襠一枚、[三]三□鞋二量、[四]青被一副、福□□□、[五]绯褶一枚、[六]□綾袴一立、大箭十四枚、黄□騆□運靳□石年□□。[七]（正面）

　　　　升平十二年九月十六日辛丑，［定］楊柏黄石［地保］藥生亡，[八]［生］所著衣物□□□。[九]正當□用九萬九千九百九十九，[十]□□正多□歸……（背面）

（一）故卷一枚

"卷"，梁继红释"帣"，《说文》："囊也"。《集韵》："囊有底曰帣"。吴浩军认为"卷"指书卷，"故卷一枚"即死者生前所读书卷一轴。按：梁继红在释文中用"卷"，在考释中又用"帣"。"卷"、"帣"二字有别，从内容看，"卷"应属服饰类名物。疑"卷"读为"罨"或"纏"。《广雅·释器》"纏，帻也"王念孙疏证："卷，罨、纏并通。"帻是覆髻之巾，汉晋时期较为流行的一种头衣。下文的"尖"是一种帽子，按照衣物疏同类相从的原则，"卷"解为帻巾比较妥帖。

（二）尖二枚

"尖"，梁继红释"尖"。《说文》："櫼，楔也"。徐曰："谓簪也，掬也，从小下大，为欘字，今作尖，末锐也，小也"。尖即簪。按：此说有一定道理，但"尖"在汉晋衣物疏中多次出现，仅吐鲁番衣物疏中"尖"就多达20次，"尖"有"绀、绮、青、白、皂、紫"等颜色的区别，还有"练、罗"等质地的区别。① 如果"尖"的材质是丝帛，那么"尖"就不可能是簪子。廖名春考证"尖"用"头"作为量词，也用"面衣"、"帽"的量词"颜"，加之文书中有"帽"之处无"尖"，有"尖"之处无"帽"，故疑"尖"可能就是一种帽子的俗称。由于吐鲁番人中盛行一种尖顶帽，自然，他们就有可能借帽子的特征来代替帽子本身，称"帽"为"尖"。② 李肖冰说"有一种尖顶式帽冠不仅保护头部，还保护双耳与颈部，是抵御风寒的佳品。尖顶帽式样流行于中亚、西域一带，孕蕴地域的共融与互补，呈现游牧民族帽冠特征。"③ 李娜颖认为"尖"是一种尖状的帽箍式首服。它的材质、作用在不同时期有所变化。唐灭高昌以后，尖就不再出现于衣物疏中了。这种极具地区特色的物品，其存在、变化和消亡其实体现出了不同文化在吐鲁番地区的互动。④ 吴浩军从语言学的角度进一步论证了"尖"是冠帽的一种。河西魏晋墓葬壁画数据中频频出现一种尖顶帽，整体呈圆锥体，靠近耳际处的帽檐向上翻卷，用缨带系于脑后。笔者曾考证衣物疏中所记的"尖"可能就是这种尖顶帽，大概是依其形制特征而命名为"尖"的。正如战国秦汉时把方壶命名为"方""枋""钫"一样。壁画中戴尖顶帽的人身份极低，多为赶车的、屠宰的、扬场的、侍奉主子的下层人物，并多为男性。⑤

（三）裲裆一枚

"裲裆"，汉晋衣物疏习见，也作"两当"。《释名·释衣服》："裲裆，其一当胸，其一当背也。"王先谦疏证补："案即唐宋时之半背，今

---

① 吴娅娅：《吐鲁番出土衣物疏辑录及所记名物词汇释》，硕士学位论文，西北师范大学，2012年，第87—89页。
② 廖名春：《吐鲁番出土文书新兴量词考》，《敦煌研究》1990年第2期。
③ 李肖冰：《中国西域民族服饰史研究》，新疆人民出版社1995年版，第54页。
④ 李娜颖：《吐鲁番随葬衣物疏中所见"尖"考释》，《吐鲁番学研究》2009年第2期。
⑤ 田河：《武威旱滩坡十九号前凉墓衣物疏考释》，《社会科学战线》2012年第6期。

俗谓之背心。当背当心，亦两当之义也。"《类篇》曰："裲裆，衣名。"

（四）三□鞋二量

梁继红释为"三□鞋二里足"。何双全、狄晓霞释为"三□鞋二量"。吴浩军释为"三□鞋二里量"。按：此从何双全释文。衣物疏中数量词一般置于名物词之后。如果此条记录"三"上没有缺文，那么"三□"无疑是描述"鞋"的形制特征。汉晋衣物疏中鞋的量词一般用"量"或用"两"，表示成对配套的衣物，如手衣、袜、鞋等。

（五）青被一副、福□□□

梁继红认为"福"通"幅"。即兰被一幅。按：梁氏释文作"副"，考释时又引作"福"，必有一误。"副"为量词。后一句"福"读为"幅"。江陵凤凰山10号汉墓衣物疏记载"布帷一，长丈四二福"，福即读为"幅"。《说文·巾部》"幅，布帛广也。"《汉书·食货志下》"布帛广二尺二寸为幅。"牍文"福"下缺释之字疑为另一名物及数量。

（六）绯褶一枚

梁继红释为"排褶一枚"，"褶"，《急就篇》注："褶，谓重衣之最上者也，其形若袍，短身而广袖；一曰左衽之袍也。""排"，《疏》："推门扇也"。"排褶"，即为有如门扇之左右襟之重衣。按：梁继红释文"排褶一枚"后还有"□褶一枚"，何双全、狄晓霞释文无后一条。"排"为"绯"之误释。"绯"《说文新附》："绯，帛赤色也。"吐鲁番衣物疏中常用"绯"作多种衣物的饰修饰语，如《高昌章和十三年（543）孝姿随葬衣物疏》有"故绯绫襦二枚领带具……故绯绫袄三枚领带具……故绯红锦鸡鸣枕一枚"。[①]《仪礼·士丧礼》："禒者以褶则必有裳"贾公彦疏："褶衣与复衣相对，有着为复，无着为褶。散文则褶亦为复也。"《礼记·丧服大记》"君褶衣褶衾"郑玄注："褶，袷也。"《礼记·玉

[①] 中国文物研究所等编：《吐鲁番出土文书［壹］》，文物出版社1992年版，第143页。

藻》"帛为褶。"陆德明《经典释文》："褶，夹也。"《玉篇·衣部》："褶，衣有表里而无絮也。"《急就篇》卷二"襜褕袷复褶袴裈"颜师古注："谓重衣之最在上者也，其形若袍，短身而广袖。"从上引文献看褶衣应是没有内絮夹层短衣。

（七）黄□騧□运斩□石年□□

梁继红：騧《尔雅·释畜》："青骊鹃。"《注》："今铁骢"。黄騧，即黄色铁骢马。按：牍文残泐较多，文意待考。

（八）定杨柏黄石地保药生亡

"定"、"地保"是笔者依据《升平十二年告地策》释文拟补的。

（九）生所著衣物□□□

"生"是笔者拟补，即指亡者在世时。按照汉晋衣物疏通例，记录完衣物名数后，一般会写"以上衣物皆'生'（存）所用"，表明衣物的所有权，他人不得占用。例如：吐鲁番《高昌延昌七年（567）牛辰英随葬衣物疏》"右上所条，悉□（是）生时所用物。"[1] 甘肃高台前凉墓赵双夫妇墓衣物疏"右卅二种衣物生时所秉疏。"[2] 《高昌义和四年（617）张顺妻曲玉娥随葬衣物疏》 "有（右）上［中缺］生所用之物。"[3]

（十）正当□用九万九千九百九十九

梁继红释为"正常通用一千右九十九正"，考释说"将其所穿衣物随其入土，为丧事花费共一千零九十九钱整。"何双全、狄晓霞改释为"正当□用九万九千九百九十九"。按：释为"正当□用九万九千九百九十九"正好与《十二年告地策》中所记"贾符九万九千钱"大体相合。

---

[1] 《吐鲁番出土文书［壹］》，文物出版社1992年版，第198页。
[2] 寇克红：《高台骆驼城前凉墓出土衣物疏考释》，《考古与文物》2011年第2期。
[3] 《吐鲁番出土文书［壹］》，文物出版社1992年版，第332页。

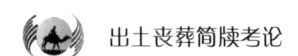

"九万九千九百九十九"为衣物疏惯用语。梁继红所释的"通"疑为"随"之误释。若此,牍文则为"正当随用九万九千九百九十九",是随葬用品的价钱。

三 十三年告地策

该木牍出自另外一座墓,木牍长38厘米、宽4.3厘米、厚0.5厘米。正面墨书三行,字迹清晰,单面书写。释文如下:

> 十三年五月二十一日,[一]主人父母與烏獨渾十九種衣物,[二]生時所著所衣。山川、谷郭、黃泉、河津、橋樑,[三]不得妄荷脱,若荷妄遮脱,[四]持券上詣倉天,急急如律令。[五]

(一) 十三年五月二十一日

梁继红讲此牍与《升平十二年衣物疏》木牍同是被盗追回文物,据案犯交代,二牍出土墓葬相距不远,又从出土的其他器物判断,"十三年"应属"前凉升平十三年",即公元369年。卢朝说《十三年衣物疏》上出现道符而在《十二年衣物疏》上却没有,另外《十二年衣物疏》木牍采用朱书,两者差别较大,据此推测"十三年"应是"建兴十三年",即325年。① 按:在河西所出东晋十六国时期的衣物疏和告地策,一般是分写在同一木牍的正背面,有的是连牍书写,很少分牍书写于两块木牍。新华乡所出的这四枚木牍是配套使用的衣物疏和告地策,分牍书写衣物疏和告地策,记载方式比较特别,据此推测,书写年代应相去不远。此从梁继红369年说。

(二) 主人父母与乌独浑十九种衣物

梁继红认为"主人",指死者,"乌独浑"为其名。"与",给。全句

---

① 卢朝:《对十三年衣物疏木椟的再释读和相关问题的探讨》,《考古与文物》2014年第4期。

意思是，死者乌独浑之父母将十九种衣物伴死者身行。陈松梅认为"乌独浑"可能是少数民族，魏晋时期鲜卑族、西戎皆有"乌氏"这一姓氏。《通志》卷二十八《氏族略》记："秦有乌获，《唐表》言乌余之裔，世居北方，号乌洛侯，后徙张掖，又乌石兰改为乌氏"。① 卢朝考证说墓主人是汉化较深的少数民族。按：鲜卑慕容部有可足浑氏，亦作可朱浑氏、渴烛氏、渴烛浑，《魏书·官氏志》云："北方渴烛浑氏，后改为味（朱）氏。"② "渴烛浑"氏不知是否与牍文"乌独浑"之"乌"可能是"曷"之误释，"乌独浑"即"渴烛浑"。"十九种衣物"与《十三年衣物疏》"右十九种物听随身行"相呼应，说明这两件牍是配套使用的。

（三）山川、谷郭、黄泉、河津、桥梁

"郭"，梁继红释"郭"，《释名》："廓也，廓落在城外也。"即是城外围加筑的一道城墙。黄泉是活人对阴间的称呼。按：上列诸地常为古代设置关卡之处，古人认为死者进入冥界也要经过类似的关卡。如吐鲁番所出《大凉承平十六年（458）武宣王且渠蒙逊夫人彭氏随葬衣物疏》"谨条随身衣被杂物疏，所止经过，不得留难。急急如律令。"③《北凉玄始九年（420）随葬衣物疏》："谨条随身衣物疏，人不得忉（认）名……辛（幸）关津河梁不得留难，如律令。"④ 牍文的"山川、谷郭、黄泉、河津、桥梁"与上引吐鲁番衣物疏的"所止经过"、"关津河梁"意义基本相同。

（四）不得妄荷脱，若荷妄遮脱

梁继红释为"不得妄荷□梦，荷妄遮□"，认为此句大意是嘱托山川谷郭等，死者应备的衣物、用具皆已齐备随行，不要随意给活者的人

---

① 陈松梅：《河西地区魏晋告地文书中道教思想考释》，《敦煌学辑刊》2009 年第 1 期。
② 陈连庆：《中国古代少数民族姓氏研究》，吉林文史出版社 1993 年版，第 68 页。
③ 柳洪亮：《新出吐鲁番文书及其研究》，新疆人民出版社 1997 年版，第 19 页。
④ 陈国灿：《斯坦因所获吐鲁番文书研究》，武汉大学出版社 1994 年版，第 181 页。

托梦来。何双全、狄晓霞释为"不得妄柯，□□符妄遮复转"。吴浩军、卢朝都释为"不得妄荷脱梦，妄荷遮脱"。按：该句各家释读差别较大，以上学者释为"梦"的字当释为"若"，意为如果，倘若，归下读。"脱"可读为"敚"。《说文·攴部》"敚，强取也。""敚"或作"夺"。"荷"通"呵"，《集韵·歌韵》："呵，唯呵，问也。""唯呵"可读为"谁呵"，也作"谁何"。如贾谊《过秦论》："良将劲弩，守要害之处；信臣精卒，陈利兵而谁何。"《说文·攴部》"敦，怒也，诋也，一曰谁何也。"段玉裁注："皆责问之意。"《说文·言部》："谁，谁何也。"段玉裁注："谁何有单言谁者，有单言何者，皆责问之意。"敦有责问之意，故谁字亦有责问之意。何读为呵，呵亦责问也。"谁何"即是责问、盘问、呵责之意。引申之可训为诘问、督察。"陈利兵而谁何"，是说在关塞上布置了哨兵，以盘诘、督察过往的行人。① 吐鲁番所出《高昌章和十八年（548）光妃随葬衣物疏》记载："径（经）涉五道，幸不诃留。时人张坚固、李定度。不得奄遏停留。"② 吐鲁番衣物疏中的"诃"与牍文"荷"都通"呵"。牍文此句意为：死者赴冥世的途中，凡经山川、谷郭、黄泉、河津、桥梁等处时，不得随意盘查阻止，抢夺死者衣物。若随意盘查阻止，抢夺随身衣物，（将上诉苍天）。

（五）持券上诣仓天，急急如律令

梁继红释为"持券上诣仓天，叩头，如律令"。考证说"券"，《说文》："契也，从刀，以木牍为要约之书，以刀剖之屈曲犬牙。"此处券指充当冥券的木牍。此句大意为，将冥券所言事物向苍天汇报。何双全改释为"持上诣仓天，急急如律令"。按："叩头"显然是"急急"的误释。何双全文漏释"券"字。"诣"有谒见、前往之意。该句的意思是（若随意盘查阻止，强取随身衣物）将持此券上诉到天庭，依律令从事。吐鲁番所出《建平六年张世容随葬衣物疏》记载"右条衣裳杂物悉张世

---

① 郭在贻：《训诂学》，湖南人民出版社1986年版，第12页。
② 《吐鲁番出土文书［壹］》，文物出版社1992年版，第144页。

容随身所有，若有人礽（任）名，诣大平事讼了。"① 敦煌莫高窟北区B228窟所出《河西大凉国安乐三年（619）郭方随葬衣物疏》记载"今以安乐三年二月十七日遣神过世，所过之处，不得留絷羁连，必须面奉圣尊。"② 甘肃高台骆驼城所出《建兴廿四年告地策》记载"死人周隊阿惠，惠金银钱财……诸入笼什物皆于方市买，贾钱九万九千九百九十九金。苍天下主黄泉，不令居，故任名。"③ 可见在古人心目中，苍天也主管冥世，不让他人占据亡人财物，不能随意认领亡人随葬财物。否则，将拿此告地策上诉苍天。此牍进一步说明"告地策"作用，既是死者到冥世报到的户籍文书，也是所携财物的证明，还是通往冥世的通行证，也是诉讼的依据。

此牍梁继红定名为衣物疏，学者多从之。我们认为此牍与《升平十二年告地策》性质相同，当属告地策，与《十三年衣物疏》配套使用。其文例又与吐鲁番衣物疏的结尾部分相合，说明吐鲁番衣物疏与武威所出前凉时期的衣物疏、告地策有一定的渊源关系。武威前凉衣物疏和告地策分书于两牍，而吐鲁番衣物疏将告地策和衣物疏糅合写在一起，武威衣物疏、告地策处于东晋同类简牍向吐鲁番衣物疏过渡的中间阶段。

四 十三年衣物疏

该木牍与《十三年告地策》同墓出土，木牍长41厘米、宽4.1厘米、厚0.6厘米。下端有劈裂痕迹，但文字内容无损缺。木牍正面上端墨绘一人形图，右侧墨书文字一行，下方墨书四行，字迹清晰。牍文大体分六栏书写。梁继红按照自上而下通栏录写释文，将同类物品割裂分

---

① 《吐鲁番出土文书［壹］》，文物出版社1992年版，第90页。
② 樊锦诗、彭金章：《敦煌莫高窟北区B228窟出土河西大凉国安乐三年（619）郭方随葬衣物疏初探》，台湾《敦煌学》2004年第25辑。
③ 何双全、狄晓霞：《甘肃省近年来新出土三国两晋简帛综述》，《西北师大学报（社会科学版）》2007年第5期。

置，不妥。现按照牍文自上而下，自右而左，分栏书写的方式重新写定释文。如下：

干糧萬斛、[一]旟幕一枚、[二]青褶二領、羅綺一領、[三]白布綺二領、兩當一領、單衫一領、巾一枚、尖一枚、刀帶自隨、刀一枚、[四]弓箭卅枚、步叉帶自隨。[五]鞋一量、青布腹褶一領、故腹褶一領、故壯綺一領。[六]·右十九種物聽隨身行。

在衣物疏木牍上绘饰人形图案的情况仅此一例，梁继红认为此图案是道符，何双全定为镇邪符箓，可备一说。吐鲁番阿斯塔纳303号墓出土纸质衣物疏一份，符箓一份。符箓为黄纸朱书，右上端朱笔绘一道教武神，一手持叉，一手操刀，中间是符，右下和左边写四行咒文。是图、符、咒文齐备的符箓。① 此木牍人形图案没有持刀叉，与符箓还是有区别。香港中文大学文物馆收藏一枚"松人"解除木牍，木牍中央凸刻墨绘一人，着长袍，作揖，腹部写"松人"二字。上下左右及木牍背面记有长篇解除文。松木牍传出甘肃武威磨咀子，饶宗颐先生称其为"松人解除简"。② 王育成说道教施用的绘人或制为人状的人形木简，均为道教解除遗物，是解除疾病、鬼邪、灾异的符咒简牍。③ 我们怀疑该衣物疏上所绘人形符号就是用作解除的"松人"，只是没有书写解除文字。

（一）干粮万斛

"斛"，梁继红释"斛"，《说文》："十斗也"。万斛，即十万斗，意谓多也。按："干"吴浩军释为"千"恐不妥。干粮属食品，万斛是食品数量。不过典籍中"乾湿"的"乾"很少写作"干戈"的"干"。

---

① 《吐鲁番出土文书（壹）》，文物出版社1992年版，第129页；黄烈：《略论吐鲁番出土的"道教符箓"》，《文物》1981年第1期。
② 陈松长：《香港中文大学文物馆藏简牍》，香港中文大学出版社2001年版，第110页。
③ 王育成：《考古所见道教简牍考述》，《考古学报》2003年第4期。

《释名·释饮食》有"干饭,饭而暴乾之也"是罕见的例证。① "干粮"指水分少、不易变质、便于携带的食品。王充《论衡·艺增》:"且周殷士卒,皆赉乾粮。"典籍中"糗"、"糒"、"糇"都有干粮之义。《说文·米部》:"糗,熬米麦也。"桂馥义证:"米麦火乾之乃有香气,故谓之糗……无论捣与不捣也。"《说文·米部》:"糒,乾饭也。"《广韵·至韵》:"糒,糗也。"《集韵·怪韵》:"糒,乾糇。"《广韵·侯韵》:"糇,乾食。"

(二) 旃幕一枚

"旃"何双全误释为"旌"。梁继红释为"旃",毛织物毡,《史记·匈奴传》匈奴"被旃裘"。"幕",帐篷。"旃幕"即毡制帐篷。

(三) 罗绔一领

"罗绔",梁继红释为"氀绔",解为毛织的裤子。按:"氀",吴浩军改释为"罗",从图版看无疑是正确的。《集韵·支韵》"罗,帛也。"罗绔即帛绔。"绔"学者多释为"袴",细审图版当释为"绔"。

(四) 刀带自随

何双全释为"白卷八匹",恐误。按:"刀带"一词也见于尹湾6号汉墓《君兄节笥小物疏》。② 连云港市陶湾西汉西郭宝墓衣物疏记载:"青丝刀带一、备(佩)刀一"、"剑一、剑青丝带一"。③ 简文"刀带"应为"刀"之佩带。

(五) 步叉带自随

按:"步叉带自随"何双全释为"步叉曾佗",恐误。"步叉"亦作

---

① (清)王先谦:《释名疏证补》,见《汉小学四种》,巴蜀书社2001年版,第1511页。
② 连云港市博物馆等编:《尹湾汉墓简牍》,中华书局1997年版,第132页。
③ 连云港市博物馆:《连云港市陶湾黄石崖西汉西郭宝墓》,《东南文化》第三辑,江苏古籍出版社1988年版。

"步䩭",为盛箭器。步,通"箙"。《释名·释兵》:"步叉,人所带,以箭叉于其中也。"毕沅疏证:"苏舆曰:'步叉即箙䩭。'《广雅·释器》:'箙䩭,矢藏也。'步、箙一声之转,䩭即叉之俗体。"俞正燮《癸巳存稿·鱼轩》:"(牛鱼)其皮背上斑文,腹下纯青,以为弓鞬、步䩭。"步叉,即矢箙。"带"当指用来背步叉的佩带。"自随"意为自带、自备。

(六)壮绔一领

"壮绔"何双全释为"襜褕",卢朝释为"牡绔"。梁继红根据《说文》:"壮,大也。"壮绔即大裤。按:"大绔"亦见于汉晋衣物疏。如连云港市陶湾所出《西郭宝墓衣物疏》记载:"白丸大绔一"、"皂大绔一"、"大绔二"。[①] 尹湾6号汉墓所出《君兄衣物疏》记载:"大绔一衣"、"练皂大绔一"、"皂布大绔二"等。[②] 牍文"壮绔"应是"大绔"别称。《方言》卷四:"大袴谓之倒顿,小袴谓之校衧,楚通语也。"大绔一般是作男子的外服。《汉书·景十三王传》"其殿门有成庆画,短衣、大绔、长剑。去好之,作七尺五寸剑,被服皆效焉。"马怡考证大绔的样式应是较为宽松的。在汉画资料中,常可看到男子身着一种肥大的长裤,裤脚很宽,拖到地面,这种服装或即大绔。

(原载《出土文献》第十五辑,中西书局2019年版)

[①] 马怡:《西郭宝墓衣物疏所见汉代织物考》,载卜宪群、杨振红主编《简帛研究2004》,广西师范大学出版社2006年版。
[②] 连云港市博物馆等编:《尹湾汉墓简牍》,中华书局1997年版,第129页。

武威新华乡前凉墓出土木牍综考

甘肃高台骆驼城前凉胡运于墓随葬衣物疏考释*

  甘肃高台县骆驼城周围分布着魏晋至十六国时期的墓葬3000余座，这些墓葬对研究河西地区的历史、经济及文化艺术具有一定的意义。2001年6到7月，甘肃省文物研究所考古人员小规模地发掘了其中的6座墓葬，其5号墓属于前凉时期的墓葬。该墓木棺及随葬品保存较好，随葬品共8件，以木器为主，此外尚有陶器、铭旌、麻鞋等。墓主人右手持一木牍置于胸前，木牍为胡杨木片，长36厘米、宽4厘米、厚0.8厘米。单面书写，墨书三行，通体直书不分栏，共计70余字。[①] 牍文内容为汉晋墓葬习见的"衣物疏"。发掘简报仅给出衣物疏摹本，未加释读。因为此衣物疏书写草率，很多字不能确认，材料公布以后，鲜有学者论及。2009年，寇克红先生又发布了骆驼城前凉墓葬出土的赵双衣物疏和赵阿兹衣物疏两件衣物疏。[②] 这些衣物疏同出一地，年代相近，内容大体相类，可互有参证。现据发掘简报摹本和学界已有研究成果对5号墓所出衣物疏做初步释读与考释。

---

* 基金项目：国家社科基金项目"出土遣册辑校与名物词分类汇考"（10BYY043）、中国博士后科学基金项目"出土汉晋遣册校释及名物分类考证"（20080440739）、中国博士后科学基金第四批特别资助项目"吐鲁番出土衣物疏整理与研究"（201104346）

  ① 甘肃省文物考古研究所、高台县博物馆：《甘肃高台县骆驼城墓葬的发掘》，《考古》2003年第6期，第51页。

  ② 寇克红：《高台骆驼城前凉墓葬出土衣物疏考释》，简帛网，2009年7月7日。

甘肃高台骆驼城前凉胡运于墓随葬衣物疏考释

一 衣物疏释文

故结发二枚,[1]故従一枚,[2]故衫一领□,□玉一楪,[3]故□□,故褶一楪,[4]故祎一立,[5]故大袴一枚,[6]故□一枚,故履一量,[7]故寘鹰□一具,[8]衻□一具,故官一口。[9]各……五种。

升平十三年九月十一日胡运于衣流（疏）。[10]

二 考释

[1]"结发"一语，典籍习见，常用义项有三：一为"束发"。古代男子自成人开始束发，"结发"因以指初成年。《史记·李将军列传》："且臣结发而与匈奴战，今乃一得当单于，臣愿居前，先死单于。"一为"成婚"。古礼，成婚之夕，男左女右共髻束发，故称。相传苏武所作《别诗》之三有："结发为夫妇，恩爱两不疑。"一为"（原配）妻子"。《北史·后妃传下·齐冯翊太妃郑氏》："妃是王结发妇，常以父母家财奉王。"因衣物疏所记多为随葬物品的名称与数量，上引传世文献中"结发"的几个义项均与牍文不合。衣物疏中"结发"一词多次出现，其具体含义学界尚无定论。我们试从"结发"的词汇结构、所处的语境和文献钩沉等方面对其加以探讨。"结发"也见于骆驼城前凉赵双夫妇墓所出衣物疏，分别作"故绛结发一枚""故结发一枚"。① "结发"一词在吐鲁番出土的六十九份衣物疏中凡十五见。下面捃取数例以作参证：

　　故紫结发　　《韩渠妻衣物疏》
　　故绯碧绀綪结发六枚　　《宋泮妻翟氏衣物疏》
　　故路绯结发两枚　　《翟万衣物疏》

---

① 寇克红：《高台骆驼城前凉墓葬出土衣物疏考释》，简帛网，2009年7月7日。

· 177 ·

故绯结发一枚、故绀綪结发一枚　　　　《张世容衣物疏》①

　　故绛絓结发一枚、故落綪结发一枚、故练绛结发三枚、故绀綪结发一枚　　　　《令狐阿婢随葬衣物疏》②

在这些材料中，"结发"分别置于冠、帻、头衣、面衣或钗、梳之间，显然是一种头饰或梳妆用具。寇克红先生认为"结发"是"用于系发的头饰，是指成人绾束头发的缨带，亦称'头结'，男女皆用……《礼记·曲礼上》：'女子许嫁，缨。'缨是五彩丝绳，女子许嫁以后用它来束发。"寇先生将"结发"解为"缨"可备一说，但放在上引吐鲁番衣物疏文句中，不是很妥帖。因为在吐鲁番衣物疏中，"结发"前面的限定成分除了表色彩的词之外，还有说明材质的词，如"絓"、"綪"、"练"、"绛"等。《广雅·释器》："絓，紬也。"《说文·糸部》："紬，大丝缯也。"《说文·糸部》："綪，赤缯也。""练"指白色熟绢。"绛"主要表赤色，但有时也指丝织物。"絓"即"紬"，是缯帛之通名，不表色彩，那么"结发"就不可能是丝绳，而当为巾一类的头饰。我们推测"结发"相当于典籍中的"紒"。《仪礼·士冠礼》："将冠者，采衣，紒。"郑玄注："紒，结发，古文紒为结。"《搜神记》："兵士以绛囊缚紒。"《晋书·五行志》："是时妇人结发者既成，以缯急束其环，名曰撷子紒。"上古汉语中"结"、"紒"、"髻"、"紒"通用。《广雅·释器》："假结谓之髻。"王念孙疏证："髻、结、紒并通。""结发"本为动宾结构，指束发为髻，在衣物疏中已转化成名词，转指束发之物。上引"撷子紒"中的"紒"也具有名词性质。古人束发时常用缯帛韬发，称为"纚"。《礼记·内则》："子事父母，鸡初鸣，咸盥、漱，栉、纚、笄、总。"郑玄注："纚，韬发者也。总，束发也，"陆德明《经典释文》："纚，黑缯韬发。"《说文·髟部》："紒，簪结也。"段玉裁注："纚者，所以韬发。韬之而后髻之，髻之而后簪之，既簪之髻曰紒。按紒盖即今

---

① 中国文物研究所、新疆博物馆、武汉大学历史系编：《吐鲁番出土文书[壹]》，文物出版社1992年版，第5、29、85、90页。

② 荣新江、李肖、孟宪实主编：《新获吐鲁番出土文献》，中华书局2008年版，第21页。

文礼之纷。""縰"也通"纚",《释名·释首饰》:"纚,以韬发者也。以纚为之,因以为名。"从这些文献资料看,用缯帛韬发是结发的一道程序,上引文献中的"以绛囊缚纷"、"以缯急束其环"正是讲这个过程。不韬之髻称为"髽"。《礼记·檀弓上》:"鲁夫人之髽而吊也"郑玄注:"去纚而纷曰髽。"由此,我们推测"结发"可能指用来韬发或者束发的一种幅巾,因此,"结发"前常以丝织物名称作修饰成分。这种幅巾与帻有别,汉代就已出现。《晋书·舆服志》:"汉末,王公名士多委王服,以幅巾为雅。是以袁绍、崔钧之徒虽未将帅,皆着缣巾。"沈从文说"巾子是魏晋之际才流行的韬,作波浪形,用缣帛作成。下部为一般幅巾,无一定式样。"南京西善桥出土竹林七贤和荣启期砖刻画像中,阮籍、山涛、阮咸、向秀所服巾韬,以及南朝人所绘《斫琴图》中一些人物戴的巾子,可能就是牍文所言的"结发"。[1]

[2] 褑：此字与居延汉简190.21A"褑"字相同,[2]可释为"褑",疑读为"襂"。《广雅·释器》:"襂,襌衣也。"襌衣即单衣。"故襂一枚"就是"故襌衣一枚",出土汉晋遣册中"襌衣"习见,此不备举。

[3] □玉一楪：首字笔画不清,疑释为"馔"。"馔玉"可读为"馔玉",指珍美如玉的食品。语本左思《吴都赋》:"矜其宴居,则珠服玉馔。"李周翰注:"玉馔,言珍美而比于玉。"李白《将进酒》:"钟鼓馔玉不足贵,但愿长醉不复醒。"宋梅尧臣《和挑菜》:"挑以宝环刀,登之馔玉筵。"但考虑到"馔玉"属食品,置于服饰之间不符合衣物疏同类相从的原则,首字释"馔"终觉未安。

楪：从文例看"楪"当为量词,可读为"牒"。骆驼城赵双夫妇墓衣物疏中"牒"凡十见,主要用作"裈"、"袴"、"裙"的量词。如："故练福裙一牒、故练裈一牒、故练袴一牒。"

[4] 褶：《仪礼·士丧礼》:"禭者以褶则必有裳"贾公彦疏:"褶衣与复衣相对,有着为复,无着为褶。散文则褶亦为复也。"《礼记·丧服

---

[1] 沈从文:《中国古代服饰研究》,上海书店出版社2002年版,第206页；图八五,216,图八八。

[2] 陆锡兴:《汉代简牍草字编》,上海书画出版社1989年版,第166页。

大记》"君襢衣襢衾"郑玄注："襢,袷也。"《礼记·玉藻》"帛为襢"陆德明《经典释文》："襢,夹也。"《玉篇·衣部》："襢,衣有表里而无絮也。"《急就篇》卷二"襜褕袷复襢袴袜"颜师古注："谓重衣之最在上者也,其形若袍,短身而广袖。"从上引文献看襢衣应是夹层之衣,但没有内絮。

[5] 立：是一个表示衣物的量词。"立"也见于武威旱滩坡十九号前凉墓所出衣物疏："故白练橦帻一立、故练袜一立、故练袴一立、故褐帻一立、故白襦衽一立。"① 吐鲁番阿斯塔纳305号墓《缺名随葬衣物疏》有："紫碧裙一立"、哈拉和卓69号墓《宋泮妻翟氏随葬衣物疏》有："故紫襦一立"。② 又《北凉缺名随葬衣物疏》有："绛絓袴一立、絓袜一立、绢小袴一立"。③ 类似的例证还很多,不一一列举。

[6] 大袴：《方言》卷四："大袴谓之倒顿,小袴谓之筱衧,楚通语也。"《汉书·朱博列传》："官属多襃衣大袑"颜师古曰："袑音绍,谓大袴也。"《文献通考·卷一百四十八·乐考二十一》："西凉晋末,中原丧乱,张轨据有河西,苻秦通凉州,……乐工平巾帻,绯襢。方舞四人,假髻,玉支钗,紫丝布襢,白大袴。""大袴"也作"大绔",《汉书·景十三王传》："其殿门有成庆画,短衣、大绔、长剑。去好之,作七尺五寸剑,被服皆效焉。"《汉书·昌邑哀王髆列传》："（刘贺）衣短衣大绔,冠惠文冠。"尹湾汉墓12号木牍《君兄衣物疏》有"皁丸大绔一衣,练皁大绔一、皁布大绔二。"马怡先生考证"绔"有大小之分,大绔可作正服。大绔的样式应是较为宽松的。在汉画资料中,常可看到男子身着一种肥大的长裤,裤脚很宽,拖到地面。这种服装或即大绔。④

---

① 张俊民：《武威汉滩坡十九号前凉墓出土木牍考》,《考古与文物》2005年第3期,第73—77页。
② 中国文物研究所、新疆博物馆、武汉大学历史系编：《吐鲁番出土文书[壹]》,文物出版社1992年版,第3、29页。
③ 荣新江、李肖、孟宪实主编：《新获吐鲁番出土文献》,中华书局2008年版,第175页。
④ 马怡：《尹湾汉墓遣策考》,简帛网,2006年9月27日。

（7）量：主要用作鞋、袜等成对服饰的量词。①"量"相当于文献中的"緉"，《说文·系部》："緉，履两枚也。""量""緉"均为来纽阳部字可以通假。樊锦诗先生说"量，亦可作俩、两，即双也。"② 晋代衣物疏中"量"的这种用法习见，如：骆驼城前凉墓所出《赵双衣物疏》中有"故青丝履一量、故练蹹一量。"《赵阿兹衣物疏》中有"故丝袜一量、故丹丝履一量。"武威旱滩坡19号晋墓男棺衣物疏有"故练袜一量、故青丝履一量。"江西南昌东湖区永外正街1号晋墓衣物疏有"故白布袜一量、故丝履一量。"江西南昌东吴高荣墓衣物疏有"故帛纑不借一量。"

（8）真（置）鹰：可能是置鹰之架。20世纪80年代，在嘉峪关发掘的8座魏晋墓中，6座墓有壁画。其中6号墓的壁画以反映墓主人庄园经济生活情况为主，前室东壁有一幅画描绘一猎人手持鹰架，放猎鹰捕兔的场景。③牍文的"置鹰"也许就是壁画中猎人所持的"T"字形鹰架。

（9）官：该字左边残泐，应即"棺"字，指棺材。上引《赵阿兹衣物疏》有"故柏官一口"，而《赵双衣物疏》作"柏棺一枚"，可见"官"与"棺"通用。江西南昌东湖区永外正街1号晋墓衣物疏有"故棺材一枚"、长沙北门桂花园晋周芳命妻潘氏衣物券有"故棺材一口"的记载。④

升平十三年：相同的纪年也见于武威旱滩坡前凉19号墓男棺衣物疏，作"升平十三年七月十二日"。⑤"升平"（公元357年—361年）是

---

① 李明晓：《试析魏晋简牍中的服装量词"两"、"量"、"要"、"立"》，简帛网，2010年2月19日。

② 樊锦诗、彭金章：《敦煌莫高窟北区B228窟出土河西大凉国安乐三年（619）郭方随葬衣物疏初探》，《敦煌学（第二十五辑）》，2004年，第517页。

③ 甘肃省文物工作队等编：《嘉峪关壁画墓发掘报告》，文物出版社1985年版，第57页；图版三一·前室东壁Ⅱ2。

④ 李正光：《长沙北门桂花园发现晋墓》，《文物参考资料》1955年第11期，第134—136期；史树青：《晋周芳命妻潘氏衣物券考释》，《考古通讯》1956年第2期，第95—99页。

⑤ 何双全：《遥望星宿——甘肃考古文化丛书·简牍》，敦煌文艺出版社2004年版，第82页。

东晋皇帝晋穆帝司马聃的第二个年号，共计5年。前凉张玄靓、张天锡也沿用该年号，从升平五年到二十年。晋周芳命妻潘氏衣物券纪年为"升平五年六月丙寅朔廿九日甲午"，应是用晋穆帝年号。依照《中国历史纪年表》推算，"升平十三年"即公元369年。① 新疆出土的一些文物中也有署"升平"年号的，如：1965年，吐鲁番阿斯塔纳古墓区TAM39号墓曾出土"升平十一年王念卖驼契"和"升平十四年残契"两件纸质文书。②

胡运于衣流："胡运于"应是墓主的名字。"流"为"疏"字的误书或误摹。"疏"意为分条记录，如《汉书·苏武传》："数疏光过失予燕王"颜师古注："疏，谓条录之。"《汉书·扬雄传》："独可抗疏"颜师古注："疏者，疏条其事而言之。""衣疏"即分条记录随葬衣物之意。"胡运于衣疏"与《赵双衣物疏》中的"都中赵双衣疏"记载方式基本相同。"衣疏"或称"衣物疏"、"物疏"，如尹湾汉墓12号木牍《君兄衣物疏》有"君兄衣物疏"、13号木牍《君兄缯方缇中物疏》有"君兄缯方缇中物疏"，③ 吐鲁番所出《宋泮妻隗仪容随葬衣物疏》记载："谨条随身衣物疏"。④ 鉴此，五号墓所出衣物疏可径称"胡运于衣物疏"。

（原载《丝绸之路》2012年第4期）

---

① 方诗铭：《中国历史纪年表》，上海辞书出版社1980年版，第56页。
② 新疆博物馆：《吐鲁番县阿斯塔纳——哈拉和卓古墓群发掘简报》，《文物》1973年第10期，第9、12页。
③ 连云港市博物馆、中国社会科学院简帛研究中心、东海县博物馆、中国文物研究所编：《尹湾汉墓简牍》，中华书局1997年版。
④ 中国文物研究所、新疆博物馆、武汉大学历史系编：《吐鲁番出土文书［壹］》，文物出版社1992年版，第3、28页。

中国国家博物馆所藏王江妃木牍考释

端方《陶斋藏石记》一书中曾收录一件清末山东临朐出土的木牍，端氏将其定名为《高侨为妻王江妃造木版》，并略加释读和考证[1]。尽管该木牍是近代以来发现的第一枚衣物疏木牍，但因无法看到图版，也缺乏可资比较的同类出土材料，此后鲜有学者论及。近年来随着丧葬类文书的不断发现，多位学者在研究衣物疏、镇墓文、买地券的性质、流变及其所反映的宗教色彩时曾征引过此木牍部分内容[2]。木牍现藏于中国国家博物馆，2001年出版的《中国历史博物馆藏法书大观》一书首次刊出该木牍高清图版并附有释文，这为进一步研究提供了便利[3]。木牍长29.5厘米、宽19.2厘米、厚2.4厘米，正背面均写有文字，保存较好。本文结合学界已有研究成果从释文顺序、木牍性质、文字释读、词语考释等多个方面做进一步探讨。

---

[1] 端方：《陶斋藏石记》卷13，清宣统元年（1909）印本，第6—8页。
[2] ［美］韩森：《中国人是如何皈依佛教的——吐鲁番墓葬揭示的信仰改变》，载《敦煌吐鲁番研究》第4卷，北京大学出版社1999年版，第27页；余欣：《唐宋敦煌墓葬神煞研究》，《敦煌学辑刊》2003年第1期，第64页；刘安志：《吐鲁番所出衣物疏研究二题》，载《魏晋南北朝隋唐史资料》第22辑，武汉大学出版社2005年版；樊锦诗、彭金章：《敦煌莫高窟北区B228窟出土〈河西大凉国安乐三年（619年）郭方随葬衣物疏〉初探》，原载台湾《敦煌学》第25辑，2004年。
[3] 史树青主编：《中国历史博物馆藏法书大观》第12卷《战国秦汉唐宋元墨迹》，上海教育出版社2001年版，彩版Ⅵ、图版三〇，释文见12页。

一 释文与性质

考古发现的东晋十六国时期的衣物疏木牍和吐鲁番纸质衣物疏,其书写格式一般是先记录随葬衣物名称及数量,后写尾题。尾题主要说明死者的地望、姓名、身份、死亡时间及所随葬物品概况等,有的尾题还特别申明随葬衣物为亡者所有,亡魂赴冥世途中不得阻碍、冒名认领或抢夺所携衣物,否则按鬼律处置。尾题部分实际上是汉代告地策的演变形式[①]。鉴此,笔者将端方所做释文顺序加以调整,把记录衣物名称数量的背面释文调整为正面释文,把叙事部分正面释文调整为背面释文,调整后的释文基本符合晚期衣物疏的通例。该木牍正面文字模糊难辨,端方推测可能被水洗过,笔者怀疑木牍面可能在墓中与泥土接触被腐致使文字模糊。从残存书写痕迹来看,木牍正面分九列,八道墨绘界栏依稀可辨,其中右边五列文字尚可见,左边四列几近空白。背面八列,七道界栏,文字清晰,墨色如新,仅上端劈裂,个别文字残损。另外,汉晋时期木牍类衣物疏物疏部分多分栏书写,尾题部分竖行直书。该木牍略有不同,全部竖行直书。笔者在充分吸收学界已有研究成果的基础上,重新写定释文如下:

[故]□[袜]一量[1]、故金胡[履]一量[2]、故锦[蔽]膝一袭[3]、故□绢□一要、故□单裈一要、/故帛绢单衫一领[4]、故黄绫夹[袴]一要[5]、故紫绸袴一要[6]、故紫[绸福裙]一要[7]、故紫绸袍一领[8]、/故锦手衣一具、故帛头[缲]一枚[9]、故柞梳一枚[10]、故[鉴]一[枚][11]、故银钗[一枚]、/[故]帛面衣一领[12]、故锦擒被一张[13]、故鸡鸣枕一枚[14]、故帛练[袷衣]一领[15]……/……一枚……一具、……/帛绢二[匹]、二枚……(以上为正面)

---

① 田河:《出土遣策与古代名物研究》,《社会科学战线》2018年第10期。

齐武平四年[16]，岁次癸巳，七月乙丑朔六日庚午，释迦文仏弟子高侨敢告[17]：／［渑］湾里地振坦国士高侨元出冀州勃海郡[18]，因宦仍居青州齐郡益都县渑／［湾］里[19]。其妻王江妃年七十七，遇患积稔，医疗无损，忽以今月六日命过寿终，／上辞三光，下归蒿里[20]。江妃生时十善持心，五戒坚志[21]，岁三月六，斋戒不阙。今为戒／师藏公、山公等所使[22]，与佛取花，往如不返[23]。王妃命终之时，天帝抱花候迎精神，大杈／［倚］柱接待灵魂[24]。勅汝地下女青诏书[25]，五道大神[26]，司域之官[27]，江妃所賷衣资杂物，随／身之具，所径之处不得诃留。若有留诘沙诃[28]，楼陁碎汝身首如阿梨树枝[29]，来时忩忩，不知／书读是谁[30]？书者观世音，读者维摩大士[31]，故移。急急如律令！（以上为背面）

对于该木牍的性质学术界存在诸多争议，端方推断是为亡人焚寄冥物的物目及护照；龙潜、白彬将其归为衣物疏①；余欣认为是"告神木牌"②；黄文博定为买地券③；刘安志认为该木牍的性质与吐鲁番所出的后期衣物疏性质一样，皆为知会地下神灵一类的文告，是高侨为其妻王江妃所作的通往冥界的"移文"，也就是唐孔颖达所说的"死人移书"④。笔者认为该木牍内容与河西走廊出土的十六国时期的衣物疏，尤其与吐鲁番出土的晚期衣物疏及敦煌莫高窟所出河西大凉国安乐三年（619年）郭方随葬衣物疏内容、格式、功用基本相同⑤，无疑是衣物疏，可以定名为《北齐武平四年王江妃衣物疏》。

---

① 龙潜：《揭开〈兰亭序帖〉迷信的外衣》，《文物》1965年第10期；白彬：《吴晋南朝买地券、名刺和衣物疏的道教考古研究》，载张勋燎、白彬《中国道教考古》第3册，线装书局2006年版，第998页。
② 余欣：《唐宋敦煌墓葬神煞研究》，《敦煌学辑刊》2003年第1期。
③ 黄文博：《南北朝至两宋时期买地券文"为佛采花"释读》，《中国国家博物馆馆刊》2016年第4期。
④ 刘安志：《吐鲁番所出衣物疏研究二题》，《魏晋南北朝隋唐史资料》第22辑，第149页。
⑤ 樊锦诗、彭金章：《敦煌莫高窟北区B228窟出土〈河西大凉国安乐三年（619年）郭方随葬衣物疏〉初探》，载台湾《敦煌学》第25辑，2004年，第516页。又见彭金章主编：《敦煌莫高窟北区石窟研究》，甘肃教育出版社2013年版，第145页。本文引用后者。

二 释文校释

（一）［故］□［袜］一量

"故"、"袜"二字为笔者补释，"故"笔画可见，"袜"仅存"衣"旁。汉晋衣物疏中，"量"一般用做鞋、袜的量词，如：江西南昌东湖区永外正街 1 号晋墓所出衣物疏记载"故白布袜一量、故丝履一量"[①]；长沙北门桂花园晋墓所出周芳命妻潘氏衣物疏记载"故练袜一量，故斑头履一量"[②]。因为下条记"履"，此条当记"袜"。

（二）故金胡［履］一量

"履"字端方阙释，从图版笔画看疑释"履"。"胡履"应是一种胡人风格的鞋。

（三）故锦［蔽］膝一袭

"蔽"，端方释文阙释，但在考释中指出当为"蔽"。"蔽膝"亦作"蔽郄"，是一种围在衣服前面的大巾。

（四）故帛绢单衫一领

"帛"，端方释为"贝"，恐误，从字形看当释"帛"。周芳命妻潘氏衣物疏记载"故帛绢手巾二枚"。"衫"，端方释为"衿"，"衿"在典籍中一般指衣襟或衣领，是衣物组成部分，一般不做衣物名，释"衿"恐误，从字形看当释为"衫"。《玉篇》："衫，小襦也，禅襦也。"《说文·衣部》："襦，短衣也。"

（五）故黄绫夹［袴］一要

"袴"，端方阙释。"夹袴"是针对上文"单裈"而言。夹通袷，

[①] 江西省博物馆：《江西南昌晋墓》，《考古》1974 年第 6 期。
[②] 李正光：《长沙北门桂花园发现晋墓》，《文物参考资料》1955 年第 11 期。

袷或体作袷。《说文·衣部》："袷，衣无絮。"徐锴系传："袷，夹衣也。"《宋书·朱百年传》："百年家素贫，母以冬月亡，衣并无絮，自此不衣绵帛。尝寒时就觊宿，衣悉袷布。"① 夹袴就是有面有里而无夹絮之袴。

（六）故紫绌袴一要

"紫"，端方释为"京"，从图版看，"此"、"糸"清晰可见，应释为"紫"。《说文·糸部》"绌，大丝缯也。"段玉裁注"今缯帛通呼为绌。"紫绌即紫绸。

（七）紫 [绌褔裙] 一要

"绌"，端方阙释，从图版看，应释为"绌"。后两字似为"褔裙"，"褔裙"即幅裙。

（八）故紫绌袍一领

"绌"，端方释为"袖"，细审图版字形，当释"绌"。

（九）故帛头 [缲] 一枚

"缲"，端方阙释。"缲"通"幧"，头幧疑即幧头，古人束发之巾。《方言》卷四："络头、帞头……幧头也。"《说文·巾部》："幧，敛发也。"《玉篇·巾部》："幧，幧头也，敛发也。"《广韵·豪韵》："幧，所以裹髻。"

（十）故柞梳一枚

"梳"，端方释为"楝"，从字形看无疑是正确的。《说文》"楝，短椽也。"与文意不合。汉晋简牍中"疏"常写作"疎"，"束"为"朿"之讹形。此牍之"楝"应为"梳"之异体。柞梳即柞木之梳。

---

① 《宋书》卷93《隐逸传·朱百年》，中华书局1974年版，第2295页。

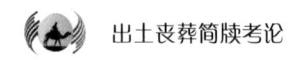

（十一）故［鉴］一［枚］

"鉴"、"枚"为笔者补释。鉴指铜镜。

（十二）［故］帛面衣一［枚］、

此行上端劈裂，"帛"上之字残损，按衣物疏书写惯例拟补一"故"字。"面衣"，端方释为"画衣"，误。"画"当释为"面"。"枚"，端方释为"领"，细审字形当释为"枚"。衣物疏中"面衣"的量词主要用"枚"、"颜"或"具"。"面衣"为衣物疏中习见之服饰或葬具，吐鲁番衣物疏中"面衣"凡14见①。"面衣"在典籍中有两种含义：一为古人服饰，用以遮蔽脸面。《后汉书·刘玄刘盆子列传》："其所授官爵者，皆群小贾竖，或有膳夫庖人，多着绣面衣、锦袴、襜褕、诸于，骂詈道中。"②《晋书·惠帝纪》："行次新安，寒甚。帝堕马伤足，尚书高光进面衣，帝嘉之。"③《西京杂记》："赵飞燕为皇后。其女弟在昭阳殿遗飞燕书曰：……谨上襚三十五条，以陈踊跃之心，金华紫轮帽，金华紫罗面衣。"④高承《事物纪原·冠冕首饰部·帷帽》："唐《舆服志》曰：又有面衣，前后全用紫罗为幅下垂，杂他色为四带，垂于背，为女子远行、乘马之用，亦曰面帽。"⑤一为死者的覆面布。《仪礼·士丧礼》："幎目用缁，方尺二寸，赪里，着组系。"郑玄注："幎目，覆面者也。赪，赤也。着，充之以絮也。组系，为可结也。"贾公彦疏："此面衣亦萦于面目，故读从之也。"⑥《新唐书·礼乐志》："面衣，玄方尺，纁里，组系。"⑦牍文"面衣"当为头衣，是一种服饰。

---

① 吴娅娅：《吐鲁番出土衣物疏辑录及所记名物词汇释》，硕士学位论文，西北师范大学，2012年，第76—77页。
② 《后汉书》卷11《刘玄刘盆子列传》，中华书局1965年版，第471页。
③ 《晋书》卷4《惠帝纪》，中华书局1974年版，第104页。
④ （晋）葛洪：《西京杂记》，中华书局1985年版，第8页。
⑤ （宋）高承：《事物纪原》，中华书局1989年版，第139页。
⑥ 《仪礼注疏》，北京大学出版社2000年版，第775页。
⑦ 《新唐书》卷20《礼乐志》，中华书局1975年版，第448页。

（十三）故锦擒［被］一张

"擒被"，端方释为"□"。从字形看，阙释之字可释为"擒"，"擒"下之字为"被"。"擒"通"衾"。"衾被"即被子。唐李复言《续玄怪录·李卫公靖》："食毕，夫人入宅，二青衣送床席裀褥，衾被香洁……"敦煌莫高窟所出《河西大凉国安乐三年郭方衣物疏》记载："丝万斤，缦黄衿被□。"① 衿被即衾被。

（十四）故鸡鸣枕一枚

"鸣枕"，端方误释为"鸟椀"。"鸡鸣枕"在吐鲁番衣物疏中凡20见②。清姚文驷《元明事类钞》："鸡鸣枕，《客座新闻》偶武孟为武冈州幕官，因凿渠得一瓦枕，枕之，闻其中鸣鼙，起擂一更至五更次第不差，既闻鸡鸣亦三唱而晓，以为鬼怪，碎之，见其中设机局以应夜气，识者谓此武侯鸡鸣枕也。"③ 应劭《风俗通义》第八《祀典》记载古人用雄鸡祀鬼神，去咎，除病，治蛊，"鸡主以御死避恶也。"④ 敦煌所出 P.2534 号文书主要记载葬事，其中十月庚午日条下记载："庚午日，土危，地下庚辰月，金鸡鸣，玉犬吠。次日葬及殡埋，有黑鸟应，神灵安宁，子孙昌吉。"⑤ 据此，笔者推测"鸡鸣枕"可能是一种为使亡人安宁，不扰生人的专用枕头。谭蝉雪对丧葬用鸡有详细考论⑥。

---

① 彭金章主编：《敦煌莫高窟北区石窟研究》，甘肃教育出版社2013年版，第140页。
② 吴娅娅：《吐鲁番出土衣物疏辑录及所记名物词汇释》，硕士学位论文，西北师范大学，2012年，第158—159页。
③ （清）姚之骃：《元明事类钞》卷30《器用门》，文渊阁《四库全书》，第884册，第486d。
④ 吴树平：《风俗通义校释》，天津人民出版社1980年版，第312页。
⑤ 上海古籍出版社、法国国家图书馆编：《法国国家图书馆藏敦煌西域文献》第15册，上海古籍出版社2002年版，第188页。
⑥ 谭蝉雪：《丧葬用鸡探析》，《敦煌研究》1998年第1期。

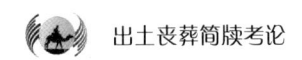

(十五) 故帛练［袷衣］一［领］

该条字迹模糊，端方阙释之字，从字形残存笔画看，可释为"袷衣"，末尾一字端方释为"枚"，当释为"领"。

(十六) 齐武平四年

"武平"为北齐后主高纬年号，即公元570年，"武平四年"即公元573年。山东临淄出土的北朝崔博墓志铭也记载"大齐武平四年岁次癸巳十月"。[①]

(十七) 文仏弟子

"仏"为"佛"之异体字。《正字通·人部》："仏，古文佛。宋张子贤言：'京口甘露寺铁镬有文：梁天监造仏殿前。'"敦煌文书中"佛"也常写作"仏"。

(十八)［渑］湾里地振坦国士

"渑"字残泐，依下文"渑湾里"补。端方考证："《大清一统志》渑水自临淄县西北古齐城外西北流经乐安县西南，又西北至博兴县东南入时水……水北流者势极曲屈，俗称九里十八湾。渑湾里之名仿此。""地振坦"疑是地名。"国士"，端方释为"国土"。这种写法的"士"与敦煌文书"士"字俗体写法相同[②]。"国士"指国中才力过人，最优秀的人物。宋代黄庭坚《书幽芳亭》："士之才德盖一国则曰国士。"此处是对高侨的溢美之词。

(十九) 因宦仍居青州齐郡益都县渑［湾］里

"因"字写法与敦煌文书"因"的俗字写法相同[③]。青州益都县，

[①] 山东省文物研究所：《临淄北朝崔氏墓》，《考古学报》1984年第2期。
[②] 黄征：《敦煌俗字典》，上海教育出版社2005年版，第366页。
[③] 黄征：《敦煌俗字典》，上海教育出版社2005年版，第499页。

《旧唐书·地理志》:"益都,汉县,在今寿光县南十里故益都城是也。北齐移入青州城北门外为治所。"①

(二十)上辞三光,下归蒿里

这两句都是对死的委婉说法。三光指日月星。《尚书·尧典》:"允厘百工,庶绩咸熙。"孔颖达疏:"日月与星,天之三光。四时变化,以此为政。"②《白虎通·封公侯》:"天有三光日月星。"三光借指阳世,可见日月星辰。蒿里,本为山名,在泰山之南,为死者葬所。因此"蒿里"也泛指阴间或墓茔。《汉书·广陵厉王刘胥传》:"蒿里召兮郭门阅,死不得取代庸,身自逝。"颜师古注:"蒿里,死人里。"③日本前野直彬指出"蒿里"即《汉书·武帝纪》中所载武帝祭祀的高里,死人都要先到"蒿里"集合,构成一个地下社会④。吴荣曾说汉人相信泰山为鬼魂群聚之处,高里(蒿里)山与泰山相连,也是和幽冥有关的地方。泰山是冥府中最高枢纽所在,类似汉之都城,而蒿里则是死人聚居的地方,相当于汉之乡里⑤。余欣认为蒿里可能跟后土有关⑥。"蒿里"作为亡魂聚集之里,在出土告地策、衣物疏、买地券、镇墓文及墓志中习见。古人的冥世神煞系统随着现世官职体系、户籍制度的逐步发展定型,以及佛教的传入、道教的兴起和原有鬼神观念的相互作用而逐步完善。

(二十一)十善持心,五戒坚志

吐鲁番出土的《高昌章和十三年(543)孝姿随葬衣物疏》记载

---

① 《旧唐书》志第十八《地理志一》,中华书局1975年版,第1453页。
② 《春秋左传正义》,影印阮元刻本《十三经注疏》,浙江古籍出版社1998年版,第120页。
③ 《汉书》卷63《广陵厉王刘胥传》,中华书局1962年版,第2763页。
④ [日]前野直彬:《冥界游行(上)》,日本《中国文学报》第14册,京都大学文学部,1961年,第42—45页。
⑤ 吴荣曾:《镇墓文中所见到的东汉道巫关系》,《文物》1981年第3期。
⑥ 余欣:《唐宋敦煌墓葬神煞研究》,《敦煌学辑刊》2003年第1期。

"佛弟子孝姿持佛五戒，专修十善。"① 吐鲁番所出 69 份衣物疏中"持佛五戒，专修十善"凡 21 见，与本木牍"十善持心，五戒坚志"意思相同。五戒指不杀生、不偷盗、不邪淫、不妄语、不饮酒，五项必戒的德目，故称五戒；十善指不杀生、不偷盗、不邪淫、不妄言、不绮语、不两舌、不恶口、不贪欲、不瞋恚、不邪见。都是佛门弟子止恶修善，修身养性的戒律和信条。

（二十二）今为戒师藏公、山公等所使

戒师指受戒律师。《心地观经·报恩品》下："若欲受持上品戒，应请戒师佛菩萨。"敦煌莫高窟北区 B228 窟出土《河西大凉国安乐三年（619 年）郭方随葬衣物疏》记载"戒师元达、忏师僧生、咒愿师元达。"② 藏公、山公为王江妃戒师。

（二十三）与佛取花，往如不返

"如"，端方释为"知"，余欣括注为"之"③。"如"字所处位置有小木节，影响辨识，从字形看当释为"如"。"如"与"往"意思相近，都有往、去之意。《尔雅·释诂》："如，往也。"段玉裁《说文解字注》："如，凡有所往曰如。""往如"系同义词连用，即往去，前往之意。

"与佛取花，往如不返"，类似的表述在出土的唐宋时期衣物疏、买地券中习见，如：陕西靖边县征集到的《唐景龙四年（710 年）衣物疏》记载："此人生存之日，勤［持十］善，常律五诫，三长月六，恒修不阙……随佛采花。"④ 安徽合肥出土的《五代吴大和三年（931 年）李赞买地券》记载："（李赞）不幸于七月十六日，［为］［佛］采花，阻天露雾，游荒于□□，不还终命。"合肥绩溪路出土的《五代吴天祚三年

---

① 唐长孺主编：《吐鲁番出土文书（图录本）》第 1 册，文物出版社 1992 年版，第 143 页。
② 彭金章主编：《敦煌莫高窟北区石窟研究》，甘肃教育出版社 2013 年版，第 140 页。
③ 余欣：《唐宋敦煌墓葬神煞研究》，《敦煌学辑刊》2003 年第 1 期。
④ 张建林：《唐代丧葬习俗中佛教因素的考古学考察》，载《唐代历史文化研究》，三秦出版社 2005 年版，第 245 页。

（937年）赵氏娘子买地券》记载："天水郡赵氏娘子行年十九，谓（为）佛彩（采）花，去而不返，来时迷乱，不知家人身受菩萨戒。"① 安徽宿松县东郊出土的《宋天圣三年（1025年）赵大娘买地券》记载："因随佛采花不返，人生在者，死归蒿里。"② 合肥北门外出土的《宋元祐七年（1092年）梁大娘买地券》记载："为佛采花，阻天雾露，迷荒不返，因兹命终。"③ 海口市琼山区永兴镇美秋村宋代积石墓中出土的《北宋大观元年（1007年）谭三娘买地券》记载："因随大云寺僧澉潜（前）往南山采花，遂迷路不返归。"④ 韩森认为"与佛取花"是"她（王江妃）将'与佛取花'，前往觐见天帝，天帝抱花迎候。"⑤ 余欣指出将王江妃之死因解释成为佛取花，佛教味道很浓，但发挥主导作用的仍是中国本土的神，如天帝、女青、五道大神、司坡之官，这一点又和买地券极为相似⑥。袁维玉认为"墓主'为佛采花'而死，也可理解为是为墓主积累功德，使阅券神灵相信亡者功德无量，从而让死者在地下世界能安然度日，不返回俗世打扰生人。"⑦ 黄文博征引南北朝至宋代买地券中"为佛采花"的多个例证，分析指出"与佛采花"是对死亡的讳称。佛教文化中花通常是作为供奉佛祖的"六宝"而出现，佛教文化里也有"以花献佛供佛"的传统。《佛为首迦长者说业报差别经》中提到"香花供佛，能得十种功德"。《撰集百缘经》记载，有位采花人把所采之花做成花鬘供佛供塔，死后得以升天。《采花违王上佛授决号妙花经》中提到采花人"宁弃身命，以花上佛并散圣众"、"为法而不惜命"、"以花供上稽首归命，知违令当死，宁以有德而死，不以无德而存"等等。这里将"为佛（采花）献花"与死亡直接联系起来的意图十分明

---

① 汪炜、赵生泉、史瑞英：《安徽合肥出土的买地券述略》，《文物春秋》2005年第3期。
② 陈瑞青、池素辉：《花、药与酒：买地券所记宋代信众的曼妙死亡方式》，《宁夏社会科学》2017年第2期。
③ 汪炜、赵生泉、史瑞英：《安徽合肥出土的买地券述略》，《文物春秋》2005年第3期。
④ 高文杰：《海南出土宋代买地券考》，《中原文物》2011年第2期。
⑤ [美]韩森：《中国人是如何皈依佛教的？——吐鲁番墓葬揭示的信仰改变》，《敦煌吐鲁番研究》第4卷，北京大学出版社1999年版，第27页。
⑥ 余欣：《唐宋敦煌墓葬神煞研究》，《敦煌学辑刊》2003年第1期。
⑦ 袁维玉：《安徽合肥出土买地券中的佛教因素》，《文物春秋》2014年第1期。

显，"为佛采花"实质上暗含了佛教信徒为了追求宗教信仰宁可舍命赴死、魂归"彼岸"的潜在意思。因此，对买地券中出现的"为佛采花"类文辞是对死亡的讳称的判断合乎情理①。陈瑞青认为花作为佛教"六供具"之一，代表了纯洁、神圣，券主采花供佛，求取功德，死后升天的愿望，源自《撰集百缘经》佛教故事②。

（二十四）天帝抱花候迎精神，大权［倚］柱接待灵魂

"倚"字处劈裂，文字残损，各家阙释。"倚"字为笔者依据文意拟补。"柱"，端方释为"往"，学界皆从之。细审字形与上文"往如"之"往"有别，应释为"柱"。"倚柱"就是靠着柱子，与"抱花"都是候迎接待的方式。《战国策》燕策三："轲自知事不就，倚柱而笑。"牍文此句学界句读不同，刘安志读为"天帝抱花，候迎精神，大权□往，接待灵魂。"③ 余欣读为"天帝抱花候迎，精神大权，□往接待灵魂。"其实这是一个对偶句，"天帝"对"大权（冥界神煞）"、"抱花"对"倚柱"、"候迎"对"接待"、"精神"对"灵魂"。

（二十五）勅汝地下女青诏书

"勅"，《广雅·释诂》："勅，顺也。"王念孙疏证："卷二云：'敕，理也。'理亦顺也，勅与敕通。"《集韵·职韵》："勅，或作敕。"《易·噬嗑》："先王以明罚勅法。"陆德明释文："勅，耻力切。此俗字也，《字林》作'敕'。"《说文·攴部》："敕，诫也。"也指自上命下之词。

"女青诏书"在魏晋南北朝及唐宋时期的衣物疏、买地券、镇墓文中习见。如：江西南昌火车站3号晋墓出土的《永和八年（352年）张嵋衣物疏》记载："张嵋年八十八，即醉身丧。物疏如女青诏书，不得

---

① 黄文博：《南北朝至两宋时期买地券文"为佛采花"释读》，《中国国家博物馆馆刊》2016年第4期。
② 陈瑞青、池素辉：《花、药与酒：买地券所记宋代信众的曼妙死亡方式》，《宁夏社会科学》2017年第2期。
③ 彭金章主编：《敦煌莫高窟北区石窟研究》，甘肃教育出版社2013年版，第145页。

志者……"①湖南长沙出土的《刘宋元嘉十年（433年）徐副地券》记载："依玄都鬼律治罪。各慎天宪，明永奉行。一如太清玄元上三天无极大道太上老君地下女青诏书律令。"②安徽合肥出土的《五代吴大和三年（931年）李赞买地券》记载："如五方五帝使者女青诏［书］律令。"合肥绩溪路出土的《南唐保大十年（952年）陈氏十一娘买地券》记载："保人今日直符，急急如使者□□女青［诏］书律令敕。"合肥桐城路出土《明正统九年（1444年）陶时买地券》记载："急急如五帝使者女青律令。券立二本，一本付后土，一本乞付墓中。"合肥北郊出土的《明嘉靖四十二年（1563年）伦氏买地券》记载："急急如玉帝使者女青律令。右券二本，一本奉付后土，一本付墓中。"③白彬指出衣物疏、买地券中的"女青诏书"，即今存《正统道藏》洞神部戒律类所收之《女青鬼律》。并征引任继愈在《道藏提要》所讲："《女青鬼律》似为南北朝时天师道戒律。北周甄鸾《笑道论》引'女青文'；《要修科仪戒律钞》卷一引'女青律'；唐王悬河《三洞珠囊》卷六引'太玄都中宫女青律'；《云笈七签》卷四十载'太玄都中宫女青律'皆可证'女青律'乃是影响较大之早期道教戒律。"④《道藏》洞神部戒律类所收《女青鬼律》共6卷，主要记载天下鬼神的姓名及其所行祸害与破解之法。其卷首云"纪天下鬼神姓名吉凶之术，以敕天师张道陵，敕鬼神不得妄转东西南北。后有道男女见吾秘经知鬼姓名皆吉，万鬼不干，千神宾伏。奉行如律，不得妄传非其人。"⑤

---

① 江西省文物考古研究所等：《南昌火车站东晋墓发掘简报》，《文物》2001年第2期。
② 王育成：《徐副地券中天师道史料考释》，《考古》1993年第6期。
③ 张建林：《唐代丧葬习俗中佛教因素的考古学考察》，载《唐代历史文化研究》，三秦出版社2005年版，第245页。
④ 白彬：《江西南昌东晋永和八年雷陔墓道教因素试析》，《南方文物》2007年第1期。白彬《吴晋南朝买地券、名刺和衣物疏的道教考古研究》一文对《女青鬼律》有详细考证，载张勋燎、白彬《中国道教考古》第3册，线装书局2006年版，第911—915、985—992页。
⑤ 《女青鬼律》，载《道藏》第18卷，文物出版社、上海书店、天津古籍出版社1988年版，第239—252页。

(二十六) 五道大神

"五道大神"在吐鲁番衣物疏中凡17见。马雍认为"五道大神是我国古代民间迷信中普遍信奉的一种冥神。'五道'指东、西、南、北、中而言,这种神专管阴司道路关津,所以人死后要祈求五道大神放任死者的魂魄通行。"① 樊锦诗、彭金章也主张"五道大神"是主管"冥关幽路"的道教大神。② 刘安志说吐鲁番衣物疏中的"五道大神",即佛教掌管天堂、地狱、人、畜生、饿鬼五道之神,名"贪识",为死者司魂之神。引孙吴支谦译《佛说太子瑞应本起经》卷上的记载:"(太子)即起上马,将车匿前行数十里,忽然见主五道大神,名曰贪识,最独刚强,左执弓,右执箭,腰带利剑。所居三道之衢,一曰天道,二曰人道,三曰三恶道,此所谓死者魂神,所过当见者也,太子到问,何道所从,贪识惶惧,投弓、释箭、解剑,边巡示以天道曰,是道可从。"③ 我们认为衣物疏中的"五道大神"源自汉代买地券中的掌管冥世道路的冥世官吏,如《光和五年(182年)刘公买地券》记载:"敢告墓上、墓下……地下二千石、墓主、墓皇、墓臽、东仟(阡)、西仟(阡)、南佰(陌)、北佰(陌)……"④ 可见汉代已有掌管东西南北阡陌(道路)的神煞。南北朝时期买地券中记载更为详细,如《刘宋元嘉十年(433)徐福买地券》记载:"安都丞、武夷王、道上游逻将军、道左将军、道右将军三道将军、蒿里父老……"⑤《元嘉十六年(439)蒯谦买地券》:"安都丞、武夷王、道上游逻将军、当道将军、横道将军、道上将军、道左将军、道右将军、中道将军三道将军、蒿里父老……"⑥ "五道大神"应该就是指这些掌管冥世道路的冥神。

---

① 马雍:《略谈有关高昌史的几件新出土文书》,《考古》1972年第4期。
② 彭金章主编:《敦煌莫高窟北区石窟研究》,甘肃教育出版社2013年版,第144页。
③ 刘安志:《吐鲁番所出衣物疏研究二题》,《魏晋南北朝隋唐史资料》第22辑,第152页。
④ 河北省文化局文物工作队:《望都二号汉墓》,文物出版社1959年版,第13、20页。
⑤ 长沙市文物工作队:《长沙出土南朝徐福买地券》,载《湖南考古辑刊》第1辑,岳麓书社1982年版,第117—119页。
⑥ 鲁西奇:《中国古代买地券研究》,厦门大学出版社2014年版,第113页。

（二十七）司域之官

"域",端方释为"坡",学界多从之。释"坡"从字形上看很可疑,"坡"在古文献中主要有耕地翻土、土块、尘土等义项,从这些词义角度看释"坡"也与文义不合。该字实为"域"之草写形式。《诗经·唐风·葛生》:"葛生蒙棘,敛蔓于域。"郑玄笺:"域,茔域也。"《广雅·释邱》:"域,葬地也。""司域之官"也就是掌管坟茔墓地的冥世之吏,即余欣所归纳的"丘丞"、"墓伯"、"四封都尉"、"墓门亭长"、"魂门亭长"、"蒿里丈人"等冥世神煞[1]。1957 年四川眉州彭山县出土的《后蜀广政八年（955 年）宋琳买地券》记载:"相地袭吉,宜于上代营内庚地,置造□宅。东至青龙,西至白虎,南至朱雀,北至玄武。上至青天,下至黄泉。内方勾陈,分掌四域。丘承（丞）墓陌（伯）,封步界畔。道路将军,整齐阡陌。阡（千）秋万岁,永无殃咎。若辄有犯诃禁者,将军、佰（陌）长付河伯。"[2]《晋某年蛇程氏葬父母镇墓券》:"告立之印,恩在墓皇、墓伯、墓长、墓令、丘丞、地下二千石、地下都尉、延门伯史、蒿里父老。"[3] 这些冥神即"司域之官"。

（二十八）若有留诘沙诃

"诘"有质问之意,《说文·言部》"诘,问也。"《广雅·释诂》:"诘,责也。"还有追究、问罪之意。《礼记·月令》:"诘诛暴慢,以明好恶。"郑玄注:"诘,谓问其罪,穷治之也。"《集韵·祃韵》:"沙,声澌也。"《说文·言部》:"诃,大言而怒也。"沙诃即声嘶力竭地诃责、盘问。

（二十九）楼陁碎汝身首如阿梨树枝

该句似为诅咒惩戒之语。楼陁即蝼蚁,亦称蝼蛄、蚂蚁。尸体被蝼

---

[1] 余欣:《唐宋敦煌墓葬神煞研究》,《敦煌学辑刊》2003 年第 1 期。
[2] 四川省博物馆文物工作队:《四川彭山后蜀宋琳墓清理简报》,《考古通讯》1958 年第 5 期。
[3] ［日］《书道全集》第 3 卷,东京:平凡社 1931 年版,第 15、17 页。

蚁所食是古人最大的忌讳，也是不孝。曝尸、碎尸是对死者及其亲人极大的侮辱。《庄子·列御寇》："在上为乌鸢食，在下为蝼蚁食。"《吕氏春秋·节丧》："慈亲孝子避之者，得葬之情矣。善棺椁，所以避蝼蚁蛇虫也。"《北史》："今将死于他乡，尸骸委于草野，为乌鸢蝼蚁所食，不复见家族。"[1]"如阿梨树枝"也见于《河西大凉国安乐三年（619 年）郭方随葬衣物疏》，作"倘有诈欺之鬼妄生拘碍，诅破如诃梨树枝。"樊锦诗考证"阿梨树为印度的一种树木，梵文 Anduka‐manjari，其枝似兰枝，若落时必碎为七。《法华经·陀罗尼品·第二十六》有'头破作七分，如阿梨树枝'的记载。"[2]《法华经持验记》、《先觉宗乘》、《准提净业》等佛经中也有类似的记载。"楼陁碎汝身首如阿梨树枝"就是蝼蚁将咬碎你尸骨如残落断裂的阿梨树枝。

（三十）忩忩

《字汇·心部》："忩，与恖同。"忩忩，匆忙貌。《三国志·吴志·孙和传》："权登白爵观见，甚恶之，敕据晃等无事忩忩。"《敦煌变文集·维摩诘经讲经文》："忩忩独自入城门，行止因由请宣唱。"

（三十一）维摩大士

即维摩诘，梵语 Vimalakirti，佛经中人名。《维摩诘经》中说他和释迦牟尼同时，是毗耶离城中的一位大乘居士。

结　语

山东考古发现的衣物疏主要是汉代的，其中临沂金雀山 2 座西汉墓曾出土 8 段衣物疏残片，因残损严重，无法释读[3]。日照海曲 2 座西汉墓土出土衣物疏 4 枚，其书写格式与出土楚地遣策基本一致，但相同器物

---

[1] 《北史》卷 93《僭伪附庸》，中华书局 1974 年版，第 3071 页。
[2] 彭金章主编：《敦煌莫高窟北区石窟研究》，甘肃教育出版社 2013 年版，第 143 页。
[3] 临沂市博物馆：《山东临沂金雀山周氏墓群发掘简报》，《文物》1984 年第 11 期。

重复记录，这在出土遣策类文书中比较罕见[①]。武汉大学简帛研究中心曾入藏1枚山东出土的汉代衣物疏[②]，与青岛土山屯2座汉墓出土的2枚衣物疏木牍形制内容相类[③]。王江妃衣物疏与上述汉代衣物疏内容和书写格式有一定差距，却与相隔千里之外的敦煌莫高窟所出郭方衣物疏以及吐鲁番所出高昌延昌卅六年（596）以后的纸质衣物疏极为相近，说明作为丧葬礼俗的衣物疏在晚期已经形成一固定模式广为流传。丧葬仪式最能体现一个民族的信仰与礼俗，该衣物疏既保留着传统遣策（衣物疏）的基本内容与格式，又糅合了一些道教、佛教的丧葬元素，大体反映了当时民间信仰的复杂性与多元化，也体现了民间丧葬礼俗的超强整合能力。

本文为国家社会科学基金重大项目"简帛学大辞典"（项目批准号：14ZDB027）成果。

（原载《中国国家博物馆馆刊》2020年第6期）

---

① 刘绍刚、郑同修：《日照海曲汉墓出土遣册概述》，《出土文献研究》第12辑，中西书局2013年版，第202—212页。
② 李静：《武汉大学简帛研究中心藏衣物数试释》，载武汉大学简帛研究中心主办《简帛》第10辑，上海古籍出版社2015年版，第211—216页。
③ 青岛市文物保护考古研究所等：《山东青岛市土山屯墓地的两座汉墓》，《考古》2017年第10期。

莫高窟北区所出《河西大凉国安乐三年郭方衣物疏》校释

古人在葬礼上宣读赙赠及随葬物品名目是一项重要的仪式，衣物疏便是古人用来记录随葬物品的清单，也是死者携向冥世财物的凭证。目前，考古发现的战国至唐初的遣策类丧葬文书（含衣物疏）共160多份，其中甘肃考古发现并刊布的东汉至十六国时期的衣物疏木牍共27枚，包括武威出土的6枚、高台出土的10枚、玉门出土的10枚、金塔出土的1枚。① 此外，甘肃考古文博单位还有多枚尚未刊布的衣物疏简牍，这些简牍多集中出土于在河西走廊一带，但在敦煌始终没有出土木牍类衣物疏。1989年，敦煌研究院考古人员在莫高窟北区瘗窟B228窟发现一份河西大凉国安乐三年（619）的纸质衣物疏，这是敦煌考古发现的唯一一件衣物疏，也是甘肃出土衣物疏中年代最晚的一份。② 该衣物疏与甘肃其他地方所出衣物疏在材质、内容、书写格式上都有别，但与山东临朐所出《北齐武平四年（573）王江妃衣物疏》以及吐鲁番所出延昌二年（562）以后的衣物疏极为相近，③ 这对研究衣物疏在河西走廊一带的

---

① 田河：《出土遣策与古代名物研究》，《社会科学战线》2018年第10期，第138—139页；吴浩军：《河西墓葬文献研究》，上海古籍出版社2019年版，第187—192页。

② 彭金章、王建军：《莫高窟北区石窟》（第3卷），文物出版社2004年版，第334页/图版一七五。樊锦诗、彭金章：《敦煌莫高窟B228窟出土〈河西大凉国安乐三年（619年）郭方随葬衣物疏〉初探》，载台湾《敦煌学》第25辑，第515—528页，2004年。又见彭金章主编《敦煌莫高窟北区石窟研究（上）》，甘肃教育出版社2013年版，第139—150页。

③ 端方：《陶斋藏石记》卷十三，清宣统元年印本，第6—8页。史树青主编：《中国历史博物馆藏法书大观·第十二卷·战国秦汉唐宋元墨迹》，上海世纪出版集团、上海教育出版社2001年版，第12页。彩版Ⅵ、图版三〇。

莫高窟北区所出《河西大凉国安乐三年郭方衣物疏》校释

流传演变，探讨当时人们的社会生活、宗教信仰有一定的参考价值。樊锦诗、彭金章撰写的《敦煌莫高窟 B228 窟出土〈河西大凉国安乐三年(619年)郭方随葬衣物疏〉初探》（下文简称《初探》）一文从文字释读、名物考证、衣物疏性质，以及衣物疏所反映的鬼神观念、宗教思想和李轨政权、地方历法等多个角度对郭方衣物疏进行了综合研究，文章博洽精当，可容置喙之处不多。此后，关尾史郎、刘安志、吴浩军就该衣物疏个别问题加以讨论。[①] 本文主要就该衣物疏个别字词释读提出一些补充意见，供学界批评。

一 释文

该衣物疏材质为本色麻纸，宽 42.3 厘米、高 28.3 厘米，整体保存完好，个别地方略有残损，墨书 14 行，字迹清晰可辨，前 10 行书写舒朗，后 4 行紧密。从书写风格看，后 4 行与前 10 行似非同一书手。最后一行受尸液浸渍腐蚀，颜色发黑，字体模糊难辨。原释文转录如下，个别文字、句读略作调整：

> 绵脚靡并低靴各一量，帛练五匹，偟帛练襌衫
> 各一具，布衫一领，帛丝布面衣一枚[1]，缦绲头一枚[2]，
> 帛练万匹，豆黄万石[3]，丝絮万石，丝万斤，缦黄衿被万[4]。
> 推乐安三年岁至已卯二月庚子朔九日，[释迦弟子郭方遭]不幸，殃及寿，惶戒不能自申[5]，造墓已成，今日[大]敛[6]，但生处高堂，死归蒿里，棺廓以讫，衣被萬□[7]，
> 并赠千秋衣，万岁粮，一物已上录在前胖[8]，明日大[葬]地

---

① 关尾史郎：《莫高窟北区出土〈大凉安乐三年（619）二月郭方随葬衣物疏〉的两三个问题》，《敦煌吐鲁番研究》（第 9 卷），中华书局 2006 年版，第 111—122 页；刘安志：《跋吐鲁番新出〈唐显庆元年（659）西州宋武欢移文〉》，《魏晋南北朝隋唐史资料》第 23 辑，武汉大学文科学报编辑部 2006 年版，第 198—208 页；吴浩军：《河西墓葬文献研究》，上海古籍出版社 2019 年版，第 187—192 页。

下[9]，但有用度，莫疑莫难，倘有诈欺之鬼，妄生拘（拘）导，头破如诃梨树枝[10]，急急如律令！

戒师元达、忏师僧生、咒愿师元达。

敬白太山府君、五道大神、当路官属、阎罗王等：释迦弟子郭方，平生之日，行道精懃，奉修五戒十善，供养三宝，（毫）釐无犯。今以安乐三年二月十七日迁神过世，所［经］之处不（得）留蛰（执），羁连必报，面奉听事遊神静主[11]。

二 补释

(1)《初探》释文作"帛丝布面衫一枚

"面"下之字与本衣物疏两次出现的"衫"字形体有别，当释为"衣"。上文有"布衫一领"，"衫"之量词用"领"，此处用"枚"，也说明非同类衣物。"面衫"在出土衣物疏中从未出现过，而"面衣"为衣物疏中习见之服饰，仅吐鲁番衣物疏中就13见。"面衣"在典籍中有两种意义：一为古人服饰，用以遮蔽脸面。《后汉书·刘玄刘盆子列传》："其所授官爵者，皆群小贾竖，或有膳夫庖人，多着绣面衣、锦袴、襜褕、诸于，骂詈道中。"① 宋代高承《事物纪原·冠冕首饰部》"帷帽"条："唐《舆服志》曰：帷帽创于隋代，永徽中始用之，拖裙及颈。今世士人，往往用皂纱若青，全幅连缀于油帽或毡笠之前，以障风尘，为远行之服，盖本此。又有面衣，前后全用紫罗为幅下垂，杂他色为四带，垂于背，为女子远行、乘马之用，亦曰面帽。"② 一为死者的覆面之巾。《仪礼·士丧礼》曰："幎目用缁，方尺二寸，䞓里，著，组系。"郑玄注："幎目，覆面者也。䞓，赤也。著，充之以絮也。组系，为可结也。"贾公彦疏："此面衣亦縈于面目，故读从之也。"③ 从语境看，此衣物疏中的"面衣"应该是服饰。

---

① （南朝）范晔：《后汉书》，中华书局1965年版，第471页。
② （宋）高承：《事物纪原》，中华书局1989年版，第139页。
③ （汉）郑玄注，（唐）贾公彦疏：《仪礼注疏》，北京大学出版社2000年版，第775页。

莫高窟北区所出《河西大凉国安乐三年郭方衣物疏》校释

（2）《初探》释为"缦绋头一枚"

《初探》缺释之字，从字形看为"頭"之习见写法，当释为"頭"。"绋头"即"皂头"，指皂头巾，古称"幧头"，为束发之巾。《方言》卷四："络头、帕头……幧头也。"《说文新附·巾部》："幧，敛发也。"《玉篇·巾部》："幧，幧头也，敛发也。"《广韵·豪韵》："幧，所以裹髻。"该衣物疏由脚到头依次记载死者周身之鞋袜、袴衫、衫、面衣、幧头等。释为"皂头"从语境上看也比较合适。

（3）豆黄万石

《初探》将"豆黄"解为"黄豆"。今按："豆黄"可能指豆瓣，主要用来酿酒或制浆。北魏贾思勰《齐民要术·做酱法》："啮看：豆黄色黑极熟，乃下，日曝取干。"缪启愉校释："豆黄，指豆瓣。"①

（4）《初探》释为"缦黄衿被□"

《初探》释为"缦"的字，左边所从显然是"禾"，字形与银雀山汉简《孙膑兵法》16号简"稷"字极为相近，只是捺笔模糊，可释为"稷"。《尔雅·释草》："粢，稷也。"邵晋涵正义："今北方呼稷为谷子，其米为小米，是犹古今以稷为粟也。"《周礼·天官·豕医》："豕宜稷"孙诒让正义："稷，即今之高粱。""稷"作为农作物旧注有小米、高粱两解。"稷黄"即米黄色或红黄间色。另外，缦本来指无花纹的丝织品，一般修饰布帛。"缦黄"从构词角度无法讲通。笔者怀疑上文的"缦绋头"之"缦"很可能也是"稷"字之误释。《初探》将"衿被"解释为衣服和被子。从上文"帛练万匹，豆黄万石，丝絮万斤"看，所记都是某一单一物品。依辞例"衿被"也当是单一物品。笔者认为"衿"通"衾"，"衾被"指被子，属同义词连用。《孝经》："悬衾箧枕，以教爱也。"郑玄注："是父母未寝，故衾被则悬，枕则置箧中。"《初

---

① 缪启愉：《齐民要术校释》，农业出版社1982年版。

探》"被"下之字缺释，按照衣物疏辞例"衿被"下应该有数词和量词，但"衿被"二字写得很密，其下仅能容一字位置。该行记"帛练万匹、豆黄万石、丝絮万石、丝万斤、缦黄衿被□"，从辞例和容字情况推之，"□"可拟补为"万"。

（5）《初探》释为"□□□□□□"不幸，殃及寿惶戒，不能自申"

《初探》所缺释之字是因麻纸残损。按照晚期衣物疏记录格式，此处要交代亡人过世时间、亡人身份地望、姓名、死亡原因。山东临朐所出北齐武平四年（573）王江妃衣物疏相似的辞例作"齐武平四年，岁次癸巳，七月乙丑朔六日庚午，释迦文仏弟子高侨敢告。"[①] 本衣物疏下文有亡人"释迦弟子郭方"的明确记载，笔者据此将缺释之字拟补为[释迦弟子郭方遭]。"戒"，吴浩军改释为"或"，恐不妥。该字与下文"戒师""五戒"的"戒"相同，当以释"戒"为是。《初探》将"惶戒"归上读，作"殃及寿惶戒"，待考。笔者认为"惶戒"当归下读，"惶戒"应是"兢惶戒惧"的缩略形式。五代杜光庭《广成集》"无任兢惶戒惧，激切屏营之至。"与"惶戒"意思相近的词还有"惧戒""畏戒"等，典籍习见，汉张衡《东京赋》："劝德畏戒，喜惧交争。"《汉书·五行志》："始皇不畏戒自省，反夷灭其旁民，而燔烧其石。""惶戒不能自申"是说郭方死后，魂归冥世，惊恐畏惧无处申诉。

（6）今日[大]敛

"大"，原纸残损，《初探》缺释，从文意看无疑是"大"，"大敛"即"大殓"，指下葬前把死者放进棺木里，钉上棺盖的葬仪。

（7）衣被萬□

"萬"，《初探》缺释，不过此衣物疏都用简体的"万"。从原纸残损

[①] 田河：《中国国家博物馆藏王江妃木牍考释》，《中国国家博物馆馆刊》2020年第5期，第136页。

情况看,"萬"下应该还有一字,当是量词"张"。

(8)《初探》释为"一物已上,录在前件"

《初探》释为"件"的字,左边所从分明为"片",右边为"半",当释为"牉"。"牉"是一半,半分之意,即一物中分为二。《玉篇·片部》:"牉,半也。"《楚辞·九章·惜诵》:"背膺牉以交痛兮"王逸注:"牉,分也。"洪兴祖补注引《字林》:"牉,半也。""前牉"指此衣物疏的前半部分。晚期衣物疏的内容一般分为两部分,前半部分记录随葬物品的名称和数量(即"一物以上,录在前牉"),后半部分为叙事部分,记述死亡时间、死因,赴冥世途中的禁忌等。如果释为"件","前件"则指另一件,与仅一件衣物疏的事实不符。《礼记·曲礼下》"书方、衰、凶器,不以告,不入公门。"孔颖达疏:"书方者,此谓臣有死于公宫,应须凶具,此下诸物,并宜告而后入者也。书谓条录送死者物件数目多少,如今死人移书也。"唐代朱法满《要修科仪戒律钞》卷十五《人棺大殓仪第五》主要记述道士葬仪及移文写法,记载"旧以白素书移文,今人纸书,亦得先条随身佩带于前,次送终物置后,道士移文。"[①] 所谓的"移文"就是衣物疏,这种移文的书写格式也是先写随身佩带(戴),次写尾题,与郭方衣物疏结构大体相同。

(9) 明日大[葬]地下

"大"下原纸残损,从文意看无疑可补[葬]字。"大葬"指按封建礼制举行的隆重葬礼。

(10) "大葬"与上文"大殓"相呼应。诅破如诃梨树枝

《初探》释为"诅"的字,吴浩军改释为"頭"。今按:该字与上文"绉头"的"头"字相同,释为"頭(头)"更可取。类似的辞例也见于山东临朐所出《北齐武平四年(573)王江妃衣物疏》,作"若有留诘

---

① 《道藏》第6册,文物出版社、上海书店、天津古籍出版社1988年版,第996—997页。

沙诃，楼陁碎汝身首如阿梨树枝。"① 其中的"碎""首"与此条的"破""头"可对读，只是语序略异。"诃"读为"阿"。《初探》考证"阿梨树是印度的一种树木，其枝似兰枝，若落时必碎为七。"《法华灵验传》鬼乃扣头条记载："吾当诵呪。令汝头破作七分，如阿梨树枝也。"类似的记载在《法华经持验记》《先觉宗乘》《准提凈业》等佛经中习见，亦可证明释为"头（頭）"可信。

(11) 迁神过世，所［经］之处不得留蛰（执）。羁连必报，面奉听事游神静主

《初探》释文作"迁神过世所□之处不（得）留蛰（执）羁连，必须面奉圣尊，游神静立。"《初探》"所"下缺释之字，笔者拟补为"经"。吐鲁番所出《大凉承平十六年（458）武宣王且渠蒙逊夫人彭氏随葬衣物疏》记载："谨条随身衣被杂物疏，所止经过，不得留难。急急如律令！"② "所经之处"等同于"所止经过"，即亡人由阳世转入冥世途经之处。"羁连"，"羁"有拘系之意。《汉书·终军传》："愿受长缨，必羁南越王而致之阙下。""连"有牵连之意。《后汉书·陈蕃传》："奏济阴太守单匡臧罪，并连匡兄中常侍车骑将军超。""羁连"即拘系牵连。"羁连"与"留执"意思相同，此处有假设意味，即如果拘系牵连"羁连"当归不读。

《初探》释为"须"的字，从字形看无疑是"报"。"报"有论罪、断狱之意，《急就篇》卷四"辄觉没入檄报留"颜师古注"报者，处当罪人也。"《说文·幸部》"报，当罪人也。"《汉书·胡建传》"辟报故不穷审。"颜师古注引苏林曰"断狱为报。"《资治通鉴·汉纪十九》"适见报囚。"胡三省注引原父曰"断决囚为报，如今有司书囚罪，长吏判准断，是所谓报。"又引颜师古曰"报，奏报行决也。"③ "羁连必报"意为如果拘系牵连（阻碍）亡者，一定奏报论罪。福建晋江东石镇南宋墓

---

① 田河：《中国国家博物馆藏王江妃木牍考释》，《中国国家博物馆馆刊》2020年第5期，第143页。
② 柳洪亮：《新出吐鲁番文书及其研究》，新疆人民出版社1997年版，第19页。
③ 宗福邦、陈世铙、萧海波主编：《故训汇纂》，商务印书馆2003年版，第434页。

莫高窟北区所出《河西大凉国安乐三年郭方衣物疏》校释

出土嘉定十五年（1222）许廿三郎、叶十五娘买地券记载："如有地下不详，侵占□□□，定送黄泉院司报究，的无轻恕。"①

《初探》释为"圣尊"之字，原纸此处因尸液浸渍发黑，字形模糊，但大致笔画结构尚可辨，第二字为"事"，尤为明显。"圣（聖）尊"当释为"聼事"。因为"聼"与"聖"形近，《初探》误释为"聖（圣）"。"听事"有治事之意，即处理诉讼纠纷等事宜。《史记·秦始皇本纪》："自是后莫知行之所在。听事，群臣受决事，悉于咸阳宫。"《汉书·宣帝纪》："令群臣得奏封事，以知下情。五日一听事，〔自丞相〕以下各奉职奏事，以傅奏其言，考试功能。"《后汉书·光武帝纪下》："癸亥晦，日有食之，避正殿，寝兵，不听事五日。"《初探》释为"静立"的"立"字，从字形看无疑是"主"。"游神""静主"疑是处理冥世诉讼的神煞及佛主。（宋）吴处厚《青箱杂记》"皇祐、嘉祐间，未有谒禁，士人多驰骛请托，而法官尤甚。有一人号'望火马'，一人号'日游神'，盖以其日有奔趋，闻风即至，未尝暂息故也。"明汤显祖《邯郸梦·行宫望幸》："到头天样大事，撞着一个老太岁游神。"清尤侗《西堂杂俎·瑶宫花史小传》："王母闻其以腴词赠答，切责之，命游神巡察，不许私至。"丁福保《佛学大辞典》"禅僧静思坐禅，谓之静众。其中之长老，谓之静主。黄檗清规曰：'本山住持与各院静主既同宗派。'"②《百丈清规证义记》："庄主亦名静主，乃静室之主也。俗呼下院当家，凡庄田一切事务，俱其专主。"或指一山之住持，或指清静寺院之主。《永觉元贤禅师广录》记载了"寿宁秀生静主""白雪善生二静主""双峰静主""马头山了喻静主"等多位静主。出土衣物疏、告地策、买地券中常常申明随身衣物，所买冥地，沿途野鬼不得阻碍呵责，不得冒名认领、侵夺，否则持衣物券、买地券将阻碍、侵夺之鬼告到神煞那里，由神煞处置。处理冥世诉讼案件的神煞一般有"上苍""天帝""天王""太上老君""河伯""地府主吏""道路将军""青衣使者"等。如：武

---

① 郑国栋、林胜利、陈垂成编：《泉州道教》，鹭江出版社1993年版，第169—170页。
② 丁福保编：《佛学大辞典》，上海书店1991年版，第2717页。

· 207 ·

威新华乡所出升平十三年告地策记载:"不得妄荷脱,若荷妄遮脱,持券上诣仓天。"① 但有时也是地方神煞,如江西吉安所出宋绍兴十三年(1143年)周氏六娘买地券记载:"辄有冒犯者,仰当界山神土地,速申五方天王,差神将收捉诛斩。"② 有时也是神佛,如江西吉安所出宋绍熙五年(1194年)葛仲吉买地券记载:"敢有干犯,神弗(佛)置汝,幽堂亭长,收付地下主者,按其罪罚,弗敢之赦。"元至元十六年(1279年)彭因买地券也有类似的记载。③ "迁神过世。所〔经〕之处不得留蛰(执),羁连必报,面奉听事游神静主"整句的意思就是:郭方已经过世,所经过的地方不得阻碍淹留,(如果)拘系牵连,必定上报论罪,面见负责处置此事的游神和静主。

结 语

河西走廊出土的东汉至十六国时期的衣物疏木牍,书写格式一般是先条列随葬物品名称与数量,尾题多为衣物疏所记物品的总括性话语,或交代亡人卒年、地望、姓名等,比较简明,后期尾题逐渐增加道教色彩的内容。河西木牍类衣物疏一般把衣物疏和告地策分牍书写。郭方衣物疏内容和书写格式与河西走廊所出木牍类衣物疏有别,但与山东临朐出土的北齐时期的衣物疏以及吐鲁番晚期衣物疏高度相似,将衣物疏和告地策内容糅合在一起,亡人郭方是佛门弟子,但其衣物疏中却融入道教因素。通过郭方衣物疏也可以了解当时的社会风俗、宗教生活。敦煌作为几大文明交汇之地,敦方衣物疏正反映了当时河西走廊一带佛教、道教,以及儒家文化的交互影响,这对认识衣物疏在河西走廊一带的继承与演变,以及对吐鲁番地区衣物疏的影响都有积极的意义。

(载《出土文献》2023年第4期)

---

① 梁继红:《武威出土的汉代衣物疏木牍》,《陇右文博》1997年第2期,第22页。
② 高立人主编:《庐陵古碑录》,江西人民出版社2007年版,第119—120页。
③ 高立人主编:《庐陵古碑录》,江西人民出版社2007年版,第7、10—11页。

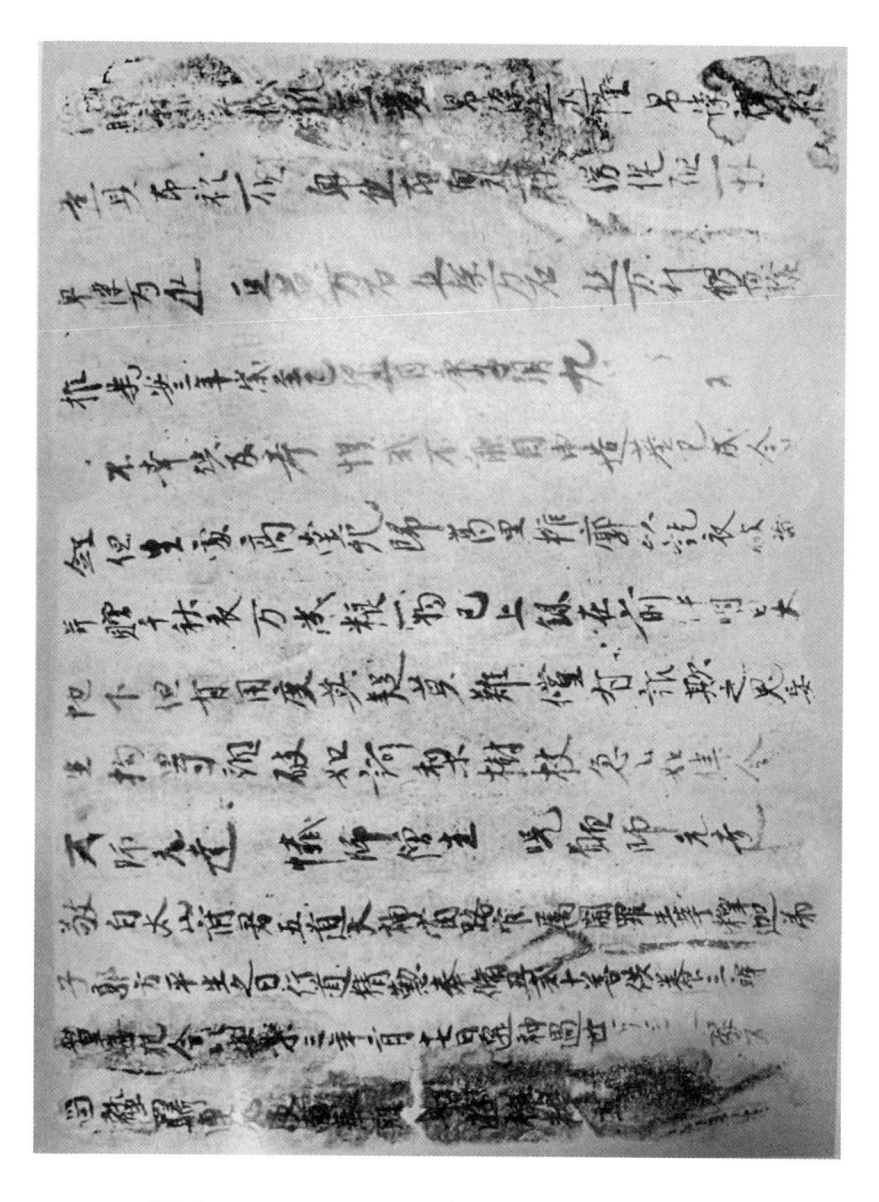

莫高窟北区所出《河西大凉国安乐三年郭方衣物疏》图版

武威仪礼简甲本《服传》"赞楄柱麇"解
——兼考"倚庐"

1959年甘肃省武威磨咀子6号汉墓所出《仪礼》简甲本《服传》第4号简记载：

> 居倚庐，寖蕈枕块，哭昼夜无时，吹粥，朝一溢米，夕一溢米，寝不挩绖带。既虞，赞楄柱麇，寝有席，食疎食。①

今本《仪礼·丧服》作：

> 居倚庐，寝苫枕块，哭昼夜无时，歠粥，朝一溢米，夕一溢米，寝不说绖带。既虞，翦屏柱楣，寝有席，食疏食。②

简本"赞楄柱麇"与今本"翦屏柱楣"对读，《仪礼》简乙本《服传》"翦屏柱楣"处残断，丙本《丧服》缺此简。③ 简文"赞楄柱麇"是对孝子守丧期间居处条件的一项要求，因学界释读意见不一，有必要作进一步探讨。

---

① 张德芳主编，田河著：《武威汉简集释》，甘肃文化出版社2020年版，第249页。
② （清）阮元校刻：《十三经注疏·仪礼注疏》，中华书局2009年版，第2374页。
③ 甘肃省博物馆、中国科学院考古研究所编：《武威汉简》，中华书局2005年版，第129、133页。

一 "倚庐"考

解读"赞楄柱楣"的关键在于全面了解"倚庐"构造方式，正确诠释传世文献中"翦屏柱楣"的内涵。众所周知，古代一般按照生者与逝者血缘关系的亲疏，地位的尊卑，逝者离世时间的长短，对守丧者的丧服形制、守丧期长短、饮食居处、言行举止有不同的要求。《周礼·宫正》"大丧则授庐舍，辨其亲疏贵贱之居。"郑玄注"庐，倚庐也；舍，垩室也。亲者贵者居倚庐，疏者贱者居垩室。"《礼记·三年问》"三年之丧何也？曰：称情而立文，因以饰群，别亲疏、贵贱之节，而弗可损益也。"按照丧礼之制，血缘关系越亲，丧服越粗，守丧期越长，守丧居处条件越差，言行举止也越为严苛。"倚庐"是守丧期间最为简陋的居处条件。《礼记·三年问》"斩衰苴杖，居倚庐，食粥，寝苫枕块，所以为至痛饰也。"《礼记·问丧》"亲始死……痛疾在心，故口不甘味、身不安美。"在《仪礼》之《丧服》《既夕礼》以及《礼记》之《杂记》《问丧》《丧服大记》《间传》相关记载最为集中。《礼记·间传》："父母之丧，居倚庐，寝苫枕块，不说绖带；齐衰之丧，居垩室，苄剪不纳；大功之丧，寝有席；小功、缌麻，床可也。父母之丧，既虞、卒哭，柱楣翦屏，苄翦不纳；期而小祥，居垩室，寝有席；又期而大祥，居复寝；中月而禫，禫而床。"①

"倚庐"是父母过世后，孝子从既殡至既虞期间守丧时的居处要求。"翦屏柱楣"则是孝子在举行完既虞之礼后对倚庐所做的改善。②"倚庐"亦称"次"，《左传·僖公九年》："冬，十月，里克杀奚齐于次。"杜预注："次，丧寝。"《礼记·奔丧》"（既殡）众主人、兄弟皆出门，出门哭止，阖门相者告就次。"《仪礼·士丧礼》"阖门。主人揖，就次。"郑玄注："次，谓斩衰倚庐，齐衰垩室也，大功有帷帐，小功、缌麻有床笫

---

① （清）朱彬撰，饶钦农点校：《礼记训纂》，中华书局1996年版，第837页。
② 虞礼有等差：士三虞四天，大夫五虞八天，诸侯七虞十二天，天子九虞十六天。

可也。"《荀子·礼论》"属次倚庐。"杨倞注:"次,盖草屋也。"次通茨,一种简易的草棚。《说文解字》"茨,以茅苇盖屋也。"《韩非子·五蠹》:"尧之王天下也,茅茨不翦,采椽不斫。"《史记·李斯列传》:"尧之有天下也,堂高三尺,采椽不斫,茅茨不翦。"汉桓宽《盐铁论·通有》:"文学曰:'古者采椽不斫,茅茨不翦。'"《列女传·辩通·晋弓工妻》"昔帝尧茅茨不剪"。庐最初的含义也是草屋,《荀子·正名》"屋室庐庾"杨倞注:"庐,草屋也。"《后汉书·济北惠王传》"梁太后下诏曰:'济北王次以幼年守藩,躬履孝道,父没哀恸,焦毁过礼,草庐土席,衰杖在身,头不枇沐,体生疮肿。'"① 陆德明《经典释文序录》:"汉文帝、窦皇后好黄老言,有河上公者居河之湄,结草为庵,以老子教授。"② 孝子居倚庐主要表达失亲之痛,寄托哀思。《左传·襄公十七年》:"晏婴粗縗斩,苴绖,带,杖,菅屦,食鬻,居倚庐,寝苫,枕草。"《墨子·节葬下》"哭泣不秩,声翁,缞绖垂涕,处倚庐,寝苫枕块,又相率强不食而为饥,薄衣而为寒,使面目陷陬,颜色黧黑,耳目不聪明,手足不劲强,不可用也。"《礼记·问丧》"成圹而归,不敢入处室,居于倚庐,哀亲之在外也,寝苫枕块,哀亲之在土也。"班固《白虎通》"倚木为庐,质反古也。"③

对于"倚庐""翦屏柱楣"的古训大体相同:

《仪礼·既夕礼·记》"居倚庐,寝苫,枕块。不说绖带。"郑玄注:"倚木为庐,在中门外东方,北户。"胡培翚正义:"倚庐者,孝子既殡所居。谓之倚者,以木倚于东壁为偏庐,殆痛深不忍安处之意也。"

《礼记·丧服大记》"父母之丧,居倚庐,不涂。寝苫枕块。"孔颖达疏:"居倚庐者,谓于中门之外东墙下,倚木为庐,故云居倚庐。不涂

---

① (南朝宋)范晔撰,(唐)李贤等注,中华书局编辑部点校:《后汉书》卷55《章帝八王传·济北惠王寿》,中华书局1965年版,第1807页。
② (唐)陆德明撰,吴承仕疏证,张力伟点校:《经典释文序录疏证·注解传述人·老子·河上公章句》,中华书局2008年版,第135页。
③ (汉)班固撰集,(清)陈立疏证,吴则虞点校:《白虎通疏证》卷11《丧服·论倚庐》,中华书局1994年版,第514页。

者，但以草夹障，不以泥涂之也。"①

《仪礼·丧服》"既虞，翦屏柱楣，寝有席。"贾公彦疏："今传言既虞，谓九虞、七虞、五虞、三虞之后，乃改旧庐，西乡开户，翦去户傍两厢屏之余草。柱楣者，前梁谓之楣，楣下两头竖柱施梁，乃夹户傍之屏也。"②

宋聂崇义《三礼图集注》："唐大历中杨垂撰《丧服图》云：'凡起庐，先以一木横于墙下，去墙五尺，卧于地为楣，即立五椽于上，斜倚东墉上，以草苫盖之，其南北面亦以草屏之，向北开门，帘以缞布。庐形如偏屋，其间容半席，庐间施凷。'"③

王鸣盛《尚书后案》："盖始者户北向，用草为屏，不翦其余草。至是改而西向，乃翦其余草。始者无柱与楣，檐着于地。至是乃施楣及短柱以拄其楣，架起其檐，令楣高而下可作户也。"④

程瑶田在《仪礼丧服文足征记》一文《翦屏柱楣图说》节，为"倚庐"与"翦屏柱楣"绘制示意图，并加注说明文字："倚庐者，庐倚东壁，但一片陂陀垂之，西至于地楣也，楣，即梁也，非如后世以持榱之横木曰梁也。楣不纳明，北户而已。屏，谓楣但结草屏蔽之。初不翦，既虞乃翦其屏，于是柱其梁之垂于地者而西启户焉，是之谓柱楣云尔。"⑤

郭嵩焘在《礼记质疑》丧大记节讲：谓以一梁倚寝门外壁支之，无楹柱，故亦曰"倚庐"。既虞，加柱承檐，曰"柱楣"。云"剪屏"者，蔽草为屏，至是，剪而涂之。是士丧倚庐有屏，不宜大夫袒露。《周礼·小胥》"王宫县"，郑注："（官）〔宫〕县，四面县。"倚庐，惟君四面皆障，大夫士倚墙者不障，禫者，内禫也。案：《周礼·稻人》："丧纪，

---

① （清）阮元校刻：《十三经注疏》第45《丧服大记》，中华书局2009年版，第3430页。
② （清）阮元校刻：《十三经注疏》卷28《丧服第十一》，中华书局2009年版，第2376页。
③ （宋）聂崇义：《三礼图集注》卷15，文渊阁《四库全书》第0129册第222a页；（清）陈立疏证，吴则虞点校：《白虎通疏证》卷11《丧服·论倚庐》，中华书局1994年版，第514页。
④ （清）王鸣盛著，陈文和主编：《尚书后案》，中华书局2010年版，第844页。
⑤ （清）程瑶田撰，陈冠明等校点：《通艺录·仪礼丧服文足征记·翦屏柱楣图说》，黄山书社2008年版，第329页。

共其苄事。"《泽虞》："丧纪，共其蒲苇之事。"倚庐之障，盖亦蒲苇之属，疏云君"庐（外）〔次〕以帷幛之，如宫墙"，亦恐未然。下云"君、大夫、〔士〕皆宫之"，柱楣支檐，四面垒土为墙，不复禫后矣。①

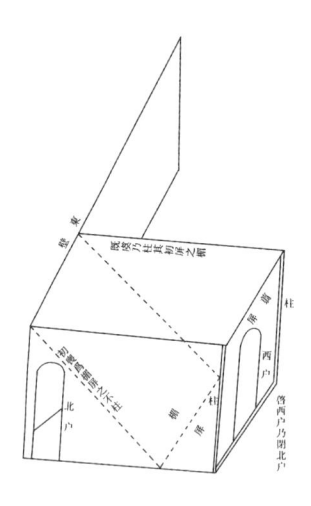

程瑶田《翦屏柱楣图说》示意图

黄以周在《礼书通故》中引惠士奇云："古之闾，今之庵也。释名云：'草屋曰蒲，又谓之庵，庵，掩也。'诛茅为屋，谓之翦屏，非庵而何。"并进一步解释"是楣在前端，与门上之楣名同而实异。柱楣当指檐端之楣。初丧庐时，楣卧于地，卒哭以后，则柱其卧地之楣，而西向开户。倚庐者，以竖木数本，斜倚东墉，其垂至地处，有横木总束之，下卧于地，即所谓楣。既虞，乃柱其楣，而谓之梁。"②

皮锡瑞《尚书大传疏证》："盖始丧时倚东壁为庐，户北向，檐着于地，用草为屏，不翦。至虞后，乃以楣柱，及地之檐，令高，翦其余，

---

① （清）郭嵩焘撰，梁小进主编：《礼记质疑》卷22《丧大记》，岳麓书社2012年版，第553—554页。
② （清）黄以周撰，王文锦点校：《礼书通故》第十《丧礼通故·五》，中华书局2007年版，第534页。

而西向开户。"①

《孟子·滕文公上》："五月居庐，未有命戒。"焦循注："按既虞之后，始有楣有柱。谓之垩室，以其虽有梁楣，而冥闇不高明，故亦谓之梁闇，卽谅阴也。"②

钱玄、钱兴奇《三礼辞典》："庐舍指倚庐与垩室，古时遭丧者所居以守丧。倚木于墙，以草夹障，不涂泥谓之倚庐。十三月练祭以后居垩室，垩室以白垩涂之。"

"倚庐"是父母去世后，孝子守丧时在东墙边用多根木椽依墙斜搭的极其简易的草棚（庐），木椽落地的一头固定在一根横木（楣）上，编草为屏障（棚顶、南北两壁）以避风寒，不涂泥。北壁向北开一小门。既虞礼之后，将卧地的横木（楣）用两根柱子支起，剪去草编围屏散乱的余草，向西开门，涂泥。

二 "赞楄柱麋" 解

基于以上认识，我们再审视学者对"赞楄柱麋"的考证。

陈梦家：赞，今本作翦。楄，今本作屏。麋，今本作楣。③

王关仕考证：《说文》"翦，羽生也……从羽前声。"段注："羽初生如前齐也。""赞，见也。从贝从兟。"段注："兟，音诜，进也。"又"剪，齐断也。从刀前声"段注："前，古假借作翦，则以翦为本字。"《汉书·严助傅》"越方外之地，劗发文身之民也。"注："张揖以为古'翦'字。师古曰：劗与翦同。"按：翦、赞并精纽，是声同通假。屏，《说文》训："屏蔽也。从户并声。""楄，楄部（注：部字当删）方木也。"屏、楄同唇音。楣作麋，同音通假，本字当为楣。④

---

① （清）皮锡瑞撰，吴仰湘编：《尚书大传疏证》卷6《周传·毋逸》，中华书局2015年版，第279页。
② （清）焦循：《孟子正义》卷10，中华书局1987年版，第331页。
③ 甘肃省博物馆、中国科学院考古研究所编：《武威汉简》，中华书局2005年版，第156页。
④ 王关仕：《仪礼汉简本考证》，学生书局1975年版，第104页。

沈文倬考证说：今得简本，文作"赞楣"，则"翦屏"之说殊不足据。《说文·木部》："楣，楣部，方木也，从木扁声。"《文选·景福殿赋》："爰有禁楄，勒分翼张，承以阳马，按以员方。"李善注："楄附，阳马之短桷也。阳马，四阿长桁也。禁楄列布，众材相接，或员方也。"梁上于阳马（即桁），阳马上加方木（即楄附），以便于架椽。初丧之倚庐，横置楣梁于地，无柱，其椽一头倚东壁，一头架于地楣。既虞哀杀，倚庐改建，楣下竖柱，楣上加楄附方木以承椽。《汉书·东方朔传》颜注："赞，进也。"是谓进楄而柱楣。《汉书·严助传》"劗发文身之民也"，颜注引晋灼曰："《淮南》云'越人劗发'，张揖以为古'翦'字也。"赞翦、楄屏并为一声之转。赞楄之作翦屏，盖声之讹也，礼家遂曲说以为柱楣而翦其草苫遮蔽。"麋"与"眉"声同通假。《荀子·非相篇》"伊尹之状面无须麋"。杨倞注："麋与眉同。"眉、楣声同通假，《说文·木部》："楣，眉栋也。"段注："许之眉栋即《礼经》之'楣'也。"许所见今文《礼经》或即作"眉"。楣是加形旁后制正字。《士冠礼》加冠祝词"眉寿万年"，郑注："古文'眉'作'麋'。"简本用古文。①

沈文倬不赞同古训中对"翦屏"的解释，将简文"赞楄柱麋"解为进楄而柱楣，认为楄是楣上承椽的方木。这种解读也不无商榷之处，礼书中的"翦屏柱楣"也常写为"柱楣翦屏"。"翦屏"和"柱楣"是改造倚庐的两道程序。笔者在《武威汉简集释》一书中曾将"赞"解为助佑之意。"楄"读为"牑"，指床板，"赞楄"指在苫席下加床板。但按礼书记载，孝子禫礼之后才能用床，简文"赞楄柱麋"是在既虞礼之后，所以将楄读为"牑"解为床板不可信。依照上引"翦屏"的古训，笔者认为"赞"仍当读为"劗"，为"翦"之异文，如《淮南子·主术》"是犹以斧劗毛。"高诱注："劗，翦也。""楄"可读为"编"，《说文》："编，次简也。"桂馥义证："六枳编篱，编树木为栅皆编也。《仓颉篇》'编，织。'"。《玉篇》："编，编织也。"《左传》："或取一编菅

---

① 沈文倬：《〈礼〉汉简异文释》，载沈文倬《菿闇文存——宗周礼乐文明与中国文化考论（上）》，商务印书馆2006年版，第93页。

焉。"杜预注："编菅，苫也。"可见，编草亦可用编，与典籍习见之结草相类。上引学者解释"倚庐"之构造时，或曰"诛茅为屋""草苫盖之""以草屏之""结草遮之""蔽草为屏""用草为屏""以草夹障"等，旨在说明倚庐之顶、壁都是茅草编结而成。笔者以为"赞编"之"编"，与"翦屏"之"屏"，都是指编草而成的屏障，做为倚庐棚顶和南北两壁，类似屋顶和墙壁。编、屏本为动词，后演变为名词，指所编之物，即用草编织成的遮蔽之体。《说文》"屏，蔽也。"《汉书·梁怀王刘揖传》"天子外屏，不欲见外。"颜师古注："屏，谓当门之墙，以屏蔽者也。"屏，还有"屏风""藩篱""照壁"等名词义。倚庐，编草为顶、壁，形制粗陋，余草不剪，不涂泥，正如《韩非子》《史记》《汉书》所载"茅茨不剪"。《礼记·间传》齐衰"苄翦不纳"，指所寝蒲席剪齐四边，而不反纳于边，与此性质相似。"赞编"与"翦屏"含义相同。赞编就是剪除编屏之余草，使其平整，便于涂泥。与"斩衰"服饰不辑边，而"齐衰"服饰辑边。斩衰寝苫、齐衰蒲席余草不编纳入边，期而小祥蒲席换为席，情况相类。还有一种可能就是"楄"径读为"屏"。楄为并母真部字，屏为并母耕部字，声纽相同，从"并"得声的"骈"或亦归真部，说明楄、屏音近可通。"赞楄"为"翦屏"之异文。

三 结语

古代对丧葬礼仪极为重视，丧葬礼仪延续久远，像郑玄等早期注释家去古未远，对丧礼有即时体验和认知，对其训释应予以足够重视，没有充分的证据不可轻易否定。另外，典籍中所记先秦丧葬礼制在现实中还是有变化的，像《汉书》《后汉书》大量记载孝子常在逝者入葬后多在墓旁建庐守丧，还有另地建垩室的记载，与礼书所记倚庐还是有一定的差异，也值得注意。

（原载刘钊主编《简牍学与出土文献研究》第一辑，
上海古籍出版社 2022 年版）

参考文献

一 古籍

（汉）许慎：《说文解字》，中华书局2001年版。

（汉）刘熙撰，（清）毕沅疏证，王先谦补：《释名疏证补》，中华书局2008年版。

（汉）郑玄注，（唐）贾公彦疏《仪礼注疏》，北京大学出版社2000年版。

（汉）班固撰集，（清）陈立疏证，吴则虞点校：《白虎通疏证》，中华书局1994年版。

（晋）葛洪：《西京杂记》，中华书局1985年版。

（南朝宋）范晔撰，（唐）李贤等注《后汉书》，中华书局1965年版。

（南朝梁）沈约：《宋书》，中华书局1974年版。

（北魏）杨衒之：《洛阳伽蓝记》，山东友谊出版社2001年版。

（唐）房玄龄等：《晋书》，中华书局1974年版。

（唐）李延寿：《北史》，中华书局1974年版。

（宋）聂崇义纂辑、丁鼎点校：《新定三礼图》，清华大学出版社2006年版。

（宋）高承：《事物纪原》，中华书局1989年版。

（宋）宋祁等：《新唐书》，中华书局1975年版。

（后晋）刘昫：《旧唐书》，中华书局1975年版。

（清）黄生撰、黄承吉合按：《字诂义府合按》，中华书局2006年版。

（清）端方：《陶斋藏石记》卷 13，商务印书馆 1910 年版。

（清）桂馥：《说文解字义证》，齐鲁书社 1994 年版。

（清）阮元校刻：《十三经注疏》，中华书局 2009 年版。

（清）朱彬撰，饶钦农点校：《礼记训纂》，中华书局 1996 年版。

（清）程瑶田撰，陈冠明等校点：《通艺录》，黄山书社 2008 年版。

（清）郭嵩焘撰，梁小进主编：《礼记质疑》，岳麓书社 2012 年版。

（清）黄以周撰，王文锦点校：《礼书通故》，中华书局 2007 年版。

（清）皮锡瑞撰，吴仰湘编：《尚书大传疏证》，中华书局 2015 年版。

（清）焦循：《孟子正义》，中华书局 1987 年版。

二　今人著作

陈国灿：《斯坦因所获吐鲁番文书研究》，武汉大学出版社 1994 年版。

陈汉平：《西周册命制度研究》，学林出版社 1986 年版。

陈连庆：《中国古代少数民族姓氏研究》，吉林文史出版社 1993 年版。

陈松长：《马王堆简帛文字编》，文物出版社 2001 年版。

陈松长主编：《香港中文大学文物馆藏简牍》，香港：香港中文大学出版社 2001 年版。

陈伟：《包山楚简初探》，武汉大学出版社 1996 年版。

陈伟等著：《楚地出土战国简册［十四种］》，经济科学出版社 2009 年版。

丁福保：《说文解字诂林》，中华书局 1988 年版。

丁福保：《佛学大辞典》，上海书店 1991 年版。

方诗铭：《中国历史纪年表》，上海辞书出版社 1980 年版。

甘肃省博物馆、中国科学院考古研究所编：《武威汉简》，中华书局 2005 年版。

高国藩：《中国民俗探微——敦煌巫术与巫术流变》，河海大学出版社 1993 年版。

高亨纂、董治安整理：《古字通假会典》，齐鲁书社 1989 年版。

高立人主编：《庐陵古碑录》，江西人民出版社 2007 年版。

高明:《中国古文字学通论》,北京大学出版社 1996 年版。
郭若愚:《战国楚简文字编》,上海书画出版社 1994 年版。
郭锡良:《汉字古音手册》,商务印书馆 2010 年版。
郭在贻:《训诂学》,湖南人民出版社 1986 年版。
汉语大字典字形编写组:《秦汉魏晋篆隶字形表》,四川辞书出版社 1985 年版。
何琳仪:《战国古文字典》,中华书局 1998 年版。
何双全:《遥望星宿——甘肃考古文化丛书·简牍》,敦煌文艺出版社 2004 年版。
洪石:《战国秦汉漆器研究》,文物出版社 2006 年版。
侯灿、吴美琳:《吐鲁番出土砖志集注》,巴蜀书社 2003 年版。
胡平生、李天虹:《长江流域出土简牍与研究》,湖北教育出版社 2004 年版。
湖北省博物馆编:《书写历史—战国秦汉简牍》,文物出版社 2007 年版。
湖北省荆州市周梁玉桥遗址博物馆:《关沮秦汉墓简牍》,中华书局 2001 年版。
湖北省考古研究所:《江陵凤凰山西汉简牍》,中华书局 2012 年版。
湖北省铁路考古队:《包山楚简》,文物出版社 1991 年版。
湖北省文物考古研究所等编:《望山楚简》,中华书局 1995 年版。
黄怀信:《逸周书汇校集注》,上海古籍出版社 1995 年版。
黄文弼:《吐鲁番考古记》,中国科学院出版社 1954 年版。
黄展岳:《考古纪原》,四川教育出版社 1998 年版。
黄征:《敦煌俗字典》,上海教育出版社 2005 年版。
李家浩:《著名中年语言学家自选集·李家浩卷》,安徽教育出版社 2002 年版。
李均明、何双全编:《散见简牍合辑》,文物出版社 1990 年版。
李零:《简帛古书与学术源流》,生活·读书·新知三联书店 2004 年版。
李守奎、曲冰、孙伟龙编:《上海博物馆藏战国楚竹书(一—五)文字编》,作家出版社 2007 年版。

李守奎：《楚文字编》，华东师范大学出版社 2003 年版。

李肖冰：《中国西域民族服饰史研究》，新疆人民出版社 1995 年版。

连云港博物馆等编：《尹湾汉墓简牍》，中华书局 1997 年版。

刘彬徽：《楚系青铜器研究》，湖北教育出版社 1995 年版。

刘国胜：《楚丧葬简牍集释》，科学出版社 2011 年版。

刘信芳：《包山楚简解诂》，台北：艺文印书馆 2003 年版。

刘信芳：《楚简器物释名》，《中国文字》，台北：艺文印书馆 1997 年版。

柳洪亮：《新出吐鲁番文书及其研究》，新疆人民出版社 1997 年版。

鲁西奇：《中国古代买地券研究》，厦门大学出版社 2014 年版。

陆锡兴：《汉代简牍草字编》，上海书画出版社 1989 年版。

罗小华：《战国简册中的车马器及制度研究》，武汉大学出版社 2017 年版。

缪启愉：《齐民要术校释》，农业出版社 1982 年版。

彭浩：《楚人的纺织与服饰》，湖北教育出版社 1996 年版。

彭金章主编：《敦煌莫高窟北区石窟研究》，甘肃教育出版社 2013 年版。

裘锡圭：《古文字论集》，中华书局 1992 年版。

裘锡圭：《文字学概要》，商务印书馆 1988 年版。

荣新江、李肖、孟宪实主编：《新获吐鲁番出土文献》，中国人民大学出版社 2010 年版。

荣新江主编：《吐鲁番文书总目（欧美收藏卷）》，武汉大学出版社 2007 年版。

商承祚：《战国楚竹简汇编》，齐鲁书社 1995 年版。

商承祚：《长沙古物闻见记·续记》，中华书局 1996 年版。

上海古籍出版社、法国国家图书馆编：《法国国家图书馆藏敦煌西域文献》，上海古籍出版社 2002 年版。

沈从文：《中国古代服饰研究》，上海书店出版社 2002 年版。

沈文倬：《菿闇文存——宗周礼乐文明与中国文化考论》，商务印书馆 2006 年版。

史树青：《长沙仰天湖出土楚简研究》，群联出版社 1955 年版。

史树青主编：《中国历史博物馆藏法书大观》，上海教育出版社2001年版。

孙机：《汉代物质文化资料图说（增订本）》，上海古籍出版社2008年版。

孙机：《中国古舆服论丛（增订本）》，文物出版社2001年版。

汤馀惠：《战国铭文选》，吉林大学出版社1993年版。

滕壬生：《楚系简帛文字编》，湖北教育出版社1995年版。

王关仕：《仪礼汉简本考证》，台北：学生书局1975年版。

王国维：《观堂集林》，中华书局1959年版。

吴浩军：《河西墓葬文献研究》，上海古籍出版社2019年版。

吴树平：《风俗通义校释》，天津人民出版社1980年版。

吴镇烽：《商周青铜器铭文暨图像集成》，上海古籍出版社2012年版。

萧圣中：《曾侯乙墓竹简释文补正暨车马制度研究》，科学出版社2011年版。

于省吾：《双剑誃吉金图录》，中华书局2009年版。

张德芳主编，田河著：《武威汉简集释》，甘肃文化出版社2020年版。

张德芳主编：《甘肃省第二届简牍学国际学术研讨会论文集》，上海古籍出版社2012年版。

张家山二四七号汉墓竹简整理小组：《张家山汉墓竹简（二四七号墓）》，文物出版社2001年版。

张勋燎、白彬：《中国道教考古》，线装书局2006年版。

张亚初：《殷周金文集成引得》，中华书局2001年版。

郑国栋、林胜利、陈垂成编：《泉州道教》，鹭江出版社1993年版。

中国考古学会编：《中国考古学年鉴1994》，文物出版社1997年版。

中国考古学会编：《中国考古学年鉴2003》，文物出版社2004年版。

中国文物研究所等：《吐鲁番出土文书（图文对照本）》第1—4册，文物出版社1992—1996年版。

周纬：《中国兵器史稿》，生活·读书·新知三联书店1957年版。

朱德熙：《朱德熙文集》第五卷，商务印书馆1999年版。

朱凤瀚：《中国青铜器综论》，上海古籍出版社 2009 年版。

宗福邦、陈世铙、萧海波主编：《故训汇纂》，商务印书馆 2003 年版。

［日］下中邦彦：《书道全集》，东京：平凡社 1931 年版。

［日］林谦三：《东亚乐器考》，人民音乐出版社 1962 年版。

三　考古报告

安徽省文物工作队：《安徽南陵麻桥公社东风大队东吴墓》，《考古》1984 年第 11 期

凤凰山一六七号汉墓发掘整理小组：《湖北江陵凤凰山一六七号汉墓发掘简报》，《文物》1976 年第 10 期。

甘肃省博物馆：《酒泉嘉峪关晋墓的发掘》，《文物》1979 年第 6 期。

甘肃省博物馆：《武威磨咀子三座汉墓发掘简报》，《文物》1972 年第 12 期。

甘肃省文物工作队等编：《嘉峪关壁画墓发掘报告》，文物出版社 1985 年版。

甘肃省文物考古研究所等：《甘肃高台县骆驼城墓葬的发掘》，《考古》2003 年第 6 期。

甘肃省文物考古研究所：《甘肃玉门金鸡梁十六国墓葬发掘简报》，《文物》2011 年第 2 期。

广西壮族自治区博物馆编：《广西贵县罗泊湾汉墓》，文物出版社 1988 年版。

河北省文化局文物工作队：《望都二号汉墓》，文物出版社 1959 年版。

河南省文物考古研究所等：《河南信阳长台关七号楚墓发掘简报》，《文物》2004 年第 3 期。

河南省文物研究所：《信阳楚墓》，文物出版社 1986 年版。

湖北荆州博物馆：《荆州天星观二号楚墓》，文物出版社 2003 年版。

湖北荆州地区博物馆：《江陵杨家山 135 号秦墓发掘简报》，《文物》1993 年第 8 期。

湖北省博物馆、孝感地区文教局、云梦县文化馆：《湖北云梦西汉墓发掘

简报》，《文物》1973 年第 9 期。

湖北省博物馆：《曾侯乙墓》，文物出版社 1989 年版。

湖北省博物馆：《光华五座坟西汉墓》，《考古学报》1976 年第 2 期。

湖北省博物馆：《云梦大坟头一号汉墓》，载《文物资料丛刊（4）》，文物出版社 1981 年版。

湖北省博物馆等：《湖北云梦西汉墓发掘简报》，《文物》1973 年第 9 期。

湖北省荆沙铁路考古队：《包山楚墓》，文物出版社 1991 年版。

湖北省荆州地区博物馆：《江陵高台 18 号墓发掘简报》，《文物》1993 年第 8 期。

湖北省荆州地区博物馆：《江陵天星观 1 号楚墓》，《考古学报》1982 年第 1 期。

湖北省荆州博物馆编：《荆州高台秦汉墓——宜黄公路荆州段田野考古报告之一》，科学出版社 2000 年版。

湖北省文物考古研究所：《江陵凤凰山一六八号汉墓》，《考古学报》1993 年第 4 期。

湖北省文物考古研究所：《江陵望山沙冢楚墓》，文物出版社 1996 年版。

湖北省文物考古研究所等：《湖北老河口安岗二号楚墓发掘简报》，《文物》2017 年第 7 期。

湖南省博物馆：《长沙楚墓》，文物出版社 2000 年版。

湖南省博物馆等：《长沙马王堆一号汉墓》，文物出版社 1973 年版。

湖南省博物馆、湖南省文物考古研究所编：《长沙马王堆二、三号汉墓》，文物出版社 2004 年版。

湖南省文物管理委员会：《长沙仰天湖第 25 号木椁墓》，《考古学报》1957 年第 2 期。

黄冈市博物馆等：《湖北黄冈两座中型楚墓》，《考古学报》2000 年第 2 期。

江苏省文物管理委员会等：《江苏盐城三羊墩汉墓清理报告》，《考古》1964 年第 8 期。

江西省博物馆：《江西南昌晋墓》，《考古》1974 年第 6 期。

江西省历史博物馆：《江西南昌市高荣墓的发掘》，《考古》1980 年第 3 期。

江西省文物考古研究所等：《南昌火车站东晋墓葬群发掘简报》，《文物》2001 年第 2 期。

江阴博物馆：《江苏江阴叶家宕明墓发掘简报》，《文物》2009 年第 8 期。

荆州博物馆：《湖北荆州纪南松柏汉墓发掘简报》，《文物》2008 年第 4 期。

荆州博物馆：《湖北荆州望山桥一号楚墓发掘简报》，《文物》2017 年第 2 期。

荆州地区博物馆：《湖北江陵藤店一号墓发掘简报》，《文物》1973 年第 9 期。

李正光：《长沙北门桂花园发现晋墓（晋升平五年）》，《文物参考资料》1955 年第 11 期。

连云港市博物馆：《连云港市陶湾村黄石崖西汉西郭宝墓》，《东南文化》1988 年第 2 期。

连云港市博物馆：《江苏连云港海州西汉墓发掘简报》，《文物》2012 年第 3 期。

临沂市博物馆：《山东临沂金雀山周氏墓群发掘简报》，《文物》1984 年第 11 期。

南波：《江苏连云港海州西汉侍其繇墓》，《考古》1975 年第 3 期。

南京博物院：《江苏连云港市海洲网疃汉木椁墓》，《考古》1963 年第 6 期。

南京博物馆、连云港市博物馆：《海州西汉霍贺墓清理简报》，《考古》1974 年第 3 期。

南京博物院：《江苏仪征烟袋山汉墓》，《考古学报》1987 年第 4 期。

青岛市文物保护考古研究所等：《山东青岛市土山屯墓地的两座汉墓》，《考古》2017 年第 10 期。

山东省文物研究所：《临淄北朝崔氏墓》，《考古学报》1984 年第 2 期。

四川省博物馆文物工作队：《四川彭山后蜀宋琳墓清理简报》，《考古通讯》1958年第5期。

新疆博物馆：《吐鲁番县阿斯塔纳——哈拉和卓古墓群发掘简报》，《文物》1973年第10期。

扬州博物馆：《江苏仪征县胥浦101号汉墓》，《文物》1987年第1期。

云南省文物考古研究所等编：《云南边境地区（文山州和红河州）考古调查报告》，云南科技出版社2008年版。

张绪球：《宜黄公路仙江段考古发掘工作取得重大收获》，《江汉考古》1992年第3期。

中国科学院考古研究所：《长沙发掘报告》，科学出版社1957年版。

中国社会科学院考古研究所、河北省文物管理处：《满城汉墓发掘报告》，文物出版社1980年版。

周锦屏：《连云港市唐庄高顶顶汉墓发掘报告》，《东南文化》1995年第4期。

四 期刊论文

安志敏：《金版与金饼——楚、汉金币及其有关问题》，《考古学报》1973年2期。

白彬：《江西南昌东晋永和八年雷陔墓道教因素试析》，《南方文物》2007年第1期。

陈瑞青：《花药与酒：买地券所记宋代信众的曼妙死亡方式》，《宁夏社会科学》2017年第2期。

陈松梅：《河西地区魏晋告地文书中道教思想考释》，《敦煌学辑刊》2009年第1期。

陈松长：《"緅衣"小考》，《楚文化研究》第6辑，2005年。

陈振裕：《从凤凰山简牍看文景时期的农业生产》，《农业考古》1982年第1期。

陈振裕：《云梦西汉墓出土木方初释》，《文物》1973年第9期。

陈直：《长沙马王堆一号汉墓的若干问题考述》，《文物》1972年第9期。

程欣人：《古殳浅说》，《江汉考古》1980年第2期。

党寿山：《武威出土的两件随葬衣物疏》，《陇右文博（武威专辑）》，2004年。

党燕妮、翁洪涛：《从吐鲁番出土随葬衣物疏看民间宗教观念的变化》，《敦煌学辑刊》2001年第1期。

窦磊：《夏侯妙妙衣物疏补释》，《首届丝绸之路（敦煌）国际文化博览会系列活动——简牍学国际学术研讨会论文集》，2016年。

樊锦诗、彭金章：《敦煌莫高窟北区B228窟出土河西大凉国安乐三年（619）郭方随葬衣物疏初探》，台湾《敦煌学》第25辑，2004年。

高大伦：《"遣策"与"赗方"》，《江汉考古》1988年第2期。

高文杰：《海南出土宋代买地券考》，《中原文物》2011年第2期。

广濑薰雄：《张家山二四七号汉墓遣策释文考释商榷（六则）》，《出土文献与古文字研究》第3辑，2010年。

何琳仪：《包山楚简选释》，《江汉考古》1993年第4期。

何琳仪：《仰天湖楚简选释》，《简帛研究》，1998年。

何双全，狄晓霞：《甘肃省近年来新出土三国两晋简帛综述》，《西北师大学报（社会科学版）》2007年第5期。

洪石：《东周至晋代墓所出物疏简牍及其相关问题研究》，《考古》2001年第9期。

侯灿：《吐鲁番晋——唐古墓出土随葬衣物疏综考》，《新疆文物》1988年第4期。

湖北省文化局文物工作队：《湖北江陵三座楚墓出土大批重要文物》，《文物》1966年第5期。

黄景春：《谈所谓"白雀元年衣物疏"》，《考古与文物》2006年第4期。

黄烈：《略论吐鲁番出土的"道教符箓"》，《文物》1981年第1期。

黄盛璋：《关于圆饼金币若干问题新考》，《考古与文物》1984年第6期。

黄盛璋《江陵高台汉墓新出"告地策"、"遣册"与相关问题发覆》，《江汉考古》1994年第2期。

黄文博：《南北朝至两宋时期买地券文"为佛采花"释读》，《中国国家博物馆馆刊》2016年第4期。

黄文进、黄凤春：《包山 2 号楚墓礼俗二题》，《江汉考古》1991 年第 2 期。

吉林大学历史系考古专业赴纪南城开门办学小分队：《凤凰山一六七号汉墓遣册考释》，《文物》1976 年第 10 期。

金立：《江陵凤凰山八号汉墓竹简试释》，《文物》1976 年第 6 期。

寇克红：《高台骆驼城前凉墓葬出土衣物疏考释》，《考古与文物》2011 年第 2 期。

黎大祥：《武威发现三国墓》，《中国文物报》，1991 年 9 月 22 日第 1 版。

李家浩：《包山二六六号简所记木器研究》，《国学研究》第二卷，1994 年。

李家浩：《楚简中的袷衣》，《中国古文字研究》第一辑，1999 年。

李家浩：《读江陵凤凰山汉墓遣册札记三则》，《中国文字学报》2008 第 2 辑。

李家浩：《信阳楚简"乐人之器"研究》，《简帛研究》，1998 年。

李家浩：《信阳楚简中的"柿枳"》，《简帛研究》，1996 年。

李静：《武汉大学简帛研究中心藏衣物疏试释》，《简帛》第 10 辑，2015 年。

李娜颖：《吐鲁番随葬衣物疏中所见"尖"考释》，《吐鲁番学研究》2009 年第 2 期。

李天虹：《严仓 1 号墓墓主、墓葬年代考》，《历史研究》2014 年第 1 期。

李正光：《长沙北门桂花园发现晋墓（晋升平五年）》，《文物参考资料》1955 年第 11 期。

梁继红：《武威出土的汉代衣物疏木牍》，《陇右文博》1997 年第 2 期。

梁勇：《江苏邗江胡场五号汉墓木牍、铜印及相关问题再考》，《东南文化》2011 年第 2 期。

廖名春：《吐鲁番出土文书新兴量词考》，《敦煌研究》1990 年第 2 期。

刘安志：《吐鲁番所出衣物疏研究二题》，《魏晋南北朝隋唐史资料》第 22 辑，2005 年。

刘安志：《跋吐鲁番新出〈唐显庆元年（659）西州宋武欢移文〉》，《魏晋南北朝隋唐史资料》第 23 辑，2006 年。

刘国胜：《楚遣册制度述略》，《楚文化研究论集》第 6 集，2005 年。

刘国胜、胡雅丽：《湖北老河口安岗楚墓竹简概述》，《文物》2017 年第 7 期。

刘国胜：《读西汉丧葬文书札记》，《江汉考古》2011 年第 3 期。

刘瑞明：《吐鲁番出土"随葬衣物疏"杂释》，《西域研究》1998 年第 2 期。

刘绍刚、郑同修：《日照海曲汉墓出土遣册概述》，《出土文献研究》2013 年第 12 辑。

刘钊：《〈张家山汉墓竹简〉释文注释商榷（一）》，《古籍整理研究学刊》2005 年第 3 期。

刘钊：《包山楚简文字考释》，（香港）《东方文化》1998 年 1、2 期合刊。

龙潜：《揭开〈兰亭序帖〉迷信的外衣》，《文物》1965 年第 10 期。

卢朝：《对十三年衣物疏木牍的再释读和相关问题的探讨》，《华夏考古》2014 年第 1 期。

鲁西奇：《汉代买地券的实质、渊流与意义》，《中国史研究》2006 年第 1 期。

陆娟娟：《吐鲁番出土文书所见"手把"考》，《敦煌学辑刊》2008 年第 3 期。

陆锡兴：《利用考古新发现，发展传统训诂学》，《古汉语研究》2008 年第 1 期。

罗福颐：《谈长沙发现的战国竹简》，《文物参考资料》1954 年第 9 期。

罗家湘：《〈逸周书·器服解〉是一份遣册》，《文献》2001 年第 2 期。

马怡：《"诸于"考、《尹湾汉墓遣册札记》，《简帛研究 2002、2003》，广西师范大学出版社 2005 年版。

马怡：《西郭宝墓衣物疏所见汉代织物考》，《简帛研究 2004》，广西师范大学出版社 2006 年版。

马雍：《略谈有关高昌史的几件新出土文书》，《考古》1972 年第 4 期。

马雍：《吐鲁番的"白雀元年衣物券"》，《文物》1973 年第 10 期。

孟宪实：《吐鲁番古墓出土随葬衣物疏的性质与发展》，《新疆地方志》1993 年第 1 期。

米如田：《"遣策"考辨》，《华夏考古》1991年第3期。
南波：《江苏连云港市海州西汉侍其繇墓》，《考古》1975年第3期。
裘锡圭：《说䤷、樶、榟檷》，《中国历史博物馆馆刊》1989年第13—14期。
饶宗颐：《战国楚简笺证》，《金匮论古综合刊》1957年第一期。
石雪万：《西郭宝墓出土木谒及其释义再探》，《简帛研究》，1996年。
史树青：《晋周芳命妻潘氏衣物券考释》，《考古通讯》1956年第2期。
谭蝉雪：《丧葬用鸡探析》，《敦煌研究》1998年第1期。
汤馀惠：《包山楚简读后记》，《考古与文物》1993年第3期。
唐兰：《长沙马王堆汉轪侯妻辛追墓出土随葬遣策考释》，《文史》第10辑，1980年。
陶玉乐：《浅谈金塔出土的衣物疏》，《陇右文博》2012年第1期。
田天：《江苏邗江胡场五号汉墓木牍的再认识》，《出土文献》2012年第3辑。
田天：《西汉中晚期遣策的变迁及其意义》，《文物、文献与文化——历史考古青年论集》2017年第1辑。
汪桂海：《汉代简牍中的告地策资料》，《简帛研究2006》，广西师范大学出版社2008年版。
汪炜、赵生泉、史瑞英：《安徽合肥出土的买地券述略》，《文物春秋》2005年第3期。
王璞：《普林斯顿大学葛斯德图书馆藏高昌郡时代缺名衣物疏考》，《吐鲁番学研究》2009年第2期。
王育成：《徐副地券中天师道史料考释》，《考古》1993年第6期。
王育成：《考古所见道教简牍考述》，《考古学报》2003年第4期。
吴荣曾：《镇墓文中所见到的东汉道巫关系》，《文物》1981年第3期。
吴天颖：《汉代买地券考》，《考古学报》1982年第1期。
武汉市文物考古研究所等：《湖北武汉丁家咀M1、M2出土战国竹简》，《文物》2015年第6期。
徐涛：《试论谭家乡出土金饼的时代与性质》，《考古与文物》2008年第5期。
徐在国：《楚简文字新释》，《江汉考古》1998年第2期。

杨定爱：《江陵县毛家园1号西汉墓》，载中国考古学会编：《中国考古学年鉴（1987年）》，文物出版社1988年版。

杨华：《襚·赗·遣》，《学术月刊》2003年第9期。

杨开勇：《谢家桥1号汉墓》，载荆州市博物馆编著：《荆州重要考古发现》，文物出版社2009年版。

余欣：《唐宋敦煌墓葬神煞研究》，《敦煌学辑刊》2003年第1期。

袁维玉：《安徽合肥出土买地券中的佛教因素》，《文物春秋》2014年第1期。

院文清：《江陵张家山两座汉墓出土大批竹简》，《文物》1992年第9期。

张建林：《唐代丧葬习俗中佛教因素的考古学考察》，载《唐代历史文化研究》，三秦出版社2005年版。

张俊民：《武威汉滩坡十九号前凉墓出土木牍考》，《考古与文物》2005年第3期。

张俊民：《甘肃玉门毕家滩出土的衣物疏初探》，《湖南省博物馆馆刊》2010年第7辑。

张文瀚：《告地策研究评述》，《中国史研究动态》2013年第1期。

长沙市文物工作队：《长沙出土南朝徐福买地券》，《湖南考古辑刊》1982年第1辑。

郑曙斌：《遣策的考古发现与文献诠释》，《南方文物》2005年第2期。

郑学檬：《吐鲁番出土文书〈随葬衣物疏〉初探》，载韩国磐主编《敦煌吐鲁番出土经济文书研究》，厦门大学出版社1986年版。

钟国发：《也谈吐鲁番晋——唐古墓出土随葬衣物疏》，《新疆师范大学学报》1995年第3期。

朱德熙：《说"屯（纯）、镇、衡"》，《中国语文》1988年第3期。

［美］韩森：《中国人是如何皈依佛教的——吐鲁番墓葬揭示的信仰改变》，载《敦煌吐鲁番研究》，北京大学出版社1999年版。

［日］关尾史郎：《莫高窟北区出土〈大凉安乐三年（619）二月郭方随葬衣物疏〉的两三个问题》，载《敦煌吐鲁番研究》（第9卷），中华书局2006年版。

［日］小笠原宣秀：《吐鲁番出土的宗教生活文书》，载《西域文化研究》，东京：法藏馆1960年版。

五　学位论文

程鹏万：《简牍帛书格式研究》，博士学位论文，吉林大学，2006年。

程燕：《望山楚简文字研究》，博士学位论文，安徽大学，2002年。

窦磊：《汉晋衣物疏集校及相关问题考察》，博士学位论文，武汉大学，2016年。

胡婷婷：《甘肃出土散见简牍集释》，硕士学位论文，西北师范大学，2013年。

黄景春：《早期买地券、镇墓文整理与研究》，博士学位论文，华东师范大学，2004年。

孙欣：《汉墓遣册词语研究》，博士学位论文，华东师范大学，2009年。

吴娅娅：《吐鲁番出土衣物疏辑录及所记名物词汇释》，硕士学位论文，西北师范大学，2012年。

伊强：《谈〈长沙马王堆二、三号墓〉遣册释文注释存在的问题》，硕士学位论文，北京大学，2005年。

赵宁：《散见汉晋简牍的搜集与整理》，硕士学位论文，吉林大学，2014年。